亲爱的读者：

感谢阅读《一本书看透股权架构》(第2版)。本书作者李利威，21年专注股权一件事，本书是她多年实战经验的凝结。为帮助你高效吸收内容，特提供了以下福利：

1. 加入读者群

与企业家、财税专家、律师、投资人等读者共探股权实务，群内定期分享作者李利威女士的专业答疑精华，更可获取本书内容的持续更新。

2. 领取"股权架构健康体检表"

5分钟快速检测股权分配、税务合规、融资对接等股权架构风险，提前规避股权架构隐患。

3. 领取50家名企股权演变图

涵盖宇树科技、小米、华为、DeepSeek、比亚迪、蜜雪冰城等标杆企业，直观呈现动态股权架构演变过程。

扫下方二维码领取以上福利。

| 利威股权丛书 |

一本书看透
股权架构
第 2 版

李利威 / 著

机械工业出版社
CHINA MACHINE PRESS

《一本书看透股权架构》第 1 版自问世以来持续领跑股权领域图书市场，累计发行量突破 30 万册，豆瓣评分稳居 9.1 分高位，被誉为"股权架构百科全书"。全新修订的第 2 版与时俱进，不仅依据最新政策法规完成 109 处重要修订，更新增蜜雪冰城、胖东来、DeepSeek、哔哩哔哩等 15 个标杆企业实战案例，并对全书 50% 的内容进行迭代升级。

本书创新性地构建了财税法商一体化的知识体系，并以"空间轴 × 时间轴"双维作为分析框架。空间轴纵向拆解了股权架构完整层次：顶层架构→主体架构→底层架构→架构重组；时间轴横向贯穿企业全生命周期：创业—扩张—上市—孵化—传承。通过这一体系，系统化破解家族传承、团队激励、税负优化、资本运作等多重目标下的股权架构难题。

本书既是股权领域的入门宝典，更是一部可落地实操的股权架构搭建全流程指南。

图书在版编目（CIP）数据

一本书看透股权架构 / 李利威著 . -- 2 版 . -- 北京：
机械工业出版社，2025.7（2025.9 重印）. --（利威股权丛书）.
ISBN 978-7-111-78622-1

I. F271.2

中国国家版本馆 CIP 数据核字第 202544XQ19 号

机械工业出版社（北京市百万庄大街 22 号　邮政编码 100037）
策划编辑：石美华　　　　　　　　责任编辑：石美华　刘新艳
责任校对：赵　童　任婷婷　景　飞　　责任印制：任维东
北京科信印刷有限公司印刷
2025 年 9 月第 2 版第 2 次印刷
170mm×240mm・24.75 印张・1 插页・313 千字
标准书号：ISBN 978-7-111-78622-1
定价：99.00 元

电话服务　　　　　　　　　　网络服务

客服电话：010-88361066　　机　工　官　网：www.cmpbook.com
　　　　　010-88379833　　机　工　官　博：weibo.com/cmp1952
　　　　　010-68326294　　金　书　网：www.golden-book.com
封底无防伪标均为盗版　　机工教育服务网：www.cmpedu.com

| PREFACE |
再版序

新书有什么变化

你好，我是李利威。光阴荏苒，犹记六年前《一本书看透股权架构》付梓问世。承蒙读者厚爱，第 1 版豆瓣 9.1 高评分，持续印刷 29 次，发行量破 30 万册，根据开卷数据[⊖]，已连续五年蝉联股权图书销量榜首。这份成绩单属于所有支持我的读者，每念及此，深感荣幸。

在这六年里，《公司法》[⊜]历经重大修订，资本市场注册制改革全面落地，税务征管体系不断完善，商业世界涌现的新业态不断重塑产业格局。如今新版付梓，在保留原书框架之精华的同时，又对全书内容进行了深度重塑，内容更新率达 50%。此次再版，相较旧版，主要变动如下。

⊖ 开卷数据为开卷网 https://openbook.com.cn/ 提供的数据，该网站数据系统由北京开卷信息技术有限公司研发，在图书销量统计领域具有权威性，其数据也被中国证券监督管理委员会和证券交易所认可，在图书类上市公司的官方公告中被广泛引用。截至 2025 年 3 月 30 日，在开卷数据中，以"股权"为搜索词，累计销量最高的图书为《一本书看透股权架构》。

⊜ 全称为《中华人民共和国公司法》。

一、基于法规之修订

在股权领域，用过期法规指导实践，无异于揣着一张失效地图闯入雷区。曾经就有企业因沿用五年前的税收知识储备来设计股权架构，最终被税务局追征了高达 5 800 万元的税款。再版的新书，依据最新《公司法》，完成 48 处修订；紧跟新出台的税收法规，完成 36 处修订；参照最新上市规则，完成 25 处修订。这些修订数字的背后，是将知识库里的"过期导航仪"逐一替换为最新版，确保你获取的知识与截至本书付印时的法律政策完全同步，为你在股权领域的决策与行动提供精准无误的指引。

二、基于案例之增加

1. 增加 15 个新案例

新版书中新增了 15 个案例，包括蜜雪冰城、胖东来、阿里巴巴、DeepSeek、《哪吒》系列电影导演饺子、小熊电器、喜马拉雅、欧普照明、科大讯飞、黑神话、千味央厨、喜家德、哔哩哔哩、锅圈、三六零。这些代表新商业趋势的鲜活案例，替换了原有 10 个旧案例，使内容更具时代感和现实指导意义。

2. 原案例之补充

旧版成书时，海底捞集团旗下特海国际尚未上市，小马奔腾案例终审判决尚未尘埃落定，万科集团未遭遇房地产行业骤变，安井食品亦未完成对新宏业的并购。在新版书中，对这些案例按最新时间线予以补充完善，呈现完整的发展脉络。

三、全新内容之增添

1. 更新钱权分离工具

将原分股不分权七种方法中的"公司章程控制"优化为"董事会控制"，

并以马云掌控阿里巴巴为例，深入剖析了董事会控制的精妙运用。

2. 增添"家族信托架构"内容

近年来，创一代渐入退休期，二代传承成为企业家心头大事。家族信托作为实现企业与财富传承双重目标的有力工具，备受关注。为顺应这一趋势，本书新增章节，以欧普照明为范例，详解家族信托架构的搭建与运用。

3. 扩充"VIE"架构知识点

旧版仅对 VIE 架构做了理论介绍，此次再版，以喜马拉雅为样本，系统阐述了 VIE 架构的搭建过程；同时以哔哩哔哩为例，展示了 VIE 架构如何进行重组，可使你对这一复杂架构有更深入的理解。

4. 纳入"H 股"上市知识点

鉴于近年 H 股上市企业数量渐增，本书以锅圈为切入点，详细讲解 H 股上市要点，为企业境外上市提供有益参考。

5. 创新型子公司架构更新

与旧版相比，新版新增兄弟架构与母子架构的抉择策略、融资上市主体的选择要点、事业部与子公司的权衡分析，以及分拆上市与独立上市的考量维度等内容，为企业架构设计提供更全面的思路。

6. 被并购企业知识拓展

新版以"安井食品并购新宏业"替换"美年大健康并购慈铭体检"案例，新增并购估值、业绩对赌、同业竞争、换股并购等要点，帮助读者洞察并购的关键环节。

本书得以顺利再版，离不开"利威股权黄埔会员"的全力支持，在此致以诚挚谢意。该会员体系发起于 2023 年年底，旨在会聚全国财、税、法、商精英，通过"商业 + 财税 + 法律"三位一体培养模式，成就 1 000 名复合型股权架构师。在本书再版过程中，黄埔会员们凭借自身深厚的财、税、法、商专业造诣，对内容进行了精心校阅，更凭借丰富的实战经验，为书中案例增添了鲜活的养分，让本书在内容上更加完善。

最后，衷心期望本书能够助力更多企业家打好股权架构地基，让企业大厦稳如泰山、基业长青。

李利威

2025 年 3 月 30 日于上海

打通财税法商的股权架构指南

初心：避开股权的"坑"

你好，我是李利威，21 年专注股权一件事。

在过去的 21 年里，我陪伴并见证了众多优秀企业家以"股权"为杠杆，成功撬动起一个个商业帝国。然而，我也目睹不少企业家不慎掉进了股权的"坑"：

控制权之坑——创始人持股 52%，却因合伙协议有漏洞，权力被架空，百亿元项目胎死腹中；

股权激励之坑——连锁企业核心团队因分配失衡集体出走，三年痛失 70% 市场份额；

巨额税负之坑——股权架构重组未做税务规划，本可合法节约的 6 000 万元税款吞噬了企业三年净利润；

风险穿透之坑——股权架构未设隔离墙，企业家个人的房产、存款一夜间被冻结；

　　家族治理之坑——二代接班引发家族内讧，短短数月销售额蒸发60%，从此一蹶不振；

　　上市合规之坑——企业上市前夕，因主体架构缺陷被中国证监会三次问询，错失良机；

　　……

　　这些"坑"如同地下的暗雷，在企业风光时隐而不发，一旦引爆，危机便会瞬间降临。更令人忧虑的是，这些问题不断重复上演：A企业出现的控制权漏洞，同样出现在B企业的章程之中；C公司踩过的税负"深坑"，D公司无知无畏地再次踏入。

　　为此，我和利威股权黄埔会员们发起了"股权扫雷行动"。我们耗时数年，深入挖掘出股权架构中近百个法律风险的"坑"以及节税关键的"点"，并以"股权架构"为主线，将原本零散的知识点串联，形成一幅动态导航地图。有了它，你无须再在繁杂的股权知识中盲目摸索。在激烈的商业战争中，合理的股权架构能够让你的企业走得更稳、走得更远！

特色：打通财税法商

　　25岁那年，我硕士毕业，以律师身份开启职业生涯。职业习惯让我对风险有着极端警觉。我高度关注客户的治理架构，审阅投资文件时，更是逐字逐句筛查，绝不放过任何一个可能引发争议的条款。在我的眼中，只有安全的股权架构才是企业家事业长青的基石。

　　29岁那年，我取得了注册会计师和注册税务师资格，工作也换到了税务师事务所。跨界后我发现，所有的股权架构中都藏着一个商业伙伴——税务局！无论是持股期间的股息红利，还是退出环节的转股所得，甚至是左手倒右手的内部重组，都绕不开税负。股权架构中的"税负考量"至关重要，与"法律考量"堪称股权架构领域并驾齐驱的"哼哈二将"。

　　36岁那年，我辞去事务所的工作，创立了自己的股权咨询公司。当成为一名专业的股权架构师时，我又有了新视角：见过律师设计的股东协议严苛至极，看似"滴水不漏"，却因条款过于苛刻，导致企业核心团队集体被挖墙脚，错过市场爆发期；目睹税务师设计的能节税的境外架构，却因违反外汇管制，资金被冻结；亲历企业因人力资源部门设计的股权激励方案，未考虑股份支付费用，吞噬公司3 000多万元利润，让企业生生错过上市风口……

这三段宝贵经历，让我深切领悟到，虽说法律、财税这些硬规则不可或缺，但股权的核心其实是"商业"。这些实战积累有力地印证了：股权架构中商业、财税、法律是一体多面，只有在一个人的大脑中整合思考，合而为一，才会避免脱节、不留盲点，这才是股权架构的正道。

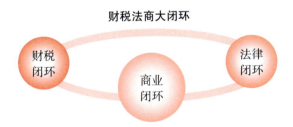

44岁那年，得益于市场上股权架构设计需求井喷，我的咨询业务爆发式增长。但受限于个人精力，不得不婉拒众多中小企业抛来的合作橄榄枝。在此背景下，我做出两项看似"违背商业常理"的战略抉择：

第一，知识开源。将20年沉淀的股权架构知识库与全套咨询模板全部开放。

第二，人才裂变。创立"利威股权黄埔会员"体系，集结全国财、税、法、商领域精英，通过"商业+财税+法律"三位一体培养模式，成就1 000名复合型股权架构师。

写下这段文字时，恰逢我46岁生日。此时，"利威股权黄埔会员"体系已在全国29个省份81个城市扎根生长。本书中的每个模型、每张架构图均历经百次实战验证——它们不再仅仅是我个人经验的总结，更是群体智慧的汇聚。

框架：本书到底写了什么

本书共分四个部分：顶层架构、主体架构、底层架构、架构重组。四个部分的布局既遵循自上而下的空间轴逻辑，也隐含创业期→扩张期→成熟期→再创业的时间轴顺序。

第一部分：顶层架构（创业期筑基）

（1）分股不分权的七种方法：核心在于解决如何在分股时守住控制权。书中给出了分股不分权的七大法宝，即有限合伙企业、金字塔架构、一致行动人、委托投票权、董事会控制、优先股、AB股。

（2）分股的"道"和"术"：旨在解决创业伙伴如何动态分配股权。分股之道揭示股权比例背后的战略考量与人性博弈，分股之术展示了几种常见的动态股权分配方法。

第二部分：主体架构（扩张期谋局）

企业度过创业期摸索阶段，找到可复制的商业模式后，便进入跑马圈地的扩张期。此时，股东开始思考公司的终极走向，是被并购、上市还是家族传承。伴随着这种思考，股权架构也需相应调整，要以核心公司为轴心搭建合适的主体架构。本部分总结出七种主体股权架构模型，即个人持股架构、公司持股架构、有限合伙架构、混合股权架构、境外股权架构、家族信托架构、契约型架构，方便你根据自身情况按图索骥，快速找到契合的架构类型。

第三部分：底层架构（成熟期裂变）

若企业在商业模式复制过程中打造出恒产飞轮，就进入了成熟期。进入成熟期的企业可能会尝试业务再创新或顺应时势进行组织变革，于是就有了主体架构下的底层架构。本部分将底层架构简化为三种模型，即创新型子公司、复制型子公司和拆分型子公司，并讲解了每种架构模型背后的逻辑及应用场景。

第四部分：架构重组（迭代期重塑）

现实中，即便事先规划得再完美，也难免遭遇计划赶不上变化的尴尬。本部分区分拟上市型、家族传承型、被并购型三类企业，分别探讨每类企业如何随生命周期调整架构，以及这些调整的操作路径和落地要点。

同时，为了增强本书的可读性，我从众多企业中精心挑选了35家极具代表性的名企作为案例，像小米、阿里巴巴、黑神话、DeepSeek、胖东来、小熊电器、海底捞、喜马拉雅、哔哩哔哩、公牛集团、锅圈等。书中还配有近200张精心绘制的股权架构图，细致还原这些企业股权发展历程的起伏，深入剖析成败根源。希望你置身这些似曾相识的商业场景时，能产生强烈共鸣，收获深刻体悟。

最后，衷心希望本书成为你案头不可或缺的工具书，能助力你搭建完整、动态且立体的股权架构体系，筑牢股权架构根基，实现企业基业长青。

李利威

2025 年 4 月 1 日于上海

| CONTENTS |
目录

顶 层 架 构

印度作家普列姆·昌德曾言:"财富带来痴迷,权力带来疯狂。"股权作为连接资本与治理的核心纽带,天然承载着股东对"钱"与"权"的双重诉求。这种双重性既驱动着创始人以控制权为锚点构建商业帝国,又揭示了股权架构设计中人性博弈的本质规律。

本书第一部分将系统解析股权控制权的核心设计方法。第1章从创业者视角出发,探讨如何在股东合作中实现"分股不分权",重点剖析有限合伙企业、董事会控制、AB股等七种典型方法。在第2章,我们会探讨当两个股东为创业伙伴时,该如何合理地进行股权分配。

分股不分权的七种方法

如果不能控制这家公司，我宁愿把它卖掉！

——刘强东[⊖]

　　很多企业家既渴望通过分享股权来做大做强企业，又非常惜股，生怕控股权丧失，在分股与不分股之间徘徊与纠结，错失了股权分配的最佳时机。其实分股并不等于分掉话语权。阿里巴巴（股票代码为 BABA）上市后，马云仅持有 7.8% 的股份。[⊖]但是，7.8% 的股份既没阻挡住马云牢牢控制阿里巴巴，也没阻挡住马云多次成为中国首富。股权里包含两种权利：财产权（钱）和话语权（权）。钱与权可以合二为一，也可以分而治之。

　　如何做到分"钱"而不分"权"呢？"工欲善其事，必先利其器"，实

　　⊖　来源于 2016 年 7 月 17 日中央电视台财经频道《对话》栏目，根据视频整理。
　　⊜　资料来源阿里巴巴在纽约证券交易所上市时公告的招股说明书。

务中有七种可以实现钱权分离的工具，如图 1-1 所示。

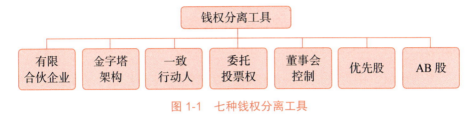

图 1-1　七种钱权分离工具

1.1　有限合伙企业

2007 年 6 月 1 日是中国商法史上具有里程碑意义的一天，因为修改后的《合伙企业法》[⊖]在这一天开始实施，从此，中国诞生了一种新的组织体——有限合伙企业。

有限合伙企业与普通合伙企业的不同之处在于：除了"普通合伙人"之外，合伙人中还包括"有限合伙人"。有限合伙制度源于英美法系，"普通合伙人"的英文为 general partner，简称"GP"。"有限合伙人"的英文为 limited partner，简称"LP"。在合伙企业中，普通合伙人（GP）对合伙企业债务承担无限连带责任，有限合伙人（LP）则对合伙企业债务承担有限责任。在有限合伙架构中，股东不是直接持股拟设立的核心公司[⊜]，而是先由股东搭建有限合伙企业作为持股平台，再由持股平台间接持有核心公司。

典型的有限合伙架构如图 1-2 所示。

图 1-2　典型的有限合伙架构

⊖　全称为《中华人民共和国合伙企业法》。

⊜　在本书中，核心公司是指拟作为上市主体的公司或者从事集团主营业务或核心业务的公司。

1.1.1　案例1　蜜雪冰城

为了轻松了解有限合伙企业，我们以蜜雪冰城⊖的股权激励架构为例做个讲解。

蜜雪冰城，作为茶饮界的佼佼者，以亲民价格、丰富产品和强大供应链构建起庞大商业版图。截至2024年年底，蜜雪冰城拥有超过45 000家门店，并以年70亿杯销量称霸饮品界。2025年3月，公司在港股上市，上市当天市值破千亿港元。这家公司是如何进行股权激励的呢？又是如何搭建股权激励架构的呢？

1. 股权激励背景

蜜雪冰城品牌的创办人是张红超和张红甫兄弟二人。

1997年，张红超在郑州成立了一家名为"寒流刨冰"的小店。

2005年，张红超研发并推出蜜雪冰城蛋筒冰淇淋（现称为"新鲜冰淇淋"），售价仅1元，成为爆品。

2007年，张红超胞弟张红甫加入蜜雪冰城，在张红甫的推动下，蜜雪冰城开启了加盟店模式，次年年底门店数量达到180余家。

2008年，张红超成立"蜜雪冰城公司"⊖。公司成立时股东为张红超（持股比例为60%）和吕涛（持股比例为40%）。2010年，吕涛退出，蜜雪冰城公司成为张红超的全资子公司。

2014年，蜜雪冰城开始建设仓储物流中心，以实现供应链升级，并布局核心原料自产。兄弟二人也开始明确分工：哥哥张红超负责供应链和产品创新，弟弟张红甫负责品牌招商和加盟培训。

2016年，蜜雪冰城的门店数量达到2 500家，公司开始谋划上市。同

⊖　证券简称为蜜雪集团，代码为02097。

⊖　蜜雪冰城公司，成立时名称为"郑州蜜雪冰城商贸有限公司"，2010年更名为"郑州两岸企业管理有限公司"，2020年又更名为"蜜雪冰城股份有限公司"。

年 12 月，兄弟二人重新对蜜雪冰城的股权进行了分配，持股比例各 50%，股权架构如图 1-3 所示。

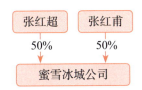

图 1-3　蜜雪冰城股权架构图

随后，公司先后进行了两次股权激励。

2. 第一次股权激励

2017 年 12 月，蜜雪冰城进行了第一次股权激励，本次股权激励的对象⊖包括供应链负责人时朋、市场运营负责人孙建涛、财务总监罗静、仓储物流负责人蔡卫淼。该 4 名核心高管的持股架构如图 1-4 所示。

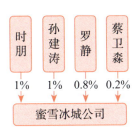

图 1-4　蜜雪冰城第一次股权激励架构图

3. 第二次股权激励

2020 年 6 月，蜜雪冰城进行第二次股权激励，这次激励对象有 54 人。

不同于第一次激励对象直接持股蜜雪冰城，本次股权激励，激励对象采用了间接持股架构。具体操作路径如下：

首先，张红超和 27 名激励对象设立了青春无畏合伙⊜，其中张红超是

⊖　2017 年的激励对象还包括程瑞楷和沈猛，各持有 1%，该 2 人在 2019 年 1 月和 10 月退出持股。

⊜　青春无畏合伙的全称为"郑州青春无畏企业管理合伙企业（有限合伙）"。

GP，27 名激励对象是 LP；张红甫和 27 名激励对象设立了始于足下合伙[⊖]，其中张红甫是 GP，27 名激励对象是 LP。然后，再由两个有限合伙企业入股蜜雪冰城。股权架构如图 1-5 所示。

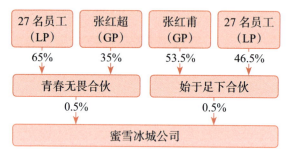

图 1-5　蜜雪冰城第二次股权激励架构图

2025 年 3 月 3 日，蜜雪集团在港交所[⊜]主板成功上市。

4. 两次激励架构对比

蜜雪冰城实施的两次股权激励，第一次采用了直接持股模式，即个人直接持股蜜雪冰城；第二次采用了间接持股模式，即个人通过有限合伙企业，间接持股蜜雪冰城。

为什么第二次股权激励不延续第一次简单的个人直接持股模式呢？

1.1.2　有限合伙企业点评

1. 有限合伙企业的妙用

（1）方便股权集中管理

根据《公司法》的规定，有限公司一旦改制为股份公司[⊝]，除非特殊约

⊖　始于足下合伙的全称为"郑州始于足下企业管理合伙企业（有限合伙）"。

⊜　全称为"香港联合交易所"，下文简称"港交所"或"联交所"。

⊝　依照《公司法》设立的有限责任公司和股份有限公司，在本书中也简称为有限公司和股份公司。

定，每一股份将拥有同样的表决权。[⊖]个人持股方案意味着，激励对象不仅拥有蜜雪冰城的财产权，也将拥有蜜雪冰城的表决权。

让员工股东拥有拟上市公司的表决权，有哪些弊端呢？让我们来看两个真实案例。

【例 1-1】

天地数码（300743）在申报 IPO 时曾出现过两名小股东——金投智汇（持股比例为 3.6202%）和钱江创投（持股比例为 2%），该两名小股东在股东大会上对公司申报上市的全部议案投反对票且拒不出具与上市有关的全部承诺，[⊜]导致中国证监会对该事件给予关注，并在反馈意见中提出疑问。

虽然天地数码最后有惊无险地过会，但该案例却提示企业，让众多员工股东拥有表决权，一旦有股东行使否决权，就会增加不必要的麻烦。[⊜]

【例 1-2】

欧派家居（603833）在 2013 年 10 月由有限公司改制为股份制公司，股改后对员工进行股权激励，引入 110 名个人股东对欧派家居直接持股。[⊗]在上市过程中，欧派家居所有直接持股股东都被要求签署众多法律文件，在中国证监会审核期也可能出现员工因离职等原因退出持股的现象，[⊕]这种个人直接持股模式导致股东变更登记程序复杂，也极不利于股权激励的退出。

⊖ 见《公司法》第五章"股份有限公司的设立和组织机构"第一百一十六条："股东出席股东会会议，所持每一股份有一表决权，类别股股东除外。公司持有的本公司股份没有表决权。"第一百四十三条："股份的发行，实行公平、公正的原则，同类别的每一股份应当具有同等权利。"

⊜ 见杭州天地数码科技股份有限公司创业板首次公开发行股票招股说明书（申报稿 2016 年 6 月 16 日报送版）。

⊜ 见杭州天地数码科技股份有限公司创业板首次公开发行股票申请文件反馈意见。

⊗ 见欧派家居招股说明书第 61 ～ 63 页。

⊕ 欧派家居于 2017 年 3 月成功上市。在此之前，股权激励对象中邹俊、程华、刘霈、张耿林 4 人于 2015 年下半年离职；肖伟、刘红波、姚良胜、曾向文、黄开勇 5 人于 2016 年离职。

为避免个人直接持股可能引发的表决权分散、决策效率低下等问题，蜜雪冰城设立了"青春无畏"和"始于足下"两家有限合伙企业，作为54名自然人的持股平台。这一安排便于股权激励的集中管理，同时降低了上市过程中法律文件签署和股东变动带来的风险。

（2）治理结构钱权分离

对于企业家而言，拥有股权中的话语权往往重要于拥有股权中的财产权。有限合伙企业恰好可以实现企业家心中理想的"钱权分离"。

与《公司法》相比，《合伙企业法》赋予了合伙人机制设计极大的灵活性，无论是利益分配机制还是合伙人的权力分配机制，都可以在合伙协议中自由约定。

比如创始人大股东可以担任GP，承担合伙企业的无限连带责任，享有合伙企业决议的全部表决权，但不享有财产权，即只要"权"，不要"钱"；LP为高管员工，不享有合伙企业的表决权，但可以享受合伙企业对外投资的财产收益权，即只要"钱"，不要"权"。这样的治理结构为在乎"权"者与在意"钱"者之间的合作提供了浑然天成的平台。

在蜜雪冰城的案例中，张氏兄弟以有限合伙企业作为激励对象的持股平台，张氏兄弟作为GP，分别掌握了两家合伙企业的决策权和控制权。54名激励对象作为LP，仅享有合伙企业的财产收益权，而不直接参与蜜雪冰城的经营决策，很好地实现了分股不分权的目的。

2. 有限合伙企业的缺点

也许你会有疑问，既然有限合伙企业在股权集中管理和治理结构上有诸多优势，为什么蜜雪冰城不在第一次股权激励时就选择有限合伙架构，而是让4名核心高管直接持股呢？

正所谓"横看成岭侧成峰"，虽然站在创始人的视角，增加有限合伙企业作为持股平台确实有助于控制权的集中；但站在激励对象的视角，却会带来卖股套现税负较高的问题。

以下我们假设，[⊖]激励对象持有蜜雪冰城股票 1 万股，投资成本是 10 元 / 股。上市时的发行价是 200 元 / 股。股票禁售期为 1 年，上市第三年，蜜雪冰城分红 20 元 / 股。上市三年后，激励对象减持套现，减持价格是 300 元 / 股。两种不同的持股架构，税负差异为 42.84 万元，如表 1-1 所示。

表 1-1　不同持股架构税负比较表

（单位：人民币万元）

税种	有限合伙架构		个人持股架构		差异金额		合计
	分红	卖股	分红	卖股	分红	卖股	
增值税	不涉及	2.91①	不涉及	免税②	0	2.91	2.91
个人所得税	4③	93.93④	免税⑤	58⑥	4	35.93	39.93
整体税负	4	96.84	0	58	4	38.84	42.84

① 计算公式：（300-200）×1×3%/（1+3%）≈2.91（万元）。其中，"300-200"为含税销售额，需要换算成不含税价。因为合伙企业在减持股票前没有收入，属于小规模纳税人，适用增值税税率为 3%。政策依据为国家税务总局公告 2016 年第 53 号第五条。具体可以参考拙作《一本书看透股权节税》中的详细讲解。

② 政策依据为财税〔2016〕36 号附件 3 第一条。

③ 计算公式：1×20×20%=4（万元）。法规依据为《中华人民共和国个人所得税法》（简称《个人所得税法》）第二条："下列各项个人所得，应当缴纳个人所得税：……（六）利息、股息、红利所得；……"第三条："个人所得税的税率：……（三）利息、股息、红利所得，财产租赁所得，财产转让所得和偶然所得，适用比例税率，税率为百分之二十。"具体请参考拙作《一本书看透股权节税》中的相关讲解。

④ 计算公式：（300-2.91-10）×1×35%-6.55≈93.93（万元），其中 6.55 为速算扣除数。法规依据：《个人所得税法》第二条、第三条及个人所得税税率表二（经营所得适用）。

⑤ 政策依据为财税〔2012〕85 号第四条和财税〔2015〕101 号第一条。

⑥ 计算公式：（300-10）×1×20%=58（万元）。法规依据为《个人所得税法》第二条："下列各项个人所得，应当缴纳个人所得税：……（八）财产转让所得；……"第三条："个人所得税的税率：……（三）利息、股息、红利所得，财产租赁所得，财产转让所得和偶然所得，适用比例税率，税率为百分之二十。"具体请参考拙作《一本书看透股权节税》中的相关讲解。

由此可见，有限合伙架构会增加激励对象的税收负担，削弱股权激励

⊖　为了方便读者理解，案例数字均为虚构。

的吸引力和实际效果。相比之下，个人持股架构在分红、退出环节的税务处理相对简单，且税负更低，能够更直接地保障激励对象的收益。

蜜雪冰城在两次股权激励中采用不同的持股架构，反映了企业在不同发展阶段对激励效果和税负成本的综合考量。第一次股权激励采用个人直接持股，因为激励对象均为创业元老和核心高管，个人持股架构更能体现对核心高管的信任与重视，有利于提高激励效果，同时避免因复杂架构设计而增加不必要的管理成本和税收压力；第二次股权激励采用有限合伙企业间接持股，则可能是为了实现股权集中管理和"钱权分离"，更好地满足企业上市和长期发展的需求。股权架构的选择并没有绝对的优劣之分，更多是根据自身的经营需求和发展阶段，设计合理的激励股持股架构，以平衡其激励效果和治理效率。在实际应用中，位置决定立场，站在不同利益相关者的视角，会做出不同的选择。

1.2　金字塔架构[⊖]

金字塔架构，是指公司实际控制人通过间接持股形成一个金字塔式的控制链，从而实现对公司的控制。在这种方式中，公司控制权人控制第一层公司，第一层公司再控制第二层公司，依次类推，通过多个层次的公司控制链条取得对目标公司的最终控制权。金字塔架构是一种形象的说法，就是多层级、多链条的集团控制结构，所以又被称为多层控股公司架构。

为了方便理解金字塔架构，下面举个简单的例子。

【例1-3】

王老板想注册成立一家有限公司——天狗公司，注册资本为100万元。如果王老板想拥有天狗公司51%的控制权，王老板需出资多少钱？一般人

⊖　金字塔架构在本书中又被称为"多层控股公司架构"。

的回答是出资 51 万元。但如果采用金字塔架构，王老板仅需出资 6.77 万元便可以获得天狗公司的控制权。具体设计如图 1-6 所示。

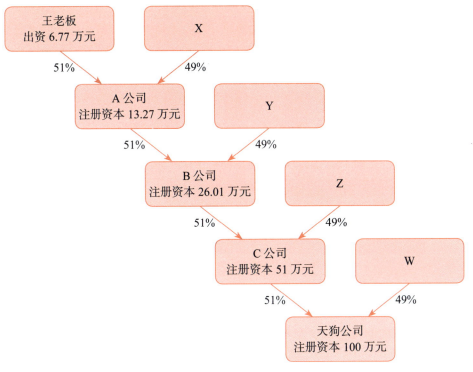

图 1-6　天狗公司的金字塔架构图

通过金字塔架构设计，王老板的出资只有 6.77 万元（现金流权⊖），但通过几层纵向间接控股，最终拥有了对天狗公司 51% 的话语权（控制权）。

1.2.1　案例 2　胖东来集团

胖东来集团⊖是河南省第二大零售集团，总部位于许昌市。胖东来集团以零售为核心，涵盖超市、百货、电器、珠宝等多业态，旗下拥有胖东

⊖　现金流权是指按持股比例拥有的该公司的财产权，现金流权由每一控制链条的持股比例相乘所得。

⊖　全称为"许昌市胖东来商贸集团有限公司"。

来生活广场、时代广场等 13 家主力门店。胖东来集团创始人于东来，1995 年以"望月楼胖子店"起家，深耕零售业，革新商业模式，倡导人性化管理和顾客至上理念，打造中国商超行业标杆企业。

　　胖东来集团旗下最核心的业务板块是"胖东来超市"[⊖]。下面让我们来看，于东来如何运用金字塔架构控制"胖东来超市"，其股权架构如图 1-7[⊜]所示。

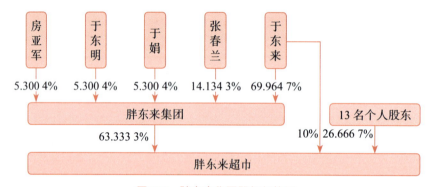

图 1-7　胖东来集团股权架构图

　　在该股权架构图中，于东来的出资比例只有 54.31%[⊜]（现金流权），但通过两层纵向间接控股，最终拥有了胖东来超市 73.33%[⊗]的话语权（完美控制权）。

1.2.2　金字塔架构点评

1. 金字塔架构的杠杆效应

　　杠杆原理告诉我们，如果利用杠杆，就能用一个最小的力，把无论多么重的东西举起来，只要把这个力放在杠杆的长臂上，让长臂对重物起作

⊖　全称为"许昌市胖东来超市有限公司"。

⊜　该股权架构图根据天眼查 app 截至 2025 年 2 月 8 日的信息整理。

⊜　计算过程为：于东来持股胖东来集团比例（69.964 7%）× 胖东来集团持股胖东来超市比例（63.333 3%）+ 于东来直接持股胖东来超市比例（10%）。计算结果四舍五入。

⊗　计算过程为：于东来控股的胖东来集团持股胖东来超市的比例（63.333 3%）+ 于东来直接持股胖东来超市的比例（10%）。计算结果四舍五入。

用。金字塔架构就如同一个杠杆。通过金字塔架构，顶端的控股股东可以用少量的自有资金控制大量的外部资金。金字塔的链条越长，控股股东用同样财富控制的资产规模就会越大，从而实现以小博大。

在实务中，由于融资杠杆效应、控制权强化需求等原因，金字塔架构在上市公司的资本运作中应用非常普遍。下面我们再来看两个案例：一个是天士力；一个是长江润发。

【例 1-4】
天士力[⊖]（600535）的创始人是闫希军及其妻子吴迺峰。2014 年之后，闫希军夫妇逐步将控制权移交给儿子闫凯境。图 1-8 为 2024 年年底天士力的股权架构图[⊖]。

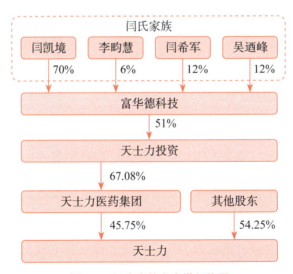

图 1-8　天士力的金字塔架构图

我们可以看到，天士力的实际控制人是闫氏家族，包括闫希军及其妻子吴迺峰、闫凯境及其妻子李畇慧。闫氏家族通过四层控制链条，实现对天士力的终极控制权为 45.75%，而现金流权为 15.65%[⊖]。两权差值为 30.10%[⊜]，控制杠杆高达 2.92 倍[⊜]。

【例1-5】

我们来看长江润发[⊗]（002435），图1-9 是该公司上市前的股权架构图[⊗]。

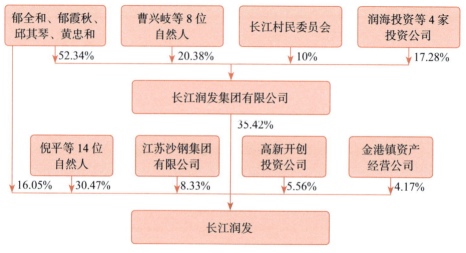

图 1-9　长江润发上市前的股权架构图

公司控股股东为长江润发集团有限公司，实际控制人为郁全和、郁霞秋、邱其琴、黄忠和等 4 位自然人。其中，郁霞秋为郁全和之女，邱其琴为郁全和之堂侄女婿，黄忠和为郁全和之妻侄，以下我们将 4 位自然人简称为郁氏家族。如果郁氏家族直接持股长江润发，则持股比例仅为 18.54%

⊖　45.75% × 67.08% × 51% × 100% ≈ 15.65%。

⊜　45.75% − 15.65% = 30.10%。

⊜　控制杠杆：45.75% ÷ 15.65% ≈ 2.92。

⊗　全称为"长江润发机械股份有限公司"。

⊗　来源于长江润发公告的首次公开发行股票招股说明书第 1-1-63 页。

（ = 52.34% × 35.42%）。但通过长江润发集团有限公司这个控股平台集中了另外对长江润发 16.88%（=47.66% × 35.42%）的控制权，从而只用 18.54% 的现金流权取得了 35.42% 的控制权。该架构使得郁氏家族获得了股权杠杆，用少量资金撬动了更大的控制权。

2. 两种股权架构比较

以上我们分别介绍了金字塔架构和有限合伙企业。可以说两种工具都可以实现股权财产权和控制权的有效分离。那两者又有什么区别呢？以下我们从两个维度做个比较。

（1）套现的税负差异[⊖]

股东通过持股平台间接持股，未来可能获得两种财产收益：一种为从被投资公司取得的分红；另一种为转让被投资公司股份的所得。

我们举例说明两种持股平台取得收益的纳税情况。

【例 1-6】

中国人张三计划设立中国 X 公司作为经营主体，现有两种方案（见图 1-10）。假设张三持有 X 公司期间，取得了 X 公司分红。张三最终转让 X 公司股权，取得股权转让所得。

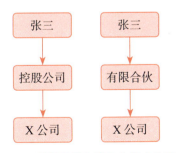

图 1-10　控股公司架构和有限合伙架构

⊖　见《一本书看透股权节税》。

表 1-2 列示了不同持股模式下整体所得税税负情况。

表 1-2 不同持股模式下的税负对比表

收益类型	控股公司做持股平台			有限合伙企业做持股平台		
	控股公司	张三	税负合计	有限合伙	张三	税负合计
取得 X 公司分红	免税①	20%②	20%	不纳税③	20%④	20%
转让 X 公司所得	25%⑤	15%⑥	40%	不纳税③	20%/35%⑦	20%/35%

① 控股公司取得的 X 公司分红，免征企业所得税。见《中华人民共和国企业所得税法》（简称《企业所得税法》）第二十六条。

② 控股公司将从 X 公司取得的分红分配给张三，张三应按股息红利税目缴纳 20% 的个人所得税。见《个人所得税法》第三条第三款。

③ 合伙企业不是个人所得税的纳税主体（见《财政部 国家税务总局关于印发〈个人独资企业和合伙企业投资者征收个人所得税的规定〉的通知》（财税〔2000〕91 号）第三条），同时合伙企业也不是企业所得税的纳税主体（见《企业所得税法》第一条），因此合伙企业对取得的所得无须缴纳所得税。

④ 见《国家税务总局关于〈关于个人独资企业和合伙企业投资者征收个人所得税的规定〉执行口径的通知》（国税函〔2001〕84 号）。

⑤ 控股公司转让 X 公司股权取得的所得属于财产转让所得，企业所得税税率为 25%。见《企业所得税法》第六条第三款和第四条。

⑥ 控股公司转让 X 公司取得的所得缴纳了 25% 的企业所得税，控股公司实现 75% 的税后利润。75% 的税后利润分配给张三，张三需缴纳 20% 的个人所得税，即张三承担的所得税税负为：$75\% \times 20\% = 15\%$。

⑦ 如果有限合伙企业属于创投企业，且选择了按单一投资基金核算，则适用 20% 的税率。如果有限合伙企业并非创投企业，或者虽属于创投企业，但未选择按单一投资基金核算，则转让股权所得都将适用"经营所得"税目，应纳税所得额超过 50 万元的部分，适用 35% 的税率。具体可以看拙作《一本书看透股权节税》第 3 章。

由表 1-2 可见，选择何种股权架构税负更优，与持股目的息息相关。如果个人为财务投资者（即以获利为目的，通过投资行为取得经济上的回报，在适当的时候进行套现的投资者），采用有限合伙架构，转股套现时整体税负为 20% 或 35%，低于公司持股架构的整体税负 40%；如果是战略投资人（即与被投资公司业务联系紧密、有业务合作关系或潜在合伙意向，且欲长期持有被投资公司股份的投资者），采用公司持股架构与有限合伙架构在取得分红收益时整体税负均为 20%，但考虑到合伙企业的税收立法对纳税时点、税基计算、纳税地点等的规定存在模糊性，控股公司作为持股平台为更优的选择。[⊖]

（2）机制的弹性

《公司法》共有十五章二百六十六条，这些条款多为强制性规范[⊖]，比如股东进入和退出时必须经过法定的程序等。《合伙企业法》则赋予了合伙人更多设计合伙机制的自由空间，除了极少数强制性规范[⊜]外，合伙协议的条款几乎都可以根据合伙人的意志约定。所以，有限合伙企业有了更强的机制灵活性。例如，合伙协议可以约定由执行事务合伙人拥有合伙企业全部的表决权，而无须合伙人一人一票表决权。^㊃合伙协议可以约定不按出资比例对合伙人进行利润分配。^㊄举个例子，白先生欲设立一个持股平台以实现对白云公司的间接控股。如果白先生选择有限公司作为持股平台，白先生对有限公司的持股比例需达到 67%，方可完全控制持股平台；但如果选择有限合伙企业作为持股平台，则白先生仅需对合伙企业出资 1%^㊅，并通过合伙协议约定的方式控制持股平台。正是由于合伙企业机制的灵活性，这些年来，它已成为控制权设计中最重要的工具，每年在全国各地注册的

⊖ 具体见本书第 5 章 "5.2 有限合伙架构点评"。

⊖ 所谓强制性规范，是指必须依照法律适用、不能以个人意志予以变更和排除适用的规范。主要分为义务性规范和禁止性规范两种形式。

⊜ 例如《合伙企业法》第四十八条关于当然退伙的约定。

㊃ 见《合伙企业法》第三十条："合伙人对合伙企业有关事项作出决议，按照合伙协议约定的表决办法办理。合伙协议未约定或者约定不明确的，实行合伙人一人一票并经全体合伙人过半数通过的表决办法。"

㊄ 见《合伙企业法》第三十三条："合伙企业的利润分配、亏损分担，按照合伙协议的约定办理；合伙协议未约定或者约定不明确的，由合伙人协商决定；协商不成的，由合伙人按照实缴出资比例分配、分担；无法确定出资比例的，由合伙人平均分配和分担。"

㊅ 仅需满足合伙企业注册地工商局对合伙人持股比例最低要求即可。本书中工商局为民间通俗说法，代指各级市场监督管理局。

数量也呈现几何级数增长。

但合伙企业也并非完美无缺，不应该被滥用。这主要是因为我国《合伙企业法》引入有限合伙制度比较晚，[⊖]在税收立法和工商登记等配套体系上尚未完善，在公众心目中的认知度和权威度也远不如公司制度。所以，建议企业家用以终为始的思维，先确定持股目的，再综合考虑税收、法律、商业等维度，慎重选择持股平台。

1.3 一致行动人

"一致行动人"的概念起源于英国《城市法典》，该法典将"一致行动人"界定为包括根据正式或非正式的协议或默契，积极地进行合作，通过其中任何人取得目标公司股份以获得或巩固对目标公司控制权的人。

由上述定义可见，公司股东签署一致行动人协议相当于在公司股东会之外又建立了一个有法律保障的"小股东会"。每次在股东会表决或者协议约定事项进行前，有关各方可以在"小股东会"中先讨论出一个结果作为各方对外的唯一结果，然后再在股东会里表决或者决定事项是否进行。简单来讲就是抱团一致对外。如果有人没有按照协议约定的一致行动进行，那他会受到一致行动人协议中约定的条款惩罚。惩罚可以是法律所允许的任何形式，如罚金、赔偿股份等。

我国《公司法》规定，[⊜]实际控制人，是指通过投资关系、协议或者其他安排，能够实际支配公司行为的人。由此可见，即使不是公司股东，通过协议安排，也可能成为实际控制人。

⊖ 《合伙企业法》出台于1997年，2006年8月27日该法经中华人民共和国第十届全国人民代表大会常务委员会第二十三次会议通过修订案，正式引入了有限合伙企业制度。
⊜ 见《公司法》第二百六十五条第（三）项。

1.3.1　案例 3　养元饮品

养元饮品[一]（603156）注册成立于 1997 年，在 2005 年之前系国有企业。2005 年 12 月，随着河北省国企改革的深化，养元饮品被以姚奎章为核心的 58 名员工收购，完成了养元饮品的私有化。

由于公司特殊的成长背景，养元饮品被私有化之初，公司最大的股东姚奎章的持股比例仅为 30.01%，未能绝对控股。截至 2016 年 10 月（公司 IPO 申报前），养元饮品上市前的股权架构如图 1-11 所示。

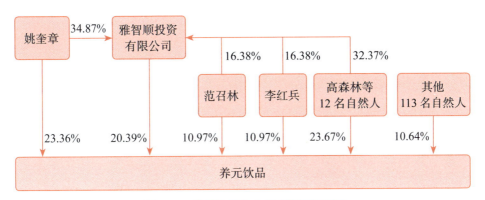

图 1-11　养元饮品上市前的股权架构图

姚奎章直接持有养元饮品股份的 23.36%，另外对雅智顺[二]的持股比例为 34.87%，未能拥有对雅智顺的控制权。所以姚奎章对养元饮品的现金流权虽为 30.47%[三]，话语权却仅为 23.36%[四]。除姚奎章之外的其他股东也均未能绝对控股，即任何一人凭借其股权均无法单独对公司股东大会决议、董

㊀　全称为"河北养元智汇饮品股份有限公司"。

㊁　全称为"雅智顺投资有限公司"。

㊂　姚奎章拥有现金流权的计算过程为：姚奎章直接持股 + 姚奎章间接持股 =23.36%+20.39%×34.87% =30.469 993%（四舍五入约等于 30.47%）。

㊃　姚奎章通过雅智顺间接持有养元饮品的股份，由于姚奎章未能拥有对雅智顺的控制权，从而导致间接持股部分同样没有绝对话语权。所以姚奎章的控制权仅为直接持股养元饮品部分。

事会选举和公司的重大经营决策实施决定性影响，养元饮品处于无实际控制人的状态！

为了避免由于股权的分散导致决策分歧，从而影响上市效率，掌舵人姚奎章急需采用一定工具，对公司的控制权进行整合。此时将小股东对养元饮品的直接持股平移至有限合伙企业持股是最好的整合方案。但由于公司面临上市，对小股东而言，放弃直接持股，转而通过合伙企业间接持股，操作难度很高。所以，我们看到了如下安排：

雅智顺于 2016 年 6 月 6 日召开临时股东会，会议审议通过了《关于签订〈姚奎章先生与雅智顺投资有限公司一致行动协议〉的议案》。审议表决时，执行董事姚奎章进行了回避，其他 14 名股东一致表决通过该议案。同日，姚奎章与雅智顺签署《姚奎章先生与雅智顺投资有限公司一致行动协议》。在签署一致行动人协议后，养元饮品的股权架构如图 1-12 所示。

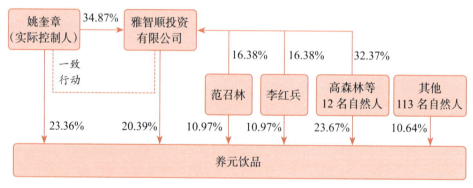

图 1-12　养元饮品签署一致行动人协议后的股权架构图

通过一致行动人协议，姚奎章成为养元饮品的实际控制人，拥有了养元饮品 43.75% 的控制权。

1.3.2　一致行动人点评

"一致行动人"较之"有限合伙企业"和"金字塔架构"效力较弱，实践中需要注意以下事项。

1. 一致行动人协议有"行动一致"的期限

一致行动人协议一般都有一定的期限，在期限届满后，协议将失效。

【例 1-7】

在蜜雪冰城上市前，张红超直接持有蜜雪冰城股份的 42.78%，另外通过有限合伙间接拥有 0.45% 的表决权；张红甫直接持有蜜雪冰城股份的 42.78%，另外通过有限合伙间接拥有 0.45% 的表决权。也就是说，张红超、张红甫的表决权比例完全相同。为了避免由于股权平分导致决策分歧，从而影响上市效率，两人于 2022 年 9 月签署了一致行动人协议，对公司的控制权进行整合。一致行动人协议具体内容如下：[⊖]

为进一步巩固对公司的共同控制，张红超与张红甫于 2022 年 9 月 6 日签署了《张红超与张红甫之一致行动协议》（以下简称"《一致行动协议》"），确认自 2019 年 1 月 1 日至《一致行动协议》签署日，在公司股东（大）会、董事会等场合行使权利时，双方均尽量协商一致，在确实无法达成一致意见时，均以张红超的意见为准，即双方在公司股东（大）会、董事会等场合行使权利时实际均保持一致行动。并约定自《一致行动协议》生效之日起至公司股票发行上市之日起满 60 个月之日止，双方在公司股东大会、董事会等场合行使权利时，须事先协商并形成一致意见，做出相同的意思表示，实施一致行动。当双方无法达成一致意见时，双方应尽量协商一致，否则以张红超的意见为准。

由此可见，张红超与张红甫兄弟虽然签署了一致行动人协议，约定在双方出现分歧时，以张红超的意见为准，但该一致行动并非永久有效，其有效期仅限于《一致行动协议》生效之日起至公司股票发行上市之日起满60 个月之日止。

⊖ 资料整理自《蜜雪冰城股份有限公司首次公开发行股票招股说明书（申报稿）》第 1-1-110 页。

2. 一致行动人协议可能因目的的达成而被解除或撤销

签署一致行动人协议往往是为了某种特殊目的，例如上市，一旦目的达成，协议可能会被解除或者被撤销。

【例1-8】

华志信（835642）挂牌新三板前，股东何胜军、孙静雯签署一致行动人协议。挂牌后公司发布公告："鉴于一致行动人协议的各方当事人有意愿更清晰地独立表达作为股东的真实意愿，经协议各方友好协商和沟通，何胜军与孙静雯2人于2016年10月11日签署了《〈一致行动人协议〉的解除协议》。"

3. 一致行动人协议对第三方没有约束力

一致行动人协议效力仅限于签约主体，对合同外第三方，除非经过效力追认，否则没有法律效力。例如，签署一致行动人协议的小股东可能因身故导致股权被继承，此时需要股东与继承人重新签署补充协议，一致行动人才得以成立。再如，一致行动的小股东的股份在上市后一旦成为流通股，将通过证券交易所进行竞价交易，一致行动人协议将无法对受让股票的一方具有约束力。

尽管在实践中，律师会尽量考虑各种导致一致行动人协议失效的情形，并加以约束，但由于其终归源于合同双方意思自治，仅在一定期限内可以实现控制权的稳定。

4. 将一致行动人写入公司章程

在签署一致行动人协议时，可将一致行动人协议内容写进公司章程，增加协议内容对第三方的对抗效力。

【例1-9】

福瑞股份[⊖]（300049）在申报IPO时，其创始人股东王冠一仅控制福瑞

⊖ 全称为"内蒙古福瑞中蒙药科技股份有限公司"。

股份 21.99% 的股份。[⊖]为此，王冠一与公司自然人股东李北红、霍跃庭、杨晋斌共同签署了《一致行动人协议》。根据《一致行动人协议》，王冠一能够控制的股份达 35.95%，成为实际控制人，如图 1-13 所示。[⊜]

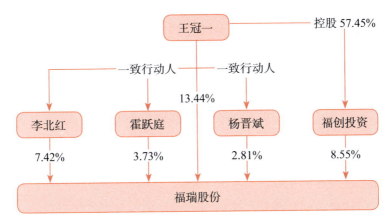

图 1-13　福瑞股份一致行动人情况图

在签署一致行动人协议后，福瑞股份修改了公司章程，将实际控制人地位、一致行动关系、委托投票权等事项加入了公司章程。具体条款如下。[⊜]

《公司章程》第八十七条　……根据一致行动人签署的《一致行动人协议》，其他一致行动人在对公司行使经营管理决策权及在公司股东大会行使表决权时，应将在公司股东大会上的表决权委托王冠一行使。

《公司章程》第一百二十条　董事会会议应有过半数的董事出席方可举行。董事会做出决议，必须经全体董事的过半数通过。

董事会决议的表决，实行一人一票。

根据一致行动人签署的《一致行动人协议》，若在公司董事会中有一致

⊖　见该公司招股说明书第 56 页："王冠一直接持有本公司 13.44% 的股份，并通过福创投资（王冠一持有 57.45% 的股权）间接控制本公司 8.55% 的股份，王冠一直接和间接合计控制本公司 21.99% 的股份。"

⊜　摘自该公司招股说明书第 57 页。

⊜　摘自福瑞股份 2010 年 8 月版公司章程。

行动人委派的人员担任董事或一致行动人本人担任董事时，其他一致行动人委派人员担任的董事或其本人（其他一致行动人本人担任董事时）在公司董事会上进行表决时，应将其在公司董事会上的表决权委托王冠一委派人员担任的董事或王冠一（王冠一本人担任董事时）行使。

《公司章程》第一百九十四条　释义：……

（二）实际控制人，是指虽不直接持有公司股份，或者其直接持有的股份达不到控股股东要求的比例，但通过投资关系、协议或者其他安排，能够实际支配公司行为的自然人或法人。本公司实际控制人为王冠一。

（三）一致行动人，是指股东王冠一、霍跃庭、杨晋斌、李北红四人，其四人在公司的股东权利行使、对公司的管理及决策等方面保持一致；其他一致行动人，是指在上述一致行动人中除王冠一以外的其他人，即霍跃庭、杨晋斌、李北红。

5. 充分重视一致行动人协议

一致行动人协议内容并非法律强制性规范，所以完全取决于协议各方的合意，协议的内容非常重要，表1-3和表1-4选取了一些一致行动人协议内容供大家在实践中参考。

表1-3　一致行动人共性条款内容摘要

序号	共性条款内容摘要
1	重大事项决策（表决权、提案权、提名权等）保持一致，如佳讯飞鸿（300213）、汇川技术（300124）、网宿科技（300017）等
2	不能形成统一意见时，按照所代表的股权大小计算，少数股权数服从多数股权数/以实际控制人合计持有发行人表决权的半数以上的意见作为一致行动的意见，各方须按该意见行使股东权利，如步森股份（002569）、宁波建工（601789）、凯嘉科技（838721）等
3	股票上市交易之日起36个月内不转让或委托他人管理其本次发行前已持有的股份，也不由发行人回购该部分股份，如宁波建工（601789）、佳讯飞鸿（300213）、东软载波（300183）等

表 1-4　一致行动人个性条款内容摘要

公司名称	个性条款内容摘要
宁波建工（601789）	2010 年 3 月 6 日，徐文卫、王宇凌、潘信强等 8 人签署《一致行动人协议书》，该协议书约定："自本协议签署之日起，协议各方中如发生宣告失踪、死亡、丧失民事行为能力等客观上不能行使表决权之情形，则自上述事实发生之日起，不能行使表决权人之股份表决权自动委托由本协议各方过半数推选的代表（代表应为本协议一方）行使。受托人应在维护委托人合法权益的前提下，按照有利于保持广天日月（控股股东）、宁波建工生产经营的稳定性和公司治理结构的有效性的原则行使表决权" 　　2010 年 4 月 23 日，原实际控制人之一王宇凌因病过世，其原持有发行人及广天日月股份的所有权由其子王一丁继承 　　2010 年 5 月 26 日，徐文卫等 7 人签署了原一致行动人协议的《补充协议书》；王一丁认可原协议书及《补充协议书》。根据该《补充协议书》，王一丁所持股份之表决权自动委托徐文卫等 7 人过半数推选的代表（代表应为协议一方）行使；协议各方过半数推选的代表行使原王宇凌先生所持有股份的表决权时，在维护委托人合法权益的前提下，在广天日月、发行人股东大会上，其表决意见应当与根据原协议书所形成的表决意见保持一致
科大讯飞（002230）	2003 年 7 月 24 日，刘庆峰、王仁华、陈涛、吴相会等 14 人签订《协议书》： 　　（1）王仁华等 13 人（委托人）委托刘庆峰（受托人）出席股东会或临时股东会，并在股东会或临时股东会上，就股东会所议事项和所决议事项，代表委托人决策并行使投票权 　　（2）当委托人本人亲自出席公司的股东会或临时股东会时，经受托人同意，可由委托人自己行使投票权，委托人承诺与受托人保持行动一致，否则，委托人的投票无效 　　（3）委托人同意对讯飞公司董事、高级管理人员的提名或推荐权由受托人行使；若委托人出任讯飞公司的董事，则在讯飞公司的董事会或临时董事会上，就董事会所议事项和所决议事项与受托人保持一致
亚威股份（002559）	2008 年 4 月，吉素琴、冷志斌等 9 名自然人共同签署一致行动的《协议书》《协议书》有效期为 5 年（即自 2008 年 3 月 1 日起至 2013 年 2 月 28 日）。约定：若公司成功上市，自上市之日起至该协议期满日止，不足 3 年的，则本协议的有效期应延长至公司上市届满 3 年之日（公司股票于 2011 年 3 月 3 日上市交易，截至 2014 年 3 月 2 日，公司上市已 3 年，一致行动的《协议书》期限已届满）
网宿科技（300017）	2009 年 4 月，陈宝珍和刘成彦签署《一致行动人协议》： 　　（1）该协议自双方签署后生效，至发行人首次公开发行股票并上市交易 36 个月届满后失效 　　（2）如果协议双方进行充分沟通协商后，对有关公司经营发展的重大事项行使何种表决权达不成一致意见，双方在股东大会上对该等重大事项共同投弃权票

（续）

公司名称	个性条款内容摘要
汇川技术（300124）	2009年8月25日，朱兴明等10名自然人共同签订《一致行动人协议书》： （1）本协议有效期为各方为公司股东期间，如任何一方不再为公司股东，本协议对其他各方仍有约束力 （2）本协议任何一方违反本协议约定，给他方造成的损失，应当依法进行赔偿 2010年7月28日，朱兴明等10名自然人签署《一致行动人协议书之补充协议》，约定：股东大会召开10日前，各方应通过协商就需要决策的事项达成一致，并在股东大会上发表该等一致意见。如进行充分沟通后，对会议议案行使何种表决权未能达成一致意见，各方按人数简单多数进行表决，并按多数方意见在股东大会对该等议案发表一致意见。如出现赞成和反对票相同的情形，各方同意朱兴明多一票表决权
中元华电（300018）	2005年6月8日邓志刚、王永业、张小波等8位自然人股东签订《一致行动人协议》，2009年2月16日各方又签订《关于〈一致行动人协议〉之补充协议》： （1）在发行人存续期间内，任何一方未经其他各方的书面同意不得向签署本协议之外的第三方转让所持公司的股份 （2）任何一方持有的本公司股份不得通过协议、授权或其他约定委托他人代为持有 （3）一致行动关系不得为协议的任何一方单方解除或撤销；协议所述与一致行动关系相关的所有条款均为不可撤销条款 （4）任何一方均不得与签署本协议之外的第三方签订与本协议内容相同、近似的协议或合同 （5）一致行动协议在公司存续期间长期有效
东软载波（300183）	2009年9月16日崔健、胡亚军、王锐签署《一致行动人协议书》，2010年3月15日重新签署《一致行动人协议书》： （1）按照法定情形董事会、监事会不召集和主持股东大会的，按合计数共同行使自行召集和主持股东大会的权利 （2）按照合计数共同行使股东享有的公司法规定的代表诉讼和直接诉讼的权利
步森股份（002569）	措施一：《步森集团有限公司章程》中的有关规定 根据2008年8月18日修订的《步森集团有限公司章程》第十二条："本公司股东寿彩凤、陈建飞、陈建国、陈能恩、陈智宇、陈智君、王建霞、王建军、王建丽、寿能丰、寿鹤蕾系寿氏家族成员，为一致行动人，在行使股东权利（包括但不限于股东大会提案权、董事的提名权、股东大会表决权等权利）时，统一按照一致行动的原则行使相应权利，始终保持一致行动。如各方对提案、提名及表决有不同意见时，以合计持有半数以上有表决权股份的股东的意见作为一致行动的意见，该约定对全体一致行动人具有约束力，各方须按该意见行使股东权利" 措施二：公司股东吴永杰的有关承诺 2008年8月18日，吴永杰出具《承诺书》，承诺："本人作为浙江步森服饰股份有限公司股东，在对公司重大事务决策方面与步森集团有限公司保持一致意见"

（续）

公司名称	个性条款内容摘要
步森股份（002569）	措施三：2009 年 10 月 15 日，寿彩凤、陈建飞、陈建国等 12 人签署《一致行动人协议书》，约定"未能形成一致意见的，则无条件服从时任公司董事长的意见……通过行使股东选举权和董事选举权，确保公司时任董事长为 12 人中的一人。如在选举公司董事长时出现意见不一致且无法统一时，将无条件选举陈建飞担任公司董事长"
神农基因（300189）	2010 年 12 月 17 日，黄培劲与柏远智等 10 位自然人股东签署《一致行动人协议》： （1）柏远智等 10 位股东中的任何一方如发生两次以上（包括两次）违反本协议的行为，黄培劲有权要求该等违约方将其对股东大会的提案权和在股东大会上的表决权在本协议的有效期内授权黄培劲行使，在授权期限内，该等违约方不得再亲自行使提案权和表决权 （2）协议自各方签署之日起生效，至神农基因首次公开发行的股票上市交易之日起满 36 个月后失效。同时，柏远智等 10 位自然人股东承诺，自发行人股票上市之日起，在公司连续服务年限不少于 3 年 2010 年 12 月 17 日，PE 股东红岭创投和财信创投、财信房地产及其实际控制人财信投资出具《承诺函》，承诺：红岭创投（及财信创投、财信房地产及其实际控制人财信投资）与发行人其他股东之间不存在关联关系；不谋求发行人的控制权，不直接或间接增持发行人股份，股份锁定期满后不通过证券交易所大宗交易系统将股份转让给可能控制发行人的股权受让方
华平股份（300074）	2005 年末，公司拟境外上市，设立了境外特殊目的公司——爱微康国际，刘晓丹、熊模昌、梁艺丹（王昭阳之妻）签订《一致行动协议》，约定： 任何情况下，只要刘晓丹是华平有限公司的直接或间接持股人，熊模昌及梁艺丹同意（梁艺丹需促使王昭阳同意）提名并选举或委派刘淼（刘晓丹之母）、刘晓露（刘晓丹之兄）、王强、王昭阳、熊模昌为华平有限公司的董事，且在董事会中选举刘淼担任董事长及法定代表人
海兰信（300065）	2007 年 12 月 28 日，申万秋与魏法军签署《合作协议》： （1）双方在对其所持有的海兰信股份进行任何卖出、质押等处分行为或新增买入海兰信的股份时，应通过相互协商以保持一致意见和行动 （2）协议有效期为 5 年，经双方协商一致，可以延长有效期
江海股份（002484）	朱祥等 45 名自然人股东与陈卫东先生于 2008 年 7 月 18 日签署《授权委托书》，授权公司股东、董事长陈卫东先生代为行使其持有公司股份所享有的股东大会的投票权、提案权、提名权、临时股东大会的召集权。2009 年 5 月 31 日，朱祥等 45 名自然人股东与陈卫东进行了协商，对《授权委托书》进行调整。主要调整内容为： ①将《授权委托书》在形式上调整为《委托协议书》 ②对"统一表决意见"进行了重新界定，补充了"如不能形成 50% 以上的统一意见，则股东意见中支持比例最高的表决意见为统一表决意见"的约定 新签署的《委托协议书》主要内容如下： 1. 朱祥等 45 名自然人自本委托协议书签署之日起至公司股票发行上市后 36 个月内，将其持有的公司股份的下列股东权利委托给受托方陈卫东先生统一行使，委托方不再单独行使下列股东权利：

（续）

公司名称	个性条款内容摘要
江海股份 （002484）	（1）股东大会的投票权 （2）提案权 （3）董事、独立董事、监事候选人的提名权 （4）临时股东大会的召集权 2. 委托方和受托方一致同意按照如下规则行使上述股东权利：受托方和委托方应在公司股东大会召开前，召集全体委托方、受托方就股东大会会议议案进行讨论，形成统一表决意见，并按照相关规定出具股东大会的授权委托书，在某个委托方违反本授权委托书约定，不出具授权委托书时，应当向其他委托方就每次违约行为支付100万元的违约金 在行使提案权，董事、独立董事、监事候选人的提名权，临时股东大会的召集权时召集委托方、受托方进行讨论，形成统一意见。在委托方、受托方违反本委托协议书约定时，应当向守约方就每次违约行为支付共计100万元的违约金 占全体委托方、受托方所持股份总数50%以上的股东意见为统一表决意见（如不能形成50%以上的统一意见，则股东意见中支持比例最高的表决意见为统一表决意见），受托方应当按照此统一意见行使本协议项下的股东权利。委托方、受托方同意接受统一表决意见的约束 3. 受托方如有卜列情形之一的，由委托方中持股比例最高且能够出席股东大会的自然人股东代行本协议项下股东权利，也可由委托方协商更换成其他受托方： （1）受托方不能履行或不履行上述受托事项 （2）受托方不再担任公司董事 （3）占全体委托方所持股份总数50%以上的股东同意更换的其他情形 4. 受托方或继任受托方不按本委托协议书确定的表决规则统一行使本协议项下股东权利的，应承担法律责任 5. 受托方必须遵守法律和股份公司章程，不得利用委托方的授权损害股份公司的利益或者其他股东的利益 6. 未经全体委托方书面同意，受托方不得将本委托书中列明的股东权利全部或者部分授予他人行使 7. 本委托协议书一经签署即具有法律约束力，且未经全体委托方和受托方同意不得予以变更

6. 拟上市公司需要注意一致行动人范围

非上市公司的一致行动人更多靠约定，但上市公司的一致行动人除了约定外，还可能被自动认定。让我们来看一下《上市公司收购管理办法》中对一致行动的定义：投资者通过协议、其他安排，与其他投资者共同扩大其所能够支配的一个上市公司股份表决权数量的行为或者事实。⊖

⊖ 见《上市公司收购管理办法》（2020年修订）第八十三条第一款。

因此，在中国证监会审核体系里，即使上市公司股东未做一致行动人约定，也可能将被自动认定为"一致行动人"。比如，德邦股份（603056）的实际控制人为崔维星，其弟崔维刚以及其配偶薛霞自动被认定为一致行动人。⊖

《上市公司收购管理办法》对此列举了"一致行动人"的正面清单：⊖

如无相反证据，投资者有下列情形之一的，为一致行动人：

（一）投资者之间有股权控制关系；

（二）投资者受同一主体控制；

（三）投资者的董事、监事或者高级管理人员中的主要成员，同时在另一个投资者担任董事、监事或者高级管理人员；

（四）投资者参股另一投资者，可以对参股公司的重大决策产生重大影响；

（五）银行以外的其他法人、其他组织和自然人为投资者取得相关股份提供融资安排；

（六）投资者之间存在合伙、合作、联营等其他经济利益关系；

（七）持有投资者 30% 以上股份的自然人，与投资者持有同一上市公司股份；

（八）在投资者任职的董事、监事及高级管理人员，与投资者持有同一上市公司股份；

（九）持有投资者 30% 以上股份的自然人和在投资者任职的董事、监事及高级管理人员，其父母、配偶、子女及其配偶、配偶的父母、兄弟姐妹及其配偶、配偶的兄弟姐妹及其配偶等亲属，与投资者持有同一上市公司股份；

（十）在上市公司任职的董事、监事、高级管理人员及其前项所述亲属同时持有本公司股份的，或者与其自己或者其前项所述亲属直接或者间接

⊖ 见德邦股份招股说明书。

⊖ 见《上市公司收购管理办法》（2020 年修订）第八十三条第二、三、四款。

控制的企业同时持有本公司股份；

（十一）上市公司董事、监事、高级管理人员和员工与其所控制或者委托的法人或者其他组织持有本公司股份；

（十二）投资者之间具有其他关联关系。

一致行动人应当合并计算其所持有的股份。投资者计算其所持有的股份，应当包括登记在其名下的股份，也包括登记在其一致行动人名下的股份。

投资者认为其与他人不应被视为一致行动人的，可以向中国证监会提供相反证据。

1.4　委托投票权

委托投票权（proxy voting）是指股东在股东会召开之前已经在某些问题上进行了投票或把投票权转让给出席股东会的其他人来行使。我国《公司法》第一百一十八条规定："股东委托代理人出席股东会会议的，应当明确代理人代理的事项、权限和期限；代理人应当向公司提交股东授权委托书，并在授权范围内行使表决权。"

1.4.1　案例 4　天常股份

天常股份[⊖]（300728）实际控制人为陈美城。

该公司有一家子公司连云港天常[⊖]，申报 IPO 前，天常股份对其持股比例为 40%。

天常股份与连云港天常的股东肖彩霞签署了《委托投票权协议》，约定肖彩霞将所持连云港天常 19% 的股权（含未来资本公积转增股本，送红股增加的股权）对应的股东权利（收益权和处分权除外）授权给天常股份行

⊖　全称为"江苏天常复合材料股份有限公司"。

⊖　全称为"连云港天常复合材料有限公司"。

使，具体包括：①连云港天常股东会会议审议议案时，发行人可根据自己的意志行使 19% 的股权对应的表决权；②发行人享有 19% 的股权对应的提案权、提名权等股东权利；③委托期限自协议签署之日起至肖彩霞持股比例低于 1% 以内；④上述授权委托无条件且不可撤销。

肖彩霞承诺自协议签订之日起 5 年内不转让上述 19% 的股权，期限届满后拟转让股权的，同等条件下发行人享有优先购买权。

为什么肖彩霞要委托投票表决权呢？天常股份招股说明书披露，主要出于以下原因：

（a）肖彩霞长期生活在北京，参与连云港天常日常管理不便且主观意愿不强，其实际仅承担财务投资人角色。

（b）肖彩霞与陈美城系多年朋友，双方存在较深的信任关系；天常股份多年来经营管理连云港天常运作良好。

因此，肖彩霞愿意将连云港天常 19% 的股权对应的投票权委托给天常股份行使。[一]

随后，为了保证天常股份在上市过程中对连云港天常合并财务报告，肖彩霞又签署声明与承诺，且经连云港天常股东会全体股东决议通过，肖彩霞又放弃其所持连云港天常 27% 股权的表决权。

1.4.2　委托投票权点评

常有企业家咨询：委托投票权和一致行动人有什么区别？

通俗一点儿，如果把一致行动人表述为，大股东与小股东意见一致时，听大股东的，大股东与小股东意见不一致时，仍听大股东的；委托投票权则是作为委托人的股东完全放弃表决权，交由受托人行使。因此，一致行动人需要各方均为公司股东，但委托投票权的受托方可以不是公司股东。

[一] 摘自天常股份招股说明书第 57 页。

在公司上市过程中，如果存在股权分散且几个股东股权比例非常接近的情况，中介机构一般会建议股东捆绑成为一致行动人，在极个别情况下，也会直接认定没有实际控制人。但是在股权比例较高的一方股东是纯粹的财务投资人的情况下，如果财务投资人并不愿意被绑定，且将财务投资人强行认定为一致行动人也有些不伦不类，这时中介机构会建议持股较多的股东选择委托投票权的方式将控制权集中给实际参与管理的股东，以方便认定实际控制人。

1.5　董事会控制

董事会是公司治理体系中的核心机构，承担着制定战略、任命高管以及监督管理层等关键职责。控制董事会可以直接掌握公司的战略决策权，并通过任命管理层间接影响公司的日常运营。

下面，我们以阿里巴巴为例，分析其创始人团队如何通过控制董事会，实现"分股不分权"的目标。

1.5.1　案例 5　阿里巴巴

2014 年 9 月，阿里巴巴在美国纽约证券交易所挂牌上市，股票代码为"BABA"。2019 年 11 月，阿里巴巴在港交所双重上市，股票代码为"09988"。上市首日，阿里巴巴的港股市值高达 40 122 亿港元，成为港股的"新股王"。

尽管阿里巴巴在资本市场上风光无限，但在港股上市时，其最大股东为软银集团，持股比例为 25.8%。创始人马云仅持有 6.1% 的股份，全部管理团队的持股比例合计也仅为 9%。[⊖]按照传统的公司治理模式，如此低的

⊖　阿里巴巴在港股上市时，软银集团作为最大股东，持股 25.8%；创始人马云个人持股 6.1%；联合创始人蔡崇信持股 2.0%；其他董事和高级管理人员合计持股 0.9%；其余公众股东合计持股 65.2%。

持股比例，显然不足以掌控阿里巴巴这艘商业巨轮。

那么，马云是如何实现对其庞大商业帝国的掌控的呢？答案是，马云以控制董事会为核心，通过以下三个步骤，实现对阿里巴巴的控制权。

1. 权力下沉至董事会

尽管股东会是公司的最高权力机构，负责对公司的重大事项进行决策，但董事会作为公司治理的核心机构，承担着战略制定和管理监督的职责，并授权管理层处理日常经营事务。在阿里巴巴的控制权设计中，一个关键策略是通过公司章程赋予董事会更广泛的权力，使其成为公司决策的中枢。

我们来看一下阿里巴巴公司章程中的规定：[⊖]

100. 除《公司法》和本章程细则另有规定外，本公司的事务应由董事会管理，可由其支付设立和登记公司所产生的所有开销以及行使本公司的所有权利。

101. 董事会可以其认为合适的方式不时规定本公司事务的管理，且以下三条中的规定不应限制本条所赋予的一般权力。

102. 董事会可不定期及在任何时候设立任何委员会、地方委员会或代理机构，以管理本公司的任何事务，并且可任命任何人为此类委员会或地方委员会的成员且可任命本公司的任何经理或代理人，并可确定任何此类人士的报酬。

103. 在不违反上述章程细则的前提下，董事会可不定期任命任何人（不管是不是董事）担任董事会认为本公司行政管理所需的公司职务，包括但不限于总裁、首席执行官、首席财务官、首席运营官、首席风险官、首席技术官、一名或多名副总裁、司库、助理司库、经理或主管，决定其任

⊖ 摘自《阿里巴巴集团控股有限公司经修订和重述的组织章程大纲及章程细则》（2019 年 11 月 25 日版）。

期及薪酬（不管是以薪水、佣金或参与分红的方式支付，还是部分以其中一种方式而部分以另一种方式支付），以及董事会认为适当的权力和职责。董事会任命担任上述职务之人可由董事会免职。

104. 本公司在股东大会上通过的决议不应使董事会在该决议未通过前的任何先前有效行为无效。

105. 董事会可任命任何人担任公司秘书（如果需要，也可任命一名或多名助理公司秘书），并决定其认为适当的任期、薪酬、条件和权力。董事会任命的任何公司秘书或助理公司秘书可由董事会或本公司通过普通决议免职。

上述公司章程条款构建了阿里巴巴的"董事会中心主义"治理架构。该架构明确董事会全权管理公司事务，可自主设立各类委员会，直接任免高管并决定其任期、薪酬，并规定股东会决议不溯及董事会既往行为。这种设计将股东会的权限进行了压缩，形成董事会主导的强效决策体系。

2. 合伙人通过提名权控制董事会

当董事会成为阿里巴巴的决策中心，这意味着谁掌握董事会多数席位便能够实际控制公司。那阿里巴巴董事由谁选举呢？阿里巴巴董事会成员的选举方式与其他公司并无本质区别，董事候选人在年度股东大会上获得超过投票股东所持表决权的半数同意方能当选。虽然阿里巴巴无法通过公司章程改变董事的选举规则，却在"董事候选人"的提名机制上进行了独特的创新。具体内容如下。

（1）提名董事权

阿里巴巴合伙人拥有提名董事的排他性权利。

阿里巴巴合伙人提名的董事候选人需占董事会总人数的简单多数。例如，董事会由 11 人组成，则至少 6 人需由阿里巴巴合伙人提名。

此外，修改公司章程中的提名权条款，需要获得出席股东大会并投票的股东所持表决权不少于 95% 的支持。由于马云的持股比例为 6.1%，这意味着只要他不同意，其他股东就无法修改该提名权条款。

这些规定确保了阿里巴巴合伙人提名权的长期稳定性和不可更改性。

（2）与大股东签署表决协议

阿里巴巴与持股比例最高的两大股东软银集团和 Altaba[⊖]签署了表决协议。软银集团和 Altaba 同意在各年度股东大会上将其持有的股份表决权用于支持阿里巴巴合伙人提名的董事人选。

董事提名与表决流程如图 1-14 所示。

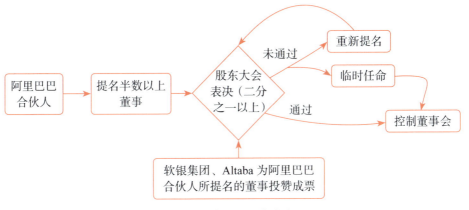

图 1-14 董事提名与表决流程图

通过以上双重设计，阿里巴巴合伙人顺利实现了对董事会的有效控制。那阿里巴巴合伙人又是一种什么样的制度呢？

3. 合伙人制度控制合伙人产生

阿里巴巴合伙人制度即"湖畔合伙人制度"，诞生于阿里巴巴的创建之地——湖畔花园。2009 年 9 月 10 日是阿里巴巴创建十周年之日，包括马云在内的 18 位创始人由"创始人身份"转变为阿里巴巴的合伙人。该制

⊖ 阿里巴巴在港股上市时，软银集团的持股比例为 25.8%，Altaba（原雅虎）的持股比例为 9.4%。

度先在内部试行，于 2013 年正式对外宣布。在港股上市时，阿里巴巴合伙共有 38 名成员。阿里巴巴合伙人制度下合伙人选举与产生的逻辑框架如图 1-15 所示。

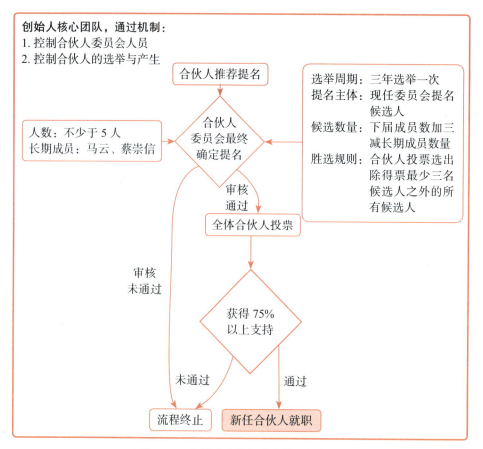

图 1-15 合伙人选举与产生的逻辑框架

（1）合伙人委员会机制

合伙人委员会人数不少于 5 人，其中长期成员包括创始人马云和联合创始人蔡崇信。

合伙人委员会负责管理合伙人的选举、提议和执行包括合伙人在内的高管年度奖金池分配，以及提名董事候选人。

除长期成员外的其他成员任期为三年，可连任，选举每三年举行一次。选举前，现任委员会提名候选人，数量为下届成员数加三减去留任长期成员数。全体合伙人投票选出除得票最少三名候选人之外的所有候选人。这一机制确保了委员会的连续性和活力。

（2）合伙人成员的产生

合伙人委员会提名新合伙人候选人，候选人需获得全体合伙人 75% 以上投票通过，才能正式成为合伙人。合伙人退休后可成为荣誉合伙人。

通过以上两个机制，阿里巴巴的核心成员控制了合伙人委员会，进而控制了合伙人的产生。

阿里巴巴董事会控制的核心步骤（见图 1-16）总结如下：

第一步，治理权力下沉到董事会。

第二步，合伙人委员会选举合伙人。

第三步，合伙人通过董事提名权控制董事会。

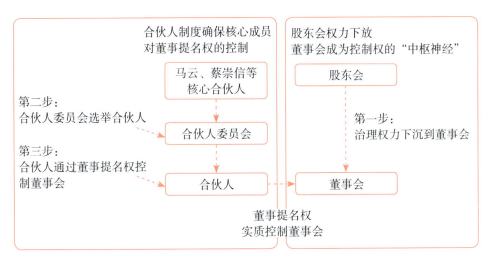

图 1-16　公司治理结构中的合伙人制度与权力下放流程图

阿里巴巴通过以上三步，实现了核心成员对商业帝国的有效控制。这种治理模式不仅确保了公司决策的高效性，还通过合伙人对董事会成员的提名权和董事会的权力下沉，保障了企业文化和长期战略的稳定传承。这种以人为核心、以价值观为导向的控制策略，无疑是阿里巴巴成功的关键因素之一。

1.5.2 董事会控制点评

阿里巴巴合伙人制度的终极吸引力在于构建了一个凌驾于资本规则之上的"平行权力体系"。成为合伙人意味着进入了阿里核心管理层，获得了定义商业规则的权力。这种董事会控制策略是否适用于其他企业呢？答案是，需要"量体裁衣"，很难"拿来主义"。

1. 开曼群岛的"制度红利"

阿里巴巴搭建了境外架构，其上市主体公司在开曼群岛[⊖]注册成立，适用《开曼群岛公司法》(Cayman Islands Companies Act)。《开曼群岛公司法》基于英美法系，强调契约自由，允许公司通过章程灵活约定公司治理结构和股东会职权。股东会的职权没有统一的强制性规定，公司可以根据实际需要决定股东会的权力范围，体现了典型的董事会中心主义治理（board-centric governance）模式。

如果是中国境内公司，适用我国《公司法》。我国《公司法》基于大陆法系，采用了"股东会中心主义与董事会中心主义相结合"的治理模式。这种模式下，股东会是公司治理的核心机构，同时通过强化董事会职权和优化治理结构，试图在股东控制权和公司自治权之间找到平衡点。

因此，如果是依据我国《公司法》注册成立的公司，在使用董事会控制这个工具时，需要更加注重合法性（不得违反法律强制性规定）和明确性（授权范围需具体、可操作）。

⊖ 开曼群岛（Cayman Islands），是位于加勒比地区的英国海外领地。

2. 上市地规则适配

阿里巴巴先后在美国纽约证券交易所和中国港交所成功上市，这些资本市场对"同股不同权"模式具有更高的包容性。相比之下，中国境内资本市场更加注重治理结构的透明度和规范性，目前尚未出现完全复制阿里巴巴治理结构的成功案例。因此，企业应充分考虑所处的法律环境，结合股权架构、协议安排等因素，构建适合自身的系统性控制体系，探索契合自身特点的公司治理模式，在复杂多变的商业环境中实现稳健发展。

1.6　优先股

优先股是指依照《公司法》，在一般规定的普通种类股份之外，另行规定的其他种类股份，其股份持有人优先于普通股股东分配公司利润和剩余财产，但参与公司决策管理等权利受到限制。[1]通俗地说，优先股股东以放弃部分表决权为代价，换取了优于普通股股东分配公司利润和剩余财产的权利。

2013 年 11 月，国务院发布了《国务院关于开展优先股试点的指导意见》，将在境外市场日趋成熟的证券品种优先股引入了我国境内，这是中国境内资本市场具有里程碑意义的大事件。随后，中国证监会发布《优先股试点管理办法》[2]，优先股试点启动。2023 年修订后的《公司法》进一步完善了关于类别股的规定，明确了优先股作为类别股的一种，可以在利润分配、剩余财产分配等方面享有特殊权利。[3]这为优先股的发行和管理提供了

---

[1] 见《优先股试点管理办法》(中国证券监督管理委员会令第 209 号，2023 年修订) 第二条规定。

[2] 2013 年 12 月 9 日中国证券监督管理委员会第 16 次主席办公会会议审议通过，根据 2021 年 6 月 11 日中国证券监督管理委员会《关于修改部分证券期货规章的决定》修正，2023 年中国证券监督管理委员会第 2 次委务会议修订。

[3]《公司法》第一百四十四条规定："公司可以按照公司章程的规定发行下列与普通股权利不同的类别股：(一) 优先或者劣后分配利润或者剩余财产的股份；(二) 每一股的表决权数多于或者少于普通股的股份；(三) 转让须经公司同意等转让受限的股份；(四) 国务院规定的其他类别股。
"公开发行股份的公司不得发行前款第二项、第三项规定的类别股；公开发行前已发行的除外。"

更坚实的法律基础。

以下我们以中导光电为例，对优先股进行讲解。

1.6.1　案例 6　中导光电

中导光电[一]（839092）成立于 2006 年 11 月，并于 2016 年 10 月挂牌新三板。公司主营业务为平板显示器（FPD）和太阳能电池（PV）前后端检测设备的研发、生产和销售。

由于研发投入大，中导光电在挂牌前多次进行股权融资。挂牌时，其股权架构如图 1-17 所示。

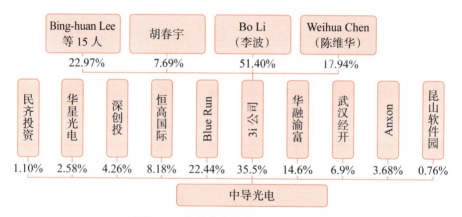

图 1-17　中导光电挂牌时股权架构图

中导光电的实际控制人为 Bo Li（李波）、胡春宇和 Weihua Chen（陈维华）。挂牌时，该 3 人通过在开曼群岛设立的 3i 公司对中导光电的持股比例合计为 27.35%[二]。3 名股东中持股比例最高的为 Bo Li（李波），间接持股中导光电的比例仅为 18.247%[三]。如果后续再引入投资机构，实际控制人失控的风险非常高。于是，当再次融资时，中导光电发行了优先股。

[一]　全称为"中导光电设备股份有限公司"。
[二]　Bo Li（李波）、胡春宇和 Weihua Chen（陈维华）的持股比例 =（7.69% + 51.4% + 17.94%）× 35.5% ≈ 27.35%。
[三]　Bo Li（李波）的持股比例 = 51.4% × 35.5% = 18.247%。

2017 年 5 月 26 日，中导光电公布《非公开发行优先股预案（修订版）》，非公开发行 22 万股优先股，计划募集资金 2 200 万元，所募资金将在扣除发行费用后，全部用于 LTPS-TFT LCD 自动光学检测设备研制及产业化项目和高端平板显示检测系列设备研制及产业化项目。

1. 中导光电的优先股股东能享受哪些优先权益

（1）优先获得固定股息

本次发行的优先股采用固定股息率。优先股发行的票面利率为 1.00%。公司在依法弥补亏损、提取法定公积金后依照本公司经审计的母公司报表在有可分配利润的情况下，可以向本次优先股股东配发股息。优先股股东按照约定的票面利率取得股息后，不再同普通股股东一起参加剩余利润的分配。

（2）回售权

优先股股东在优先股限售期届满后，有权向公司回售其所持有的优先股（包括所有递延支付的股息及其孳息）。累计未支付的股息的计算方式如下：

$$\text{累计未支付的股息} = \text{累计未支付的优先股股息} + \text{累计未支付的优先股股息之孳息}$$

其中：

$$\text{累计未支付的优先股股息} = \text{本年度应支付的股息金额} - \text{本年度已支付的股息金额} + \text{过往年度未支付的股息之和}$$

$$\text{累计未支付的优先股股息之孳息} = \text{累计未支付的股息} \times \text{当期票面利率} \times \text{累计延迟支付自然天数} / 365$$

2. 优先股股东又将放弃哪些表决权利

除法律法规或公司章程规定需由优先股股东表决的事项外，优先股股东没有请求、召集、主持、参加或者委派股东代理人参加股东会会议的权利。

1.6.2　优先股适用场景

优先股是一种设计独特的制度安排，通过让部分股东以放弃部分"权"为代价，换取更低风险、更稳定的"钱"；而其他股东则通过承担股权"利"的不确定性，换取更多的"权"。这一机制在理论上看似能够有效平衡股东之间的利益与权利，但在实践中，优先股并未成为控股权设计的高频工具，其主要原因在于优先股的实际应用场景较为有限。

1. 优先股仅适用于股份有限公司

我国《公司法》第一百四十四条明确规定，股份有限公司可以发行优先股。这表明优先股制度主要适用于股份有限公司，而非有限责任公司。此外，《优先股试点管理办法》也明确，优先股的发行主体为上市公司或非上市公众公司，⊖这些公司均为股份有限公司。

2. 有限责任公司可适用"变形版"优先股

虽然有限责任公司不能直接发行优先股，但《公司法》允许有限责任公司股东通过公司章程约定不按照持股比例分红⊜及享受表决权⊜，这相当于优先股的"变形版"。但笔者提示，有限责任公司使用"变形版"优先股工具需要注意以下事项。

⊖　《优先股试点管理办法》（2023 年修订）第三条规定，上市公司可以发行优先股，非上市公众公司可以向特定对象发行优先股。

⊜　见《公司法》第二百一十条：……公司弥补亏损和提取公积金后所余税后利润，有限责任公司按照股东实缴的出资比例分配利润，全体股东约定不按照出资比例分配利润的除外；……

⊜　见《公司法》第六十五条：股东会会议由股东按照出资比例行使表决权；但是，公司章程另有规定的除外。

（1）无分配剩余财产优先权

根据《公司法》的规定，有限责任公司在进行公司清算时，优先股股东不能优先分配公司剩余财产。[⊖]因此，剩余财产分配权属于法律强制性规定，不能通过章程或协议进行特别约定。

（2）充分重视公司章程约定

有限责任公司在使用优先股安排时，必须在公司章程中做出明确规定，以确保落地的合法性和可操作性。

首先，应明确优先权的内容，包括分红优先权、表决优先权等具体权利的范围和适用条件，确保股东权利的行使有据可依。

其次，需要对优先权的限制做出约定，例如优先权是否具有永久效力，或者是否仅在特定事件发生时才触发或终止，以便合理控制优先权的适用范围。

最后，章程中还需明确哪些股东或股权类别享有优先权，确保公司治理结构的清晰性和透明度。

（3）设计动态调整机制

至今为止，中国资本市场 A 股尚未出现企业带着优先股申报 IPO 并成功上市的案例。这是因为带优先股上市存在一些潜在的障碍，例如监管机构对 IPO 企业的股权架构要求非常严格，优先股的存在可能引发复杂的分红、表决权安排，影响股权清晰性；再如《公司法》对优先股的规定主要针对上市公司，未对非上市公司使用优先股申报 IPO 做出明确规范，这也会导致监管上的不确定性。因此，对于拟上市公司，应在公司章程中设立优先股的动态调整机制，规定在未来需要调整优先权内容或范围时的程序和规则，为公司在动态发展中灵活应对优先权的变化预留空间。

⊖ 见《公司法》第二百三十六条：公司财产在分别支付清算费用、职工的工资、社会保险费用和法定补偿金，缴纳所欠税款，清偿公司债务后的剩余财产，有限责任公司按照股东的出资比例分配，股份有限公司按照股东持有的股份比例分配。

1.7 AB 股

"AB 股"是资本市场对"差异化表决权架构"(dual-class share structure)的俗称,特指公司通过设置不同类别的股份,实现股东表决权与财产权的非对称性配置。具体而言,AB 股安排将公司股份分为两类:A 类股和 B 类股。A 类股和 B 类股在经济权益(如分红权)上通常是相同的,但在表决权上存在显著差异。例如,A 类股可能是一股一票,而 B 类股可能是一股多票(如一股十票),从而赋予 B 类股持有人更高的表决权。⊖ 这种工具的核心目的是在公司上市或引入外部投资者后,使创始团队或核心管理层通过持有表决权更高的股份,能够在相对少量的持股比例下,依然保持对公司的控制权。

AB 股最初盛行于美国互联网创新时代。在创新型企业中,创始人最能把握新技术的脉搏。但互联网公司通常在发展前期对资本投入需求较大,经历多次股权融资后,创始人团队的持股比例已被摊薄得很严重了。AB 股能有效地让持股比例已被大幅摊薄的创始人团队,仍然掌握对公司的控制权。国人开始了解 AB 股始于小米集团、京东、阿里巴巴等颠覆我们生活模式的互联网巨头在境外上市。当它们的股权架构被披露时,大家惊讶地发现,这些企业因为一轮又一轮地融资,重要股东居然是外国投资人。⊖ 我们一起看一下上市前夕,这些叱咤风云的创始人手里还剩下多少股权,如图 1-18 所示。

这些创始人用如此少的股权控制庞大商业帝国的秘密便是 AB 股。以京东为例,刘强东所持股票属于 B 类普通股,其 1 股拥有 20 票投票权(美国一般的 B 类股 1 股拥有 10 票投票权),而除了刘强东之外的其他股东所

⊖ 此处仅为示例,并不代表 B 类股表决权一定更高。实务中,A 类股和 B 类股的表决权数量取决于公司章程的约定。

⊖ 小米集团的股东中,有新加坡政府投资公司(GIC,持股 1.12%)。京东的股东中,有美国零售巨头沃尔玛(Walmart,持股 10.1%)。阿里巴巴最大的股东为日本软银(持股 25.8%)。

持股票属于 A 类股票，其 1 股只有 1 票投票权，借此刘强东拥有了超过 80% 的投票权。所以，这些公司的操盘手依然是中国人。

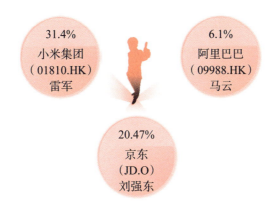

图 1-18　3 家互联网巨头公司上市前夕创始人的持股比例

2018 年，港交所率先改革，允许采用 AB 股的公司上市，这一举措吸引了小米、美团等新经济企业赴港上市。随后，中国境内资本市场也开始推行 AB 股制度。表 1-5 展示了中国表决权差异安排政策从试点到全面推广的演变过程，体现了中国资本市场对创新型企业支持力度的逐步加大和制度设计的日益完善。

表 1-5　中国表决权差异安排政策演变过程

发布时间	政策名称	核心要点
2018 年	《国务院办公厅转发证监会关于开展创新企业境内发行股票或存托凭证试点的若干意见》（国办发〔2018〕21 号）	科创企业试点差异表决权
2019 年	《科创板首次公开发行股票注册管理办法（试行）》（证监会令第 153 号）	科创板允许差异表决权
2020 年	《全国中小企业股份转让系统挂牌公司治理指引第 3 号——表决权差异安排》（股转系统公告〔2020〕270 号）	新三板允许差异表决权
2020 年	《关于发布〈深圳证券交易所创业板股票上市规则（2020 年修订）〉的通知》（深证上〔2020〕500 号）	创业板允许差异表决权
2021 年	《北京证券交易所上市公司持续监管办法（试行）》（证监会令第 189 号）	北交所允许差异表决权

（续）

发布时间	政策名称	核心要点
2023 年	《首次公开发行股票注册管理办法》（证监会令第 205 号）	主板引入差异表决权
2023 年	《中华人民共和国公司法》（2023 年修订版）	公司法明确差异表决权①

① 《公司法》第一百四十四条规定："公司可以按照公司章程的规定发行下列与普通股权利不同的类别股：（一）优先或者劣后分配利润或者剩余财产的股份；（二）每一股的表决权数多于或者少于普通股的股份；（三）转让须经公司同意等转让受限的股份；（四）国务院规定的其他类别股。

"公开发行股份的公司不得发行前款第二项、第三项规定的类别股；公开发行前已发行的除外。

"公司发行本条第一款第二项规定的类别股的，对于监事或者审计委员会成员的选举和更换，类别股与普通股每一股的表决权数相同。"

下面我们以小米集团为例，对 AB 股做详细介绍。

1.7.1 案例 7 小米集团

2018 年 7 月 9 日，小米集团正式在港交所上市，股票代码为 01810。小米集团对于香港股市具有里程碑意义，因为它是首家在香港上市的"AB 股"公司。小米集团的创始人雷军持有小米集团 31.412 4% 的股份，但投票权为 57.9%。雷军是如何做到的呢？让我们来看看小米集团上市前的顶层股权架构图（见图 1-19）。

根据小米集团公开发行存托凭证招股说明书（申报稿），截至 2018 年 6 月 30 日，小米集团已发行的股份种类和股份数量如表 1-6 所示。⊖

雷军为小米集团的股权架构进行了如下安排，从而在公司经历了 N 轮股权融资后，依然保证了自己的控股权。

⊖ 见小米集团公开发行存托凭证招股说明书（申报稿）第 1-1-88 页。

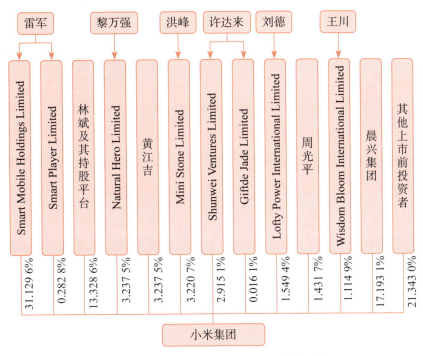

图 1-19　小米集团上市前的顶层股权架构图

表 1-6　小米集团已发行的股份种类和股份数量

序号	股份种类	股份数量（股）	融资额（千美元）	企业估值（千美元）	占总股本比例（%）	投票权比例（%）
1	A 类普通股	669 518 772	不适用	不适用	31.970 6	82.454 7
2	B 类普通股	374 158 150	不适用	不适用	17.866 6	4.607 9
3	A 轮优先股	392 591 302	10 250	18 398	18.746 9	4.835 0
4	B-1 轮优先股	221 156 910	25 000	63 408	10.560 6	2.723 7
5	B-2 轮优先股	33 049 592	5 850	63 408	1.578 2	0.407 0
6	C 轮优先股	172 094 348	90 100	144 326	8.217 8	2.119 4
7	D 轮优先股	102 127 680	216 000	1 654 192	4.876 8	1.257 8
8	E-1 轮优先股	21 277 676	80 000	7 174 466	1.016 0	0.262 0
9	E-2 轮优先股	51 031 512	20 000	7 174 466	2.436 8	0.628 5
10	F-1 轮优先股	48 787 104	983 950	29 259 221	2.329 7	0.600 8
11	F-2 轮优先股	8 376 037	150 160	29 259 221	0.400 0	0.103 2
	合计	2 094 169 083			100.000 0	100.000 0

1. AB 股架构

小米集团的招股说明书披露，上市前小米集团的公司章程约定了不同的投票权架构。持有公司 A 类普通股的股东为 Smart Mobile Holdings Limited（雷军的持股平台）、林斌、as trustee of Bin Lin TRUST（林斌的持股平台）。投票权架构中关于 A 类普通股与 B 类普通股和其他各轮优先股的设计区别在于对于审议事项时所能代表的投票权数量。除涉及极少数保留事项的决议案外，对于提呈公司股东大会的任何决议案，A 类股份持有人每股可投 10 票，而 B 类股份持有人每股可投 1 票。对于保留事项的议案，A 类股份、B 类股份每股均只有 1 票投票权。保留事项包括：①修订章程或细则，包括修改任何类别股份所附的权利；②委任、选举或罢免任何独立非执行董事；③委任或撤换公司会计师；④公司主动清算或结算。此外，持有不少于公司实缴股本 1/10 并附带股东大会投票权的股份股东（包括 B 类股份持有人），有权提议召开本公司股东特别大会，并在会议议程中加入决议案。

根据港交所的《上市章程》规定，小米集团在香港上市之日后将继续实行的特殊投票权架构为：A 类普通股为一类，B 类普通股为另一类；在股东投票时，每一 A 类普通股股份有 10 份投票权，每一 B 类普通股或优先股股份有 1 份投票权。

2. 优先股架构

小米集团在上市前进行了 9 轮融资，对这些投资人，公司章程中约定了优先股条款，具体如下。

（1）股息权

若公司董事会宣告发放股利，优先股股东有权优先于现有或未来的普通股或任何其他类别股份持有人，按初始投资额享有年利率为 8% 的非累积优先股股利。除非已经将优先股股利支付完毕，否则本公司不得以现金或任何其他方式向任何普通股或其他类别股份持有人支付、宣告或者分派股利。

（2）转换权利

2015 年 7 月 3 日后，优先股持有人有权将所持有优先股转换为 B 类普通股；或在达到下列条件时，优先股将自动转换为本公司的 B 类普通股。

完成合格上市

合格上市是指本公司股份根据适用的法律在港交所、纽约证券交易所或纳斯达克上市并交易，且上市时的市值不低于特定金额；或经本公司持股 50% 以上的 A 轮、B 轮、C 轮、D 轮、E 轮和 F 轮优先股股东或该等优先股转换后的 B 类普通股股东同意，在满足前述市值条件的前提下，在港交所、纽约证券交易所或纳斯达克相似的地区的证券交易所上市。

其他条件

对于 A 轮优先股，持股 A 轮优先股超过 50% 的投资人书面同意；对于 B 轮（B-1 轮、B-2 轮、B+ 轮及 B++ 轮）优先股，持股 B 轮优先股超过 2/3 的投资人书面同意；对于 C 轮（C 轮及 C+ 轮）优先股，持股 C 轮优先股超过 2/3 的投资人书面同意；对于 D 轮优先股，持股 D 轮优先股超过 2/3 的投资人书面同意；对于 E 轮（E-1 轮及 E-2 轮）优先股，持股 E 轮优先股超过 2/3 的投资人书面同意；对于 F 轮（F-1 轮、F-2 轮）优先股，持股 F 轮优先股超过 2/3 的投资人书面同意。

（3）赎回权利

如果本公司在 2019 年 12 月 23 日前没有完成合格上市，则自该日起，除 F 轮优先股股东外的其他优先股股东或多数 F 轮优先股股东均有权要求本公司以如下价格孰高赎回行使该权利的优先股股东所持有的所有优先股：①投资成本加年 8% 的复利及已计提但尚未支付的股利。②赎回时点优先股的公允价值。该公允价值需要由本公司和多数投资者选定的独立第三方评估机构按照合理的估值方法确定。估值时不应考虑任何流动性或少数股权折扣的影响。

（4）优先清算权利

当本公司发生清算、破产或其他自愿或非自愿的解散事件时，于偿清所有债权人的债务及根据法律可能须优先偿还的债务后，须按下列方式向本公司股东做出分配：每名优先股股东因拥有有关股份，可就所持各系列优先股按优先级优先于其他系列优先股及普通股或任何其他类别或系列股份股东收取本公司任何资产或盈余资金分配，金额等于 E 系列优先股、D 系列优先股、部分 C 系列优先股、部分 B 系列优先股及部分 A 系列优先股各自适用的发行价 100% 另加相关优先股应计或已宣派但未支付的股息，或除上述股份外其他系列优先股各自适用的发行价 110% 另加相关优先股应计或已宣派但未支付的股息。若可供分配的资产及资金不足以向相关股东全部支付优先受偿的金额，则按以下顺序向优先股股东支付清算优先受偿的金额：第一为 F 系列优先股股东，第二为 E 系列优先股股东，第三为 D 系列优先股股东，第四为 C 系列优先股股东，第五为 B 系列优先股股东，最后为 A 系列优先股股东。向所有优先股股东分派或悉数支付清算优先受偿金后，本公司可供分派予股东的剩余资产（如有）须基于各股东当时按经转换基准所持普通股数目，按比例分派予优先股及普通股股东。

3. 委托投票权

小米集团的其他股东和雷军签署了投票权委托协议，雷军作为受托人可实际控制另外 2.2% 的投票权。

4. 公司章程约定

小米集团公司章程约定，在公司股东大会上，对于应当由普通决议通过的事项，由出席股东大会的股东所持的过半数的投票权赞成方可通过；对于应当由特别决议通过的事项，由出席股东大会的股东所持的超过 3/4 的投票权赞成方可通过。

通过上述几种方式，除涉及优先股特别决议事项的部分情形外或按照适用的法律或上市规则的规定需要雷军回避表决的事项外，雷军在小米集团上市时控制的投票权为 57.9%。因此，该等投票权可以决定应当由普通决议通过的事项是否可以通过，并对应当由特别决议通过的事项享有否决权。此外，雷军还是小米集团的董事长和首席执行官，因此，虽然雷军的持股比例并不是很高，但是他是小米集团的实际控制人。

1.7.2　AB 股适用场景

作为公司治理的特殊制度安排，AB 股制度并非"普惠工具"，而是拥有显著的适配门槛。

1. 股份有限公司：有适用门槛

（1）法律合规门槛

根据《公司法》的规定，[⊖] 设置特别表决权股份（即 AB 股）需在公司章程中明确载明以下事项：①类别股分配利润或者剩余财产的顺序；②类别股的表决权数；③类别股的转让限制；④保护中小股东权益的措施；⑤股东会认为需要规定的其他事项。此外，根据《上海证券交易所科创板股票上市规则》和《深圳证券交易所创业板股票上市规则》等法规相关要求，采用特别表决权架构的申报企业需提交《特别表决权架构运行合规报告》，详细说明特别表决权股份的设立依据、运行机制及对公司治理的影响。同时，保荐机构需就特别表决权架构的合规性、合理性以及对投资者保护的影响

⊖　见《公司法》第一百四十五条。

出具专项核查意见。[⊖]

（2）财务指标门槛

使用 AB 股工具的拟上市公司，申报 IPO 时需要满足特定的财务指标，例如具有 AB 股架构的公司在申报科创板时，应当符合以下市值及财务指标之一：[⊖]①预计市值不低于人民币 100 亿元；②预计市值不低于人民币 50 亿元，且最近一年营业收入不低于人民币 5 亿元。如此高的财务门槛，将许多中小企业挡在了门外。

（3）行业适配门槛

中国资本市场通过政策限定与审核实践双重机制，将 AB 股制度限定于"硬科技"及"新经济"领域。

政策限定

中国监管机构通过多份文件明确 AB 股制度聚焦"硬科技"及"新经济"领域，重点服务核心技术攻关企业、战略性新兴产业、未来产业领域企业，强化控制权稳定性与科技创新能力的协同效应。

审核实践

虽然创业板上市规则允许采用 AB 股架构，但目前尚未出现实际落地的案例。这一制度在实践中更多应用于科创板。截至 2024 年年底，中国 A 股采用 AB 股的上市公司集中在科创板，共有 8 家，分别是：九号公司（689009）、优刻得（688158）、经纬恒润（688326）、汇宇制药（688553）、奥比中光（688322）、精进电动（688280）、思特威（688213）、云从科技（688327）。

⊖ 详见《上海证券交易所科创板股票上市规则》（2024 年修订版）第 4.5.10 条、《深圳证券交易所创业板股票上市规则》（2024 年修订）第 4.4.8 条、《证券发行上市保荐业务管理办法》（证监会令第 207 号）第四十六条。

⊖ 根据《上海证券交易所科创板股票上市规则》（2024 年修订版）第 2.1.4 条，发行人具有表决权差异安排的，市值及财务指标应当至少符合下列标准中的一项：市值 ≥ 100 亿元（无盈利要求）；市值 ≥ 50 亿元且最近一年营收 ≥ 5 亿元。

2. 有限责任公司：变形版适用

虽然根据《公司法》的规定，只有股份有限公司可以发行类别股（即AB 股），但《公司法》允许有限责任公司股东通过公司章程约定，股东不按照出资比例行使表决权。[○] 这相当于 AB 股的"变形版"。有限责任公司使用"变形版"AB 股工具需要注意以下事项。

（1）充分重视公司章程约定

在有限责任公司使用 AB 股安排时，必须在公司章程中做出明确规定，以确保其合法性和可操作性。

应明确 AB 股的内容，例如 AB 股转让、回购等操作的具体规则；明确 AB 股的表决权比例、分配利润或者剩余财产的顺序等，确保股东权利的行使有据可依。

（2）设计动态调整机制

资本市场对 AB 股架构设置了较高的准入门槛，这意味着企业应提前规划未来的资本路径，尽量避免公司章程中设计的 AB 股条款与上市规则发生冲突。同时，建议企业设计动态调整机制，明确在未来需要调整 AB 股内容或范围时的程序和规则，为企业在动态发展过程中灵活应对 AB 股变化提供法律依据和操作指引。AB 股架构的设计，需结合企业的实际需求、股东的合意以及长期战略目标审慎进行，并密切关注法律与实践的动态发展。

○　见《公司法》第六十五条："股东会会议由股东按照出资比例行使表决权；但是，公司章程另有规定的除外。"

第 2 章

分股的"道"和"术"

在第 1 章我们学习了七种分股不分权的方法。本章我们一起探讨创业合伙应如何对股权进行分配。下面我们将分股的学问分为软文化的"道"和硬规则的"术"。

2.1 分股之道

2.1.1 擅平衡：案例 8 罗辑思维

公司治理的特点是控制偏好、追求高度确定性；公司运营的特征是风险偏好、拥抱不确定性。所以股权的好"静"与业务的好"动"天生具有冲突性。

如果大股东不懂得"平衡"之道，一旦遇到战略抉择，必然火星撞地球。

——李利威

2012 年年底，一档名为《罗辑思维》的知识型视频脱口秀蹿红网络。搭乘着信息时代的顺风车，《罗辑思维》在红遍大江南北的同时斩获了百万的粉丝，仅用了不到 1 年的时间就由一款互联网自媒体视频产品，发展成为全新的互联网社群品牌。说起《罗辑思维》的诞生，不得不提到一对黄金搭档——主讲人罗振宇与策划人申音。

罗振宇曾是央视财经谈话节目《对话》的制片人。2008 年，罗振宇从央视离职，加入第一财经的《中国经营者》。2010 年，罗振宇从《中国经营者》主持人的位置离开。经历策划人和顾问角色的辗转后，罗振宇在 2012 年 4 月，与申音共同注册成立"独立新媒"$^{\ominus}$。申音也是资深财经媒体人，曾任《中国企业家》杂志执行总编，还是《创业家》的首任主编。2012 年 12 月，独立新媒推出的《罗辑思维》节目正式上线。然而，正当《罗辑思维》成了互联网知识经济的奇迹时，2014 年 5 月，传出罗振宇与申音分道扬镳的消息。究竟是什么让曾经相濡以沫的两个人相忘于江湖？让我们看看那一年独立新媒的股权架构，申音持股比例为82.35%；罗振宇持股比例为 17.65%。为什么为大众熟知的罗振宇占的是小股，不到 1/5 呢？道理很简单，申音与罗振宇虽然同为股东，其关系却更像经纪人和明星。申音举全公司之力去推罗振宇，颇像经纪公司与未红的演员，申音占大股，罗振宇占小股，自然是彼时最恰当的分配逻辑。但这个世界上唯一不变的是变化。《罗辑思维》这档视频节目以创始人都没有料想到的速度火了，火了的《罗辑思维》将独立新媒推向一个向左走还

　　$\ominus$　全称为"独立新媒（北京）信息科技有限公司"。天眼查 app 信息显示，独立新媒注册成立
　　　于 2012 年 4 月 19 日，创立之初的股东为 4 人：申音（持股 55%）、罗振宇（持股 15%）、孙
　　　佳佳（持股 15%）和朱珊珊（持股 15%）。2013 年 12 月，朱珊珊、孙佳佳退出。2014 年 7 月，
　　　罗振宇退出。

是向右走的战略岔道口：继续做大自媒体，复制 N 个《罗辑思维》还是将《罗辑思维》从自媒体升级成社群商业？如果选择向左走老路，那么魅力人格的承载者罗振宇难免感到潜在价值被遏制；如果向右走升级到社群商业，那么原有运营者申音的能力和心态必将面临巨大挑战。在这个关键的节点，我们看到了股权架构的畸形带来的根本性矛盾。当大股东和小股东在公司战略方向选择上存在冲突时，理论上应该以股份比例作为最终的权力和利益分配依据。但独立新媒遇到的问题是，随着罗振宇影响用户的势能日益增强，公司的核心价值已经从申音转移到罗振宇身上，股权却依然握在申音手里。价值贡献和股权架构的倒置，必然会引发两个人的分歧。而且，罗振宇个人品牌价值越大，希望获得的自主权和发展空间就会越大，双方矛盾的出现频次和强度会越高，走到分崩离析也是必然的结局。

2012 年 4 月，罗振宇与申音共同成立独立新媒，开始了风雨同舟；2014 年 6 月，罗振宇与新搭档李天田，注册成立北京思维造物信息科技有限公司；2014 年 7 月，罗振宇彻底退出独立新媒股权架构，至此，罗振宇与申音的合作宣告结束！

罗振宇与申音可以说是千千万万合伙人的典型，究其根源，在创业初期，商业模式还在试错阶段，无论是战略方向，还是利益机制，都存在着不确定性。一旦股权架构凝固下来，而商业模式在不断调整，价值贡献在不同股东主体间转移，若大股东不能主动调整股东心态和股权架构以摆脱固化股权的桎梏，裂痕就开始产生，并一步步扩大。罗振宇和申音的分手应该是一场和平的战争，君子绝交，不出恶声，两个人体面分手。但现实中，又有多少合伙人合作终止，股权却依然牵扯不清，让股权失衡持续到操盘股东忍无可忍。于是，操盘股东移花接木，注册新公司去转移原被投资公司资产，最后把一场股权纠纷恶化为刑事案件。

　　归根结底,股权是一门关于股东间"平衡"的智慧。"平衡"是事物处在量变阶段所显现的面貌,是绝对的、永恒的运动中所表现出的暂时的、相对的静止。不平衡则不稳定,不稳定则不持久。体悟到这些,创业者才会真正理解,创业之最难,未必是技术难题的突破,也未必是在模式试错路上的夜以继日,而是在不确定性面前,智慧地分配承载着权力与利益的股权,为股权架构预留以静制动的空间,并可以审时度势地动态调整。

2.1.2　知深浅:案例 9　1 号店

> 找人是天底下最难的事情。
>
> ——小米集团创始人雷军

　　雷军决定创建小米后,在前半年花了至少 80% 的时间找人,共找到了 7 个合伙人,平均年龄 42 岁,经验极其丰富且充满创业热情。为什么雷军要花那么多时间找合伙人呢? 答案是:因为股权关系是深关系,完全不同于雇佣关系下的浅关系。为何股东关系是深关系呢? 这要从股权的本质说起。股东投入公司前的财产所有权,由其直接行使权利;当将财产投入公司以后,股东的财产所有权则通过公司的董事会来间接行使。所以股权既包含自益权(凡属直接从公司获得经济利益的一系列权利均为自益权,包括股利分配请求权、剩余财产分配请求权、股份转让权、新股认购优先权、股份转换请求权等),又包含共益权(凡属不含有直接财产内容,体现为股东参与公司经营管理的权利均为共益权,主要包括表决权、知情权、股东会会议召集请求权和自行召集权、提案权、质询权、选举权、股东代表诉讼权以及公司解散请求权和公司重整请求权等[⊖])。形象地说,自益权主要与"钱"有关,共益权主要与"权"有关,自益权旨在保护股东的近期利

　　⊖　刘俊海.股份有限公司股东权的保护 [M].2 版.北京:法律出版社,2004:54.

益，而共益权旨在保护股东的长期利益。由此可见，股东与股东建立股权关系，不仅是以"钱"为纽带，更需要具有长期合作的"情感"基础，这种情感以社会网络同质性为基础，并包括目标诉求的一致性和合作过程中彼此信赖等要素。

以下我们以1号店的股权更迭为例，来理解股东间的深度关系（见图2-1）。2008年3月，于刚和刘峻岭注册成立上海益实多电子商务有限公司（以下简称"1号店"），启动资金是创始团队投入的几百万元，不久公司又融资2000万元。1号店在创业前期依靠大资本投入，期待做大规模，打响市场知名度。然而，巨大的资本投入也让它付出了代价。2009年年末，1号店虽然快速扩张，但营业收入仍不足亿元，初期融资所剩无几，如果业务快速扩大，后续需要巨额资金投入维持，若得不到及时注资，1号店就会像许许多多的小电商一样，营运资金链将会断裂，于是困境中的1号店开始寻找投资方。2010年，1号店与中国平安（也称平安集团）达成投资协议，中国平安最终通过收购非管理层股东股份和增资扩股结合的方式获得了1号店79.90%的股权。⊖但双方仅合作一年，2011年5月便传出全球零售巨头沃尔玛入股1号店的消息。2012年2月，沃尔玛更是宣布增持1号店的股权至51%。2015年5月，创始人于刚和刘峻岭清退所有股权，辞去董事长职务并离开1号店。沃尔玛把1号店全部股权纳入囊中。2016年，沃尔玛又将1号店所有股权转让给京东。图2-2列示了1号店股权历史沿革。

于刚和刘峻岭创立1号店后，用了7年的时间陪伴公司经历了从无到有、从小到大、从大到强的历程，进入了中国电商的第一梯队，成为中国品牌100强，最后却不得不黯然离场。创始人于刚的离开，其隐患可追溯到2010年和平安集团的股权合作。于刚并未深刻理解股权的深度关系。于

⊖ 见中国平安公告：关于深圳发展银行股份有限公司收购报告书（修订版）第1-1-13页。

刚选择平安集团入股是为了熬过资本寒冬，加快扩展，最终目标是独立上市。平安集团慷慨解囊投资 1 号店却并未将独立上市作为唯一目标。对于平安集团的决策者来说，投资 1 号店可以说是"狡兔三窟"。

图 2-1 股权深关系示意图

图 2-2 1 号店股权历史沿革图

第一，1 号店是平安集团投资的互联网取经平台。平安集团投资 1 号店看中的是其互联网基因。彼时的平安集团亟待"触网"，事实证明投资 1 号店确实为平安集团后续各项互联网业务的发展奠定了基础，凭借着对互联网行业的领悟和学习能力及强大的线下执行力，平安集团以投资 1 号店为起点开始逐步实践互联网业务，从平安万里通到陆金所，再到众安保险……平安集团逐渐形成自己互联网业务的战略体系。

第二，1 号店也是平安集团的产业链整合平台。在与 1 号店的于刚谈判入股时，平安集团正布局医网、药网、信息网"三网合一"战略，收购了广东保利祝福你大药房连锁有限公司，并申请获得了网上售药资格，打算发展网上药店。在收购 1 号店后，平安集团便将发展药网的重任交给了于刚，将广东保利祝福你大药房连锁有限公司变更为广东壹号大药房连锁有限公司，任命于刚为广东壹号大药房连锁有限公司董事长。所以，平安集团投资 1 号店也是为了将其纳入自己的业务体系，实现产业链整合的目的。

第三，1 号店还是平安集团进行资本运作的绝佳标的。在向 1 号店注入资金后，平安集团还为 1 号店注入了业务资源和客户资源，不仅使平安集团各大办公场所的 IT 资源、家具和装修乃至广告等大型采购项目通过 1 号店进行，还将万里通积分平台和 1 号店实现对接，平安信用卡的持卡人能用积分在 1 号店里购物等。这些举措让 1 号店的业绩大幅提升。依托平安集团的"输血"，1 号店的销售业绩很亮眼，估值获得大幅提升。待将 1 号店估值提升后，平安集团找到像沃尔玛这样急于触网的资本大佬，再高价将其卖出。控股→赋能→出售，平安集团的这种资本运作也是其一贯的思路。

由此可见，创始人于刚与平安集团在股权合作时，一方缺钱、缺资源，一方给钱、给资源，所以能快速联姻。但是于刚忽视了平安集团的目标诉求同自己的差异性，且错误地将公司掌舵手的位置让给了平安集团。最终，当平安集团选择违背于刚的意志，将股权出售给沃尔玛套现时，于刚只能被动接受。沃尔玛在控股 1 号店后，其目标是将 1 号店打造成沃尔玛线上网络平台，配合其线上线下无缝对接战略。这与 1 号店的纯线上模式差异很大。线上、线下本就是两种完全不同的模式与文化，这自然导致了大股东沃尔玛与管理层于刚等人发生冲突和矛盾。最后，于刚等人由于控股权的劣势，只能选择离开 1 号店。

股东之间除了有大概相同的目标外，在目标达成的路上也会经历风风雨雨，这也需要合作的股东之间相互信赖、理解，境界同频。"懂你"才是事业相伴路上存大同求小异的土壤。

下面我们来探讨股东在企业不同发展阶段下的股权关系。

1. 创业期

创业即创新，创新就要面对风险。所以创业注定是一场与不确定性展开的战争。创业之初，再完美的顶层框架，也会受到奔跑中层出不穷的"意外"冲击，决策与执行糅杂是常态。在这个阶段，打法唯有霸气的狠、准、快。如果同为股东的事业伙伴没有信赖、默契，纠缠于讨论，公司将失去奔跑中调整姿态的能力，这无疑是创业的噩梦。多少合伙人尚未看到事业的曙光，便"死"在集体讨论的路上。

2. 扩张期

随着创业期试错的结束，公司的商业模式逐步成型，公司进入扩张期。这个阶段的股权架构极易进入动荡期。这或许是由于已经成型的商业模式与创业之初所规划的顶层设计存在较大差异，又或许是由于创业之初根本没有进行完善的顶层设计，仅是摸索前行，边走边看，最终从混沌走向明朗。此时，如果股权架构与股东贡献严重不符，可能引发股东心态失衡，进而使股东间心生芥蒂甚至引发股东战争。

3. 成熟期

成熟期是指公司的护城河已经形成，公司在行业里已经具备稳固的行业地位。这个阶段的公司进入最佳的势能期，公司发展将由"向内发力"拓展为"内外双修"，进行下一个产业布局或者是产业链上的合纵连横。此时，股权架构的矛盾多集中在历史功臣股东没有意愿或者没有能力同公司与时俱进。如果老臣占股较大，又不肯退出，将导致新人无法进入，股权架构的严重老化与公司业务的欣欣向荣形成鲜明对照。

　　不管是在哪个阶段，股权的深关系都注定了股东之间的境界同频和成长同频是核心，如同家庭中的夫妻关系，即使做不到完全步调一致，但彼此理解、包容也是共同生活的基础。

2.1.3　驭人性：案例 10　真功夫

　　股权的内核是"人性"，每一部股权战争史，莫不是人性贪嗔痴的展现。让我们来看一个案例——"真功夫股权纠纷案"。[一]

　　打开真功夫餐饮管理有限公司的股权架构图，我们看到公司最大的两个股东蔡达标和潘宇海的持股比例均为 41.74%[二]。自 2003 年，蔡达标担任真功夫总裁。作为运营的主角，蔡达标对真功夫的控制欲望受到了持股比例的限制，于是蔡达标找到潘宇海协商调整持股比例，在协商不成的情况下，蔡达标开始实施"金蝉脱壳"，将真功夫的资产逐步非法转移至个人名下，最后因触碰了法律的底线锒铛入狱。

　　联想集团创始人柳传志先生有个非常著名的大鸡小鸡论[三]，大意如下：有三种动物——鸡、火鸡、鸵鸟，共同生活在一个动物园里，因此，难免在相遇之际相互端详一下，比比个头大小。如果是两只鸡相遇，双方的印象大概是"你比我要小"。如果是一只鸡与一只火鸡相遇，火鸡会认为自己比鸡大得多，而鸡则会认为，咱们的个头差不了多少。如果是一只鸡与一只鸵鸟相遇，鸡一般都会承认对方的个头确实比自己大。一只年老而

[一] 该案例全貌可以参考《股权战争》一书中"真功夫：从亲属到反目"。苏龙飞. 股权战争 [M]. 北京：北京大学出版社，2012：210-223.

[二] 根据天眼查 app 信息，截至 2018 年 12 月 31 日，真功夫的股权架构为潘宇海占比 41.74%，蔡达标占比 41.74%，东莞市双种子饮食管理有限公司占比 10.52%，中山市联动创业投资有限公司占比 3%，今日资本投资占比 3%。

[三] 根据《赢在中国》第三季总决赛柳传志先生点评视频整理而成。

觉悟了的鸡，得出两点认识：在缺少比较的情况下，很容易高估自己；想要开眼界，就不能一生一世总在鸡群中相望。而那只鸵鸟则感慨道：要想获得别的动物认可的优势，需要比它们高出许多。柳传志先生最后总结："你真的只有把自己锻炼成火鸡那么大，小鸡才肯承认你比它大，当你真像鸵鸟那么大时，小鸡才会心服。只有赢得这种心服，才具备了在同代人中做核心的条件。"在真功夫的案例中，如果创业之初潘宇海和蔡达标都是"小鸡"，那么在扩张期的股东潘宇海眼中，蔡达标并未成长为"鸵鸟"，充其量只是"火鸡"而已。因此，由蔡达标来独自运营真功夫，潘宇海自然不会同意，在股权均分的背景下，控制权战争也就在所难免了。

被资本圈誉为"风投女王"的今日资本总裁徐新曾说过："创业者最开始要把股权搞清楚，比如 3 个人一起创业，各占 1/3 的股权，这个模式 95% 要失败！"[○]为什么均分股权的失败概率极高呢？在均分股权的情况下，没有绝对的"鸵鸟"股东，一旦经营理念产生分歧，就会无法快速决策。时间是创业路上最昂贵的成本，久拖不决很容易拖垮一家公司。那么是否可以通过后期调整股权架构的方式来解决初始平均分配的问题呢？实践证明，刚开始的错误很难被纠正。这是因为人性中的"锚定效应"在作怪。"锚定效应"是心理学名词，指的是人们在对某人某事做出判断时，易受第一印象或第一信息支配，就像沉入海底的锚一样，把人们的思想固定在某处。初次股权分配往往是"锚"。一旦股权架构凝固，后期再进行调整的难度极高，如果股权架构失衡触发了股东心态失衡，公司的动力系统就会出现故障。共同创业的股东很多都逃不过"四同"的结局：第一年同舟共济；第二年同床异梦；第三年同室操戈；第四年同归于尽。因此，聪明的企业家不仅会认知股权架构的隐患，更会尽可能在股权价值还没有完全显性化

○ 根据 2008 年 6 月 13 日徐新做客新浪《VC 人生》节目视频整理。

时（比如引入投资人时，因为引入投资人后，投资人对公司的估值将会形成锚定效应），就及时对股权架构进行调整。只有充分了解人性并驾驭人性的股东，才可能成功地分配股权，打造良好的动力系统，进而让企业高速运转。

2.2 分股之术

> 在苹果没有熟的时候，就制定分苹果的游戏规则。
>
> ——柳传志[一]

创业的难题是，越是创新的业务，越是旅途中充满了未知。种下的苗会不会长成树？树会不会结果？会结什么果？哪个果圆润饱满？这些都是未知的，只有待公司运转起来，答案才慢慢揭晓。面对未知的模式、未知的成长、未知的果实，如何制定游戏规则呢？但如果不做股权分配，连种苗的动力都没有。想来这是困扰很多创业者，尤其是创新模式者的问题。以下介绍几种分股规则，仅供参考。

2.2.1 vesting 制度

这里向大家介绍一种源自美国创投圈的 vesting 制度，希望其思路对本土的企业家有所启发。

1. vesting 制度介绍

vesting，没有特别恰如其分的中文翻译，我暂且称之为"兑现"，使用 vesting 设计股权，称为"股权兑现术"。我们通过两个条款来认识 vesting。

[一] 援引自《冯仑：挣钱是本事，分钱是艺术！向柳传志学"分苹果"》，2020 年 2 月 22 日。

（1）来自真格基金的《种子期/pre-A 轮优先股融资协议》

创始人股份限制　各创始人 25% 的股份将于交割后一年时悉数归属，各创始人其余 75% 的股份将在之后三年内等额分期归属。

（2）来自 YC 的创始人股份限制条款

所有员工期权的归属安排如下：第一年结束时归属 25%，剩余部分在随后的 36 个月内按月归属。所有创始人的股权应受到回购权的约束，这反映了一个标准的 4 年归属时间表。

【例 2-1】

某创业公司有 3 位股东，张三出资 500 万元，李四出资 300 万元，王五出资 200 万元，并约定"出多少钱占多少股"。公司运营 1 年后，李四与张三、王五理念不和，要离职，于是问题出现了，李四出资 300 万元，占了公司 30% 的股份，怎么办？李四不同意退股，理由很充分：第一，这 30% 的股份是自己真金白银花 300 万元买的，退了，不合理；第二，《公司法》和公司章程都没有规定股东离职还要退股，退了，不合法。张三和王五深感不平，却无计可施，他们确实没理由把李四的股权收回来！当然还有另外一种可能，李四同意退出，但对转股价格各方扯皮，导致退股遥遥无期。李四退出公司运营后，对公司价值已再无贡献，占股比例如此之大，势必导致股权架构畸形。股权是公司机器运转的原动力，动力系统出问题，严重影响公司的后续发展，这该如何是好？

我们是否可以换一种方式思考问题，如果创业之初持股比例必须固化，是否可以在调整机制和退出机制上进行设计。比如创始人股权的 20%，在公司创始时，就马上 vesting（兑现）。剩下的 80% 分 4 年 vesting。依此约定，如果李四一年后离开的话，他会拿到30%×20%=6%的股权，加上创始时的6%，共12%的股权。剩下18%的持股将被其他股东以对应的原始出资价格回购。

vesting条款有很多的细节设计空间，具体如下：

（a）vesting的周期，可以是3年、4年、5年等。一般来说，创业时公司创新度越高，试错期越长，vesting的周期可能会约定得越长。

（b）vesting的比例，可以每年平均，也可以逐年递增。比如，第1年10%，第2年20%，第3年30%，第4年40%，逐年递增。三六零公司按照类似的模式：全职满2年成熟50%，第3年75%，第4年100%。国外常见的模式是：5年成熟，干满1年成熟1/5，剩下的每月成熟1/48。

（c）vesting的节点，可以是12个月、6个月、3个月。比如，真格基金的投资条款"各创始人25%的股份将于交割后一年时悉数归属"，这意味着，哪怕创始人做了11个月零29天离开，也没有这个股权，必须做满12个月。这在硅谷资本圈中称作"cliff"，直译为"悬崖"。但也有公司是一年内的cliff同真格基金投资条款里的一样，满一年之后一次性给25%，后3年的时候是每个季度兑现，也就是说每个季度你都能拿到25%的1/4，这样如果你干了18个月离开，最后干的6个月也不是没有收获。

（d）vesting的归属。如果创业之初，股东无法预知谁贡献更大，可暂时vesting部分股权，没有vesting的部分待股东会再行商议决定如何归属。比如，某公司设立时有甲、乙两名股东，工商登记的持股比例为50%：50%，但双方约定各自股权的25%于公司成立时悉数归属，其余的股权在后3年，每年兑现25%。兑现时股权的归属可以根据双方的贡献由甲、乙协商后进行调整。如果一年以后，乙的贡献或重要性比甲多，甲、乙可以根据协商结果，把双方还没有兑现的股份向乙方多做分配。

2. vesting 的实操

vesting 听起来不错，但这种舶来品能否适应中国的法治土壤，在实务中有应用空间呢？答案是只要经过中国本土化改造，vesting 也可以成为中国企业家股权设计的利器。为何要经过本土化变通呢？主要原因是中国的《公司法》源自大陆法系，与英美法系的公司法理念存在诸多不同。按照我国《公司法》，有限责任公司的创始人只能以现物⊖出资，并在初始就拥有了与出资额对应的公司股权比例，《公司法》中并无预留股权等概念。而在美国，有限责任公司的出资可为有形的、无形的财产和其他对公司的利益，包括金钱、期票、已经提供的劳务，承诺提供现金或财产，或者约定在将来提供劳务。这里列举的出资形式中，期票、承诺提供现金或财产、将来提供劳务为合法的出资形式，体现其出资形式自由化的特点。

股权兑现术操作要点如下。

（1）高度重视公司章程

我国《公司法》虽然没有规定股权兑现机制，但赋予了有限责任公司股东通过公司章程对退出机制进行设计的空间⊜。比如在公司章程中规定，股东如被本公司辞退、除名、自由离职、退休、死亡或公司与其解除劳动关系的，其股权需被强制回购。这在司法上有被认定有效的案例。⊜但是如果 vesting 机制未能体现在公司章程条款中，股东离开公司时，强制回购其未兑现的股权可能因缺乏法律依据而无法操作。

⊖《公司法》第四十八条："股东可以用货币出资，也可以用实物、知识产权、土地使用权、股权、债权等可以用货币估价并可以依法转让的非货币财产作价出资；但是，法律、行政法规规定不得作为出资的财产除外。对作为出资的非货币财产应当评估作价，核实财产，不得高估或者低估作价。法律、行政法规对评估作价有规定的，从其规定。"

⊜《公司法》第八十四条第三款："公司章程对股权转让另有规定的，从其规定。"

⊜最高人民法院曾有案例，见杨玉泉、山东鸿源水产有限公司请求公司收购股份纠纷申诉、申请民事裁定书（最高人民法院（2015）民申字第 2819 号）。

（2）未兑现股份的处理

在国外，当创始人提前离开公司时，通常由公司行使回购权，回购尚未 vesting 的股权。而在我国《公司法》下，除特殊情况[○]外，公司不得持有自己的股权，所以不能独立行使回购权，必须由其他股东行使或者是公司进行减资操作。这是中外实践的一个主要差别。在股权兑现期，公司可能引入新股东，有可能是财务投资人（VC/PE），也有可能是产业链上下游的战略投资人，还有可能是进行了股权激励的公司高管。公司章程需约定，股东离开时未 vesting 部分的处理，一般有 3 种方式：①由所有股东（不包括离开股东）按持股比例回购；②由最大股东回购；③公司减资，所有股东持股比例反向稀释。

（3）股权回购的价格和程序

股东退出时，股权回购的价格是敏感地带，如果事先未能在公司章程

○ 有限责任公司见《公司法》第八十九条："有下列情形之一的，对股东会该项决议投反对票的股东可以请求公司按照合理的价格收购其股权：（一）公司连续五年不向股东分配利润，而公司该五年连续盈利，并且符合本法规定的分配利润条件；（二）公司合并、分立、转让主要财产；（三）公司章程规定的营业期限届满或者章程规定的其他解散事由出现，股东会通过决议修改章程使公司存续。

"自股东会决议作出之日起六十日内，股东与公司不能达成股权收购协议的，股东可以自股东会决议作出之日起九十日内向人民法院提起诉讼。

"公司的控股股东滥用股东权利，严重损害公司或者其他股东利益的，其他股东有权请求公司按照合理的价格收购其股权。

"公司因本条第一款、第三款规定的情形收购的本公司股权，应当在六个月内依法转让或者注销。"

股份有限公司见《公司法》第一百六十二条："公司不得收购本公司股份。但是，有下列情形之一的除外：（一）减少公司注册资本；（二）与持有本公司股份的其他公司合并；（三）将股份用于员工持股计划或者股权激励；（四）股东因对股东会作出的公司合并、分立决议持异议，要求公司收购其股份；（五）将股份用于转换公司发行的可转换为股票的公司债券；（六）上市公司为维护公司价值及股东权益所必需。

"公司因前款第一项、第二项规定的情形收购本公司股份的，应当经股东会决议；公司因前款第三项、第五项、第六项规定的情形收购本公司股份的，可以按照公司章程或者股东会的授权，经三分之二以上董事出席的董事会会议决议。

"公司依照本条第一款规定收购本公司股份后，属于第一项情形的，应当自收购之日起十日内注销；属于第二项、第四项情形的，应当在六个月内转让或者注销；属于第三项、第五项、第六项情形的，公司合计持有的本公司股份数不得超本公司已发行股份总数的百分之十，并应当在三年内转让或者注销。"

中进行规定，可能会因为回购价格的分歧导致 vesting 机制功亏一篑。回购价格既可以是原始出资额，也可以是原始出资额加年化利息（单利或者复利），还可以是上一年度经审计的公司净资产等。同时提前约定股权回购的流程和违约责任，也非常有必要。

（4）特殊情形的处理

当有限责任公司股改为股份有限公司，进入对接资本市场的预备期，股份有限公司的章程将面临重新约定。由于《公司法》对两种类型公司章程约定事项的规定不同，vesting 机制可能在股份有限公司失灵。另外，当公司出现收购、合并、分立等重大并购重组事项时，也应提前明确尚未兑现股权的处理方式。

2.2.2 控分股节奏

股权可以换取资源、资金、人才。在分股过程中，我们不仅要考虑公司的经营周期和分股节奏相匹配，也要考虑《公司法》对不同类型公司的规定，让分股节奏和公司类型相匹配。

【例 2-2】

张三、李四、王五、马六、牛七 5 个朋友想注册成立一家医疗器械公司，未来计划上市。因张三听说只有股份有限公司才可以申报 IPO，便想一步到位将公司注册为股份有限公司，以加快公司上市的步伐。但李四提出反对意见，认为应该先注册成立有限责任公司，未来再进行股份制改造。谁的观点正确呢？答：李四的观点正确。

为什么刚创业的公司不适合股份有限公司这种法律形式呢？因为股份有限公司属于资合公司，股的流动性较之有限责任公司要更强。比如，有限责任公司的股东转让股权，其他股东有优先认购权，而股份有限公司的股东不存在优先认购权，即股东可以在不告知其他股东的情况下，将股份转让给陌生人甚至竞争对手。创业期的公司存在太多的不确定性，需要股东之间具有更多的情感连接并同心协力，有限责任公司的股权架构更具有闭合性，与这个阶段的公司发展也更匹配。表 2-1 为有限责任公司和股份有限公司的差异对比。了解了这些差异，我们就会发现股份有限公司更适合已经做好把股权架构打开准备的股东。

2.2.3 避分配雷区

前面我们曾介绍过创业初期平均分配股权的问题，除了平均分配股权外，还有些股权分配方式也可能给未来股权稳定性或企业运营带来隐患，以下为创业期股权分配的测试题：

（a）股东间是否存在平均分配股权的问题？

（b）公司的创始股东是否超过 3 人？

（c）是否给兼职人员发放大量股权？

（d）是否存在仅提供一次性资源的股东？

（e）是否给短期资源承诺者发放大量股权？

（f）是否存在小股东操盘公司的问题？

（g）公司是否只有大股东，没有合伙人？

（h）是否未考虑创业合伙人的退出机制？

（i）是否由外部投资人控股？

（j）是否未给投资人预留股权？

（k）是否未给管理团队预留股权？

（l）未实缴注册资本是否过高？

（m）配偶股权是否没有钱权分离？

（n）公司章程是否使用工商局的范本？

如果以上回答中有 3 项为"是"，建议对股权架构进行深度测试。

表 2-1 有限责任公司和股份有限公司差异表

差异摘要	有限责任公司	股份有限公司
股东人数限制	上限为 50 人 法规依据:《公司法》第四十二条 有限责任公司由一个以上五十个以下股东出资设立。①	发起人上限为 200 人，非发起人无上限 法规依据:《公司法》第九十二条 设立股份有限公司，应当有一人以上二百人以下为发起人，其中应当有半数以上的发起人在中华人民共和国境内有住所。
股东的知情权	可以查阅公司会计账簿① 法规依据:《公司法》第五十七条 股东有权查阅、复制公司章程、股东名册、股东会会议记录、董事会会议决议、监事会会议决议和财务会计报告。股东可以要求查阅公司会计账簿、会计凭证。股东要求查阅公司会计账簿、会计凭证的，应当向公司提出书面请求，说明目的。公司有合理根据认为股东查阅会计账簿、会计凭证有不正当目的，可能损害公司合法利益的，可以拒绝提供查阅，并应当自股东提出书面请求之日起十五日内书面答复股东并说明理由。公司拒绝提供查阅的，股东可以向人民法院提起诉讼。 股东查阅前款规定的材料，可以委托会计师事务所、律师事务所等中介机构进行。 股东及其委托的会计师事务所、律师事务所等中介机构查阅、复制有关材料，应当遵守有关保护国家秘密、商业秘密、个人隐私、个人信息等法律、行政法规的规定。 股东要求查阅、复制公司全资子公司相关材料的，适用前款的规定。	连续 180 日以上单独或者合计持有公司 3% 以上股份的股东有权查阅公司会计账簿 法规依据:《公司法》第一百一十条 股东有权查阅、复制公司章程、股东名册、股东会会议记录、董事会会议决议、监事会会议决议，对公司的经营提出建议或者质询。 连续一百八十日以上单独或者合计持有公司百分之三以上股份的股东，可以要求查阅公司的会计账簿、会计凭证。适用本法第五十七条第二款、第三款、第四款的规定。公司章程对持股比例有较低规定的，从其规定。 股东要求查阅、复制公司全资子公司相关材料的，应当遵守《中华人民共和国证券法》等法律、行政法规的规定。 上市公司股东查阅、复制相关材料的，应当遵守法律、行政法规的规定。

（续）

差异摘要	有限责任公司	股份有限公司
股东约定的分红权	按照股东实缴的出资比例分配利润，允许分红比例和出资比例不一致。 **法规依据：**《公司法》第二百一十条 …… 公司弥补亏损和提取公积金后所余税后利润，有限责任公司按照股东实缴的出资比例分配利润，全体股东约定不按照出资比例分配利润的除外；……	按照股东所持有的股份比例分配利润，允许分红比例和出资比例不一致。 **法规依据：**《公司法》第二百一十条 …… 公司弥补亏损和提取公积金后所余税后利润，……股份有限公司按照股东所持有的股份比例分配利润，公司章程另有规定的除外。 公司持有的本公司股份不得分配利润。
优先认购权	股东拥有对新增出资的优先认购权，另有约定的除外。 **法规依据：**《公司法》第二百二十七条 有限责任公司增加注册资本时，股东在同等条件下有权优先按照实缴的出资比例认缴出资。但是，全体股东约定不按照出资比例优先认缴出资的除外。……	股东对新增出资不享有优先认购权，但另有规定的除外。 **法规依据：**《公司法》第二百二十七条 ……股份有限公司为增加注册资本发行新股时，股东不享有优先认购权，公司章程另有规定或者股东会决议决定股东享有优先认购权的除外。
行使股东会职权	可以书面形式行使股东会职权 **法规依据：**《公司法》第五十九条 股东会行使下列职权： （一）选举和更换董事、监事，决定有关董事、监事的报酬事项； …… （九）公司章程规定的其他职权。 股东会可以授权董事会对发行公司债券作出决议。 对本条第一款所列股东会职权，全体股东以书面形式一致表示同意的，可以不召开股东会会议，直接作出决定，并由全体股东在决定文件上签名或者盖章。	不能以书面形式行使股东会职权 **法规依据：**《公司法》第一百一十二条 本法第五十九条第一款、第二款关于有限责任公司股东会职权的规定，适用于股份有限公司股东会。……
股东会定期会议召开时间	股东会定期会议依照公司章程规定定期召开 **法规依据：**《公司法》第六十三条 股东会会议分为定期会议和临时会议。定期会议应当按照公司章程的规定按时召开。……	股东会会议每年召开一次 **法规依据：**《公司法》第一百一十三条 股东会应当每年召开一次年会。……

项目		
股东临时会议召开会议规则	未对临时会议召开时间做强制性规定 法规依据：《公司法》第六十二条 ……代表十分之一以上表决权的股东，三分之一以上的董事或者监事提议召开临时会议的，应当召开临时会议。	特殊情况应当在两个月内召开临时股东会议 法规依据：《公司法》第一百一十三条 ……有下列情形之一的，应当在两个月内召开临时股东会议： （一）董事人数不足本法规定人数或者公司章程所定人数的三分之二时； （二）公司未弥补的亏损达到股本总额三分之一时； （三）单独或者合计持有公司百分之十以上股份的股东请求时； （四）董事会认为必要时； （五）监事会提议召开时； （六）公司章程规定的其他情形。
股东会会议召集程序	代表10%以上表决权的股东可以自行召集股东会会议 法规依据：《公司法》第六十三条 ……董事会不能履行或者不履行召集股东会会议职责的，由监事会召集和主持；监事会不召集和主持的，代表十分之一以上表决权的股东可以自行召集和主持。	连续90日以上单独或者合计持有公司10%以上股份的股东可以自行召集股东会议 法规依据：《公司法》第一百一十四条 ……董事会不能履行或者不履行召集股东会会议职责的，监事会应当及时召集和主持；监事会不召集和主持的，连续九十日以上单独或者合计持有公司百分之十以上股份的股东可以自行召集和主持。
股东会会议通知时间	股东会会议提前15日通知 法规依据：《公司法》第六十四条 召开股东会会议，应当于会议召开十五日前通知全体股东；但是，公司章程另有规定或者全体股东另有约定的除外。……	除临时会议外，应至少提前20日通知 法规依据：《公司法》第一百一十五条 召开股东会会议，应当将会议召开的时间、地点和审议的事项于会议召开二十日前通知各股东；临时股东会会议应当于会议召开十五日前通知各股东。
股东会审议提案的规则	无规定	对提议案的股东做出了限定 法规依据：《公司法》第一百一十五条 ……单独或者合计持有公司百分之一以上股份的股东，可以在股东会开会十日前提出临时提案并书面提交董事会。董事会应当在收到临时提案后二日内通知其他股东，并将该临时提案提交股东会审议；但将该临时提案提交股东会审议违反法律、行政法规或者公司章程的规定，或者不属于股东会职权范围的除外。公司不得提高提出临时提案股东的持股比例。公开发行股份的，应当以公告方式作出通知。股东会不得对通知中未列明的事项作出决议。

（续）

差异摘要	有限责任公司	股份有限公司
表决权的规定	可以不按出资比例行使表决权 **法规依据：**《公司法》第六十五条　股东会会议由股东按照出资比例行使表决权；但是，公司章程另有规定的除外。	需按出资比例行使表决权，类别股股东除外 **法规依据：**《公司法》第一百二十六条　股东出席股东会会议，所持每一股份有一表决权，类别股股东除外。公司持有的本公司股份没有表决权。 ……
股东会的议事规则	议事规则由章程规定，且股东是否出席均有表决权 **法规依据：**《公司法》第六十六条　股东会的议事方式和表决程序，除本法有规定的外，由公司章程规定。 股东会作出决议，应当经代表过半数表决权的股东通过。 股东会作出修改公司章程、增加或者减少注册资本的决议，以及公司合并、分立、解散或者变更公司形式的决议，应当经代表三分之二以上表决权的股东通过。	出席股东会会议的股东，每股拥有一表决权，类别股股东除外 **法规依据：**《公司法》第一百二十六条　股东出席股东会会议，所持每一股份有一表决权，类别股股东除外。公司持有的本公司股份没有表决权。 …… 股东会作出决议，应当经出席会议的股东所持表决权过半数通过。 股东会作出修改公司章程、增加或者减少注册资本的决议，以及公司合并、分立、解散或者变更公司形式的决议，应当经出席会议的股东所持表决权的三分之二以上通过。
累积投票制	无规定	选举董事、监事可以采用累积投票制 **法规依据：**《公司法》第一百一十七条　股东会选举董事、监事，可以按照公司章程的规定或者股东会的决议，实行累积投票制。 本法所称累积投票制，是指股东会选举董事或者监事时，每一股份拥有与应选董事或者监事人数相同的表决权，股东拥有的表决权可以集中使用。
董事长的产生办法	董事长和副董事长产生办法由公司章程规定…… **法规依据：**《公司法》第六十八条　可以设董事长一人，可以设副董事长。董事长、副董事长的产生办法由公司章程规定。	董事长和副董事长由全体董事选举产生 **法规依据：**《公司法》第一百二十二条　董事会设董事长一人，董事会可以设全体董事的过半数选举产生。 ……

董事会议的召开	无规定	每年至少召开两次会议 **法规依据：**《公司法》第一百二十三条 董事会每年度至少召开两次会议，每次会议应当于会议召开十日前通知全体董事和监事。 代表十分之一以上表决权的股东、三分之一以上董事或者监事，可以提议召开临时董事会议。董事长应当自接到提议后十日内，召集和主持董事会议，可以另定召集董事会的通知方式和通知时限。董事会召开临时会议，可以另定召集董事会的通知方式和通知时限。
董事的赔偿责任	无规定	**法规依据：**《公司法》第一百二十五条 董事应当由董事本人出席；董事因故不能出席，可以书面委托其他董事代为出席，委托书应当载明授权范围。 董事应当对董事会决议承担责任。董事会的决议违反法律、行政法规或者公司章程、股东会决议，给公司造成严重损失的，参与决议的董事对公司负赔偿责任；经证明在表决时曾表明异议并记载于会议记录的，该董事可以免除责任。董事会的决议违反法律、行政法规造成严重损失的，给公司造成的高赔偿
经理的设置	可以设置经理 **法规依据：**《公司法》第七十四条 有限责任公司可以设经理，由董事会决定聘任或者解聘。……	**法规依据：**《公司法》第一百二十六条 股份有限公司可以设经理，由董事会决定聘任或者解聘。 经理对董事会负责，根据公司章程的规定或者董事会的授权行使职权。经理列席董事会会议。
披露董监高报酬	无规定	公司必须披露董监高报酬 **法规依据：**《公司法》第一百二十九条 公司应当定期向股东披露董事、监事、高级管理人员从公司获得报酬的情况。

（续）

差异摘要	有限责任公司	股份有限公司
监事会的设置	全体股东一致同意，可以不设监事 法规依据：《公司法》第六十九条　有限责任公司可以按照公司章程的规定在董事会中设置由董事组成的审计委员会，行使本法规定的监事会的职权，不设监事会或者监事。…… 第七十六条　……有限责任公司设监事会，本法第八十三条另有规定的除外。 第八十三条　规模较小或者股东人数较少的有限责任公司，可以不设监事会，设一名监事，行使本法规定的监事会的职权；经全体股东一致同意，也可以不设监事。	除设置审计委员会外，需设置监事 法规依据：《公司法》第一百二十一条　股份有限公司可以按照公司章程的规定在董事会中设置由董事组成的审计委员会，行使本法第一百三十一条第一款、第一百三十三条规定的监事会或者监事的职权，不设监事会或者监事。…… 第一百三十条　……股份有限公司设监事会，本法第一百三十三条另有规定的除外。监事会成员为三人以上。…… 第一百三十三条　规模较小或者股东人数较少的股份有限公司，设一名监事，行使本法规定的监事会的职权，可以不设监事会。
监事会会议的召开时间	监事会会议每年度至少召开一次 法规依据：《公司法》第八十一条　……监事会每年度至少召开一次会议，监事可以提议召开临时监事会会议。……	监事会会议每六个月至少召开一次 法规依据：《公司法》第一百三十二条　……监事会每六个月至少召开一次会议。监事可以提议召开临时监事会会议。
股权转让时的优先购买权	股权转让时，其他股东有优先购买权 法规依据：《公司法》第八十四条　……股东向股东以外的人转让股权的，应当将股权转让的数量、价格、支付方式和期限等事项书面通知其他股东。股东自接到书面通知之日起三十日内未答复的，视为放弃优先购买权。两个以上股东行使优先购买权的，协商确定各自的购买比例；协商不成的，按照转让时各自的出资比例行使优先购买权。公司章程对股权转让另有规定的，从其规定。 第八十五条　人民法院依照法律规定的强制执行程序转让股东的股权时，应当通知公司及全体股东，其他股东在同等条件下有优先购买权。其他股东自人民法院通知之日起满二十日不行使优先购买权的，视为放弃优先购买权。	股份转让时，其他股东没有法定优先购买权 法规依据：《公司法》第一百五十七条　股份有限公司的股东持有的股份可以向其他股东转让，也可以向股东以外的人转让；公司章程对股份转让有限制的，其转让按照公司章程的规定进行。

异议股东请求收购权	异议股东拥有请求收购权 **法规依据:**《公司法》第八十九条 有下列情形之一的，对股东会该项决议投反对票的股东可以请求公司按照合理的价格收购其股权： （一）公司连续五年不向股东分配利润，而公司该五年连续盈利，并且符合本法规定的分配利润条件； （二）公司合并、分立、转让主要财产； （三）公司章程规定的营业期限届满或者章程规定的其他解散事由出现，股东会通过决议修改章程使公司存续。 自股东会决议作出之日起六十日内，股东与公司不能达成股权收购协议的，股东可以自股东会决议作出之日起九十日内向人民法院提起诉讼。 公司的控股股东滥用股东权利，严重损害公司或者其他股东利益的，其他股东有权请求公司按照合理的价格收购其股权。 公司因本条第一款、第三款规定的情形收购的本公司股权，应当在六个月内依法转让或者注销。	异议股东拥有请求收购权 **法规依据:**《公司法》第一百六十一条 有下列情形之一的，对股东会该项决议投反对票的股东可以请求公司按照合理的价格收购其股份，公开发行股份的公司除外： （一）公司连续五年不向股东分配利润，而公司该五年连续盈利，并且符合本法规定的分配利润条件； （二）公司转让主要财产； （三）公司章程规定的营业期限届满或者章程规定的其他解散事由出现，股东会通过决议修改章程使公司存续。 自股东会决议作出之日起十日内，股东与公司不能达成股份收购协议的，股东可以自股东会决议作出之日起九十日内向人民法院提起诉讼。 公司因本条第一款规定的情形收购的本公司股份，应当在六个月内依法转让或者注销。
转让股（股份）权的限制	无限制	对发起人和董监高转让股份给予了限制 **法规依据:**《公司法》第一百六十条 公司公开发行股份前已发行的股份，自公司股票在证券交易所上市交易之日起一年内不得转让。法律、行政法规或者国务院证券监督管理机构对上市公司股份另有规定的，从其规定。 公司董事、监事、高级管理人员应当向公司申报所持有的本公司的股份及其变动情况，在任职时确定的任职期间每年转让的股份不得超过其所持有本公司股份总数的百分之二十五；所持本公司股份自公司股票上市交易之日起一年内不得转让。上述人员离职后半年内，不得转让其所持有的本公司股份。公司章程可以对公司董事、监事、高级管理人员转让其所持有的本公司股份作出其他限制性规定。 股份在法律、行政法规规定的限制转让期限内出质的，质权人不得在限制转让期限内行使质权。

（续）

差异摘要	有限责任公司	股份有限公司
收购本公司股权（股份）的规定	特殊情形下，投反对票的股东可以请求公司收购其股权　有下列情形之一的，对股东会该项决议投反对票的股东可以请求公司按照合理的价格收购其股权： **法规依据：《公司法》第八十九条** （一）公司连续五年不向股东分配利润，而公司该五年连续盈利，并且符合本法规定的分配利润条件； （二）公司合并、分立、转让主要财产； （三）公司章程规定的营业期限届满或者章程规定的其他解散事由出现，股东会通过决议修改章程使公司存续。 自股东会决议作出之日起六十日内，股东与公司不能达成股权收购协议的，股东可以自股东会决议作出之日起九十日内向人民法院提起诉讼。 公司的控股股东滥用股东权利，严重损害公司或者其他股东利益的，其他股东有权请求公司按照合理的价格收购其股权。 公司因本条第一款、第三款规定的情形收购的本公司股权，应当在六个月内依法转让或者注销。	除特殊情形外，不得收购本公司股份　公司不得收购本公司股份。 **法规依据：《公司法》第一百六十二条** 公司不得收购本公司股份。但是，有下列情形之一的除外： （一）减少公司注册资本； （二）与持有本公司股份的其他公司合并； （三）将股份用于员工持股计划或者股权激励； （四）股东因对股东会作出的公司合并、分立决议持异议，要求公司收购其股份； （五）将股份用于转换公司发行的可转换为股票的公司债券； （六）上市公司为维护公司价值及股东权益所必需。 公司因前款第一项、第二项规定的情形收购本公司股份的，应当经股东会决议；公司因前款第三项、第五项、第六项规定的情形收购本公司股份的，可以按照公司章程的规定或者股东会的授权，经三分之二以上董事出席的董事会会议决议。 公司依照本条第一款规定收购本公司股份后，属于第一项情形的，应当自收购之日起十日内注销；属于第二项、第四项情形的，应当在六个月内转让或者注销；属于第三项、第五项、第六项情形的，公司合计持有的本公司股份数不得超过本公司已发行股份总数的百分之十，并应当在三年内转让或者注销。 上市公司收购本公司股份的，应当依照《中华人民共和国证券法》的规定履行信息披露义务。上市公司因本条第一款第三项、第五项、第六项规定的情形收购本公司股份的，应当通过公开的集中交易方式进行。 公司不得接受本公司的股份作为质权的标的。

股东起诉权	所有股东均有对董监高侵害公司的起诉权	只有持股 1% 以上的股东才有对董监高侵害公司的起诉权
	法规依据:《公司法》第一百八十九条　董事、高级管理人员有前条规定的情形的,有限责任公司的股东、股份有限公司连续一百八十日以上单独或者合计持有公司百分之一以上股份的股东,可以书面请求监事会向人民法院提起诉讼;监事有前条规定的情形的,前述股东可以书面请求董事会向人民法院提起诉讼。 监事会或者董事会收到前款规定的股东书面请求后拒绝提起诉讼,或者自收到请求之日起三十日内未提起诉讼,或者情况紧急、不立即提起诉讼将会使公司利益受到难以弥补的损害的,前款规定的股东有权为公司利益以自己的名义直接向人民法院提起诉讼。 他人侵犯公司合法权益,给公司造成损失的,本条第一款规定的股东可以依照前两款的规定向人民法院提起诉讼。 公司全资子公司的董事、监事、高级管理人员有前条规定情形,或者他人侵犯公司全资子公司合法权益造成损失的,有限责任公司的股东、股份有限公司连续一百八十日以上单独或者合计持有公司百分之一以上股份的股东,可以依照前三款规定书面请求全资子公司的监事会、董事会向人民法院提起诉讼或者以自己的名义直接向人民法院提起诉讼。	法规依据:《公司法》第一百八十九条　董事、高级管理人员有前条规定的情形的,有限责任公司的股东、股份有限公司连续一百八十日以上单独或者合计持有公司百分之一以上股份的股东,可以书面请求监事会向人民法院提起诉讼;监事有前条规定的情形的,前述股东可以书面请求董事会向人民法院提起诉讼。 监事会或者董事会收到前款规定的股东书面请求后拒绝提起诉讼,或者自收到请求之日起三十日内未提起诉讼,或者情况紧急、不立即提起诉讼将会使公司利益受到难以弥补的损害的,前款规定的股东有权为公司利益以自己的名义直接向人民法院提起诉讼。 他人侵犯公司合法权益,给公司造成损失的,本条第一款规定的股东可以依照前两款的规定向人民法院提起诉讼。 公司全资子公司的董事、监事、高级管理人员有前条规定情形,或者他人侵犯公司全资子公司合法权益造成损失的,有限责任公司的股东、股份有限公司连续一百八十日以上单独或者合计持有公司百分之一以上股份的股东,可以依照前三款规定书面请求全资子公司的监事会、董事会向人民法院提起诉讼或者以自己的名义直接向人民法院提起诉讼。

① 北京市高级人民法院民二庭《关于新〈公司法〉适用中若干问题的调查研究》第五条第(二)款中认为,有限责任公司股东的会计账簿查阅权的范围可以包括原始凭证。

主 体 架 构

本部分将向大家介绍七种常用的主体股权架构模型，包括个人持股架构、公司持股架构、有限合伙架构、混合股权架构、境外股权架构、家族信托架构和契约型架构（见图 P2-1）。

图 P2-1 七种主体股权架构汇总图

第 3 章

个人持股架构

在这种架构模型里，个人股东均直接持有核心公司股权，如图 3-1 所示。

图 3-1　个人持股架构

3.1　案例 11　《哪吒》系列电影导演饺子

饺子本名杨宇，因导演《哪吒》系列电影⊖而扬名国内外。饺子旗下有哪些公司呢？在《哪吒 1》和《哪吒 2》出品时，饺子的公司又分别是什么

⊖ 《哪吒》系列电影包括第 1 部《哪吒之魔童降世》和第 2 部《哪吒之魔童闹海》。以下将《哪吒之魔童降世》简称为《哪吒 1》，《哪吒之魔童闹海》简称为《哪吒 2》。

样的股权架构呢?

1.《哪吒 1》

2015 年 7 月,光线影业[⊖]开始布局动画电影,为此成立了全资子公司"彩条屋"[⊜]。同年 11 月,彩条屋与饺子合作,计划出品一部以哪吒为题材的动画,并设立了可可豆动画[⊜],负责哪吒电影的动画制作。

可可豆动画由饺子、刘文章和彩条屋共同投资。饺子任可可豆动画的董事长,是哪吒电影的导演和编剧,持股比例为 42%;刘文章任可可豆动画的总经理,是哪吒电影的制片人,持股比例为 28%;彩条屋负责资源整合以及电影的市场推广与发行,持股比例为 30%。截至 2016 年末可可豆动画的股权架构如图 3-2 所示。

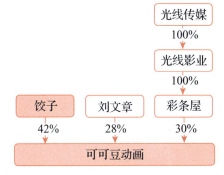

图 3-2　可可豆动画股权架构图

可可豆动画成立后,与彩条屋签订了《影视制作协议》(见图 3-3),由彩条屋向可可豆动画支付制作费用,可可豆动画负责完成《哪吒 1》电影制作。

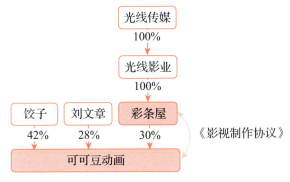

图 3-3　彩条屋与可可豆动画签订协议

⊖　全称为"北京光线影业有限公司",该公司是上市公司光线传媒(300251)旗下全资子公司。

⊜　全称为"霍尔果斯彩条屋影业有限公司"。可可豆动画设立时,股东为光线影业,随后,光线影业将其持有的可可豆动画的 30% 股权,转让给了彩条屋。

⊜　全称为"霍尔果斯可可豆动画影视有限公司"。

《哪吒 1》从立项到上映历经 4 年时间，电影于 2019 年 7 月上映，斩获总票房约 50 亿元，净票房约 46 亿元[⊖]。《哪吒 1》出品方和发行方信息如表 3-1 所示。

表 3-1　《哪吒 1》出品方和发行方

出品方	发行方
光线影业 彩条屋 可可豆动画 十月文化传媒① 北京彩条屋②	光线影业

①全称为"霍尔果斯十月文化传媒有限公司"，该公司是北京彩条屋参股公司。
②全称为"北京彩条屋科技有限公司"，是光线影业的全资子公司。

根据光线传媒发布的公告，光线系[⊜]作为电影的主投方和独家发行方，净票房分账比例约为 24% ～ 30%[⊜]。其余为可可豆动画和十月文化传媒分配，比例约为 14% ～ 19%[㉿]。

由此可见，可可豆动画的收入，一方面源自彩条屋支付的动画制作费用，一方面来源于《哪吒 1》的票房分账收入。

2.《哪吒 2》

在《哪吒 1》取得成功后，可可豆动画和光线系继续合作《哪吒 2》。由于《哪吒 1》在票房上的出色表现，导演饺子获得了更大的话语权，可可豆动画由原来的第三出品方，跃升为第一出品方。

2022 年 3 月，饺子和彭桦、彭利利成立了新公司"自在境界传媒"^㉟，

⊖　净票房为可分账票房，净票房 = 总票房 ×（1- 增值税税率 3.3%）×（1- 电影专项基金比例 5%）。

⊜　光线系包括光线影业、彩条屋、北京彩条屋。

⊜　根据光线传媒《关于电影〈哪吒之魔童降世〉票房的公告》（公告编号：2019-048）内容推导。

㉿　按电影圈的行规，净票房在片方（包括出品方和发行方）和院线之间按 43% ∶ 57% 的比例进行分配。

㉟　全称为"成都自在境界文化传媒有限公司"。

该公司由彭桦担任执行董事及经理、彭利利担任监事。自在境界传媒股权架构如图 3-4 所示。

图 3-4　自在境界传媒股权架构图

自在境界传媒成立后，也成为《哪吒 2》的出品方。表 3-2 为《哪吒 1》和《哪吒 2》出品方和发行方的对比。

表 3-2　《哪吒 1》和《哪吒 2》出品方和发行方对比

角色	《哪吒 1》	《哪吒 2》
出品方	① 光线影业 ② 彩条屋 ③ 可可豆动画 ④ 十月文化传媒 ⑤ 北京彩条屋	① 可可豆动画 ② 光线传媒 ③ 光线影业 ④ 自在境界传媒 ⑤ 北京彩条屋
发行方	光线影业	光线传媒

2020 年年底，饺子将自己的可可豆动画的持股比例调整为 56%。自此，饺子拥有了两家控股公司：可可豆动画和自在境界传媒（股权架构见图 3-5）[一]。前者定位为动画影视制作，后者则定位为饺子导演作品的衍生品运营以及电影发行。饺子主导的动画影视帝国开始初现雏形。饺子的收入也在导演和编剧报酬的基础上，增加了可可豆动画和自在境界传媒的股东收益。

图 3-5　饺子控股公司股权架构图

在拥有了更多的商业主导权后，饺子也不负众望，2025 年春节期间上

[一]　2023 年 9 月，彩条屋将其所持有的可可豆动画 30% 的股权转让给了北京彩条屋。

映的《哪吒 2》，是中国影史上首部票房破 100 亿元的电影，成为中国动画
电影的旗帜。

3.2　个人持股架构点评

饺子旗下有两家公司，这两家公司均由饺子个人直接持股。这种架构
有何利弊呢？又适合哪些场景呢？

1. 个人持股架构的优点

（1）操作简单

个人持股架构无须设立中间层持股平台（如有限责任公司或合伙企
业），操作简单高效。股东按照出资额直接持有公司股权，清晰明了，便于
管理和决策。

（2）决策高效

个人股东可以直接参与公司的决策过程，快速响应市场变化，调整经
营策略。这种直接控制的方式使得股东能够根据个人判断迅速做出决策，
避免因增加持股平台导致额外的董事会或股东会程序。

（3）融资便利

在某些情况下，个人持股的企业更容易获得外部融资。尤其是在初创阶
段，创始人或核心团队的个人信用和影响力往往成为吸引投资者的重要因素。

（4）税务优势[⊖]

个人持股架构在股权转让税负方面具有一定的优势。

相较于公司持股架构

个人股东卖股套现仅缴纳个人所得税，避免了公司持股架构带来的增
值税、企业所得税和分红个税。具体可见我的另一本书——《一本书看透
股权节税》第 2 章。

　　⊖ 关于股权架构的税负，可以参考拙作《一本书看透股权节税》。

相较于有限合伙架构

个人股东从被投资公司取得的股息、红利等投资收益，以及转让所得收益均按照 20% 的比例税率征收个人所得税。较之税收立法尚未成熟的合伙企业，税率固定且可预期。具体详见本书第 1 章 "1.1.1 案例 1　蜜雪冰城"。

由此可见，个人持股架构对计划卖股套现的投资人，是税负最优的选择。

2. 个人持股架构的缺点

虽然个人持股架构具有操作简单、决策高效、税务优势明显等优点，但这种架构也存在一些劣势。

（1）不利于控制权集中

以下我们以瑞丰高材[一]（300243）为例进行解析。

【例 3-1】

图 3-6 为瑞丰高材上市前股权架构图[二]。

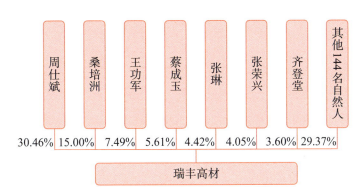

| 周仕斌 | 桑培洲 | 王功军 | 蔡成玉 | 张琳 | 张荣兴 | 齐登堂 | 其他 14 名自然人 |
| 30.46% | 15.00% | 7.49% | 5.61% | 4.42% | 4.05% | 3.60% | 29.37% |

瑞丰高材

图 3-6　瑞丰高材上市前股权架构图

上市发行后，瑞丰高材的实际控制人周仕斌的持股比例仅为 22.77%，如表 3-3[三]所示。

　㊀　全称为"山东瑞丰高分子材料股份有限公司"。

　㊁　根据瑞丰高材招股说明书第 41～45 页发行人基本情况整理而成。

　㊂　摘自瑞丰高材招股说明书第 49 页。

表 3-3　瑞丰高材发行前后前十大股东持股情况表

股东		发行前股本结构		发行后股本结构	
		股数（万股）	比例（%）	股数（万股）	比例（%）
前十名股东	周仕斌	1 218.28	30.46	1 218.28	22.77
	桑培洲	600.00	15.00	600.00	11.21
	王功军	299.76	7.49	299.76	5.60
	蔡成玉	224.40	5.61	224.40	4.19
	张 琳	177.00	4.42	177.00	3.31
	张荣兴	162.00	4.05	162.00	3.03
	齐登堂	144.00	3.60	144.00	2.69
	蔡志兴	119.20	2.98	119.20	2.23
	苗祥利	105.52	2.64	105.52	1.97
	孙志芳	89.44	2.23	89.44	1.67
其他 141 名股东		860.40	21.51	860.40	16.08
社会公众股东		—	—	1 350.00	25.23
合计		4 000.00	100.00	5 350.00	100.00

大股东周仕斌在上市之初较低的持股比例为日后的股权纠纷埋下了隐患。

2016 年 5 月 23 日，瑞丰高材宣布，公司的第二大股东桑培洲以及第四大股东蔡成玉、第五大股东张琳、第六大股东张荣兴一起辞去在公司的相关职务。同年，中植系"京江通汇"在二级市场购入瑞丰高材股票，成为瑞丰高材第二大股东。

2017 年 1 月 6 日，瑞丰高材举行 2017 年第一次临时股东大会，在会议上，上述 5 名股东均对大股东提议的与重组有关的 18 项议案投反对票，致使大股东周仕斌筹划的公司重组计划流产。⊖如果瑞丰高材的其他大股东在上市前通过周仕斌控制的持股平台间接持股，则完全可以避开这场上市后的控制权争夺战。

（2）缺乏利用股权杠杆的空间

股权杠杆是指实际控制人通过对一系列公司的股权安排，用较小的资

⊖　见瑞丰高材《关于终止重大资产重组的公告》，2017-04-07。

金，达到控制巨额资金的方法。在第 1 章，我们曾学习了金字塔架构，并了解了股权杠杆的威力。如果个人直接持股拟上市公司，则关闭了设计股权杠杆的空间。具体可参考本书第 1 章 "1.2 金字塔架构"。

（3）长期持股股东税负较高[一]

即使股东持有的股权不计划出售套现，而是长期持有，每次取得分红用于再投资也需要缴纳个人所得税。[二]而且，被投资公司以未分配利润、盈余公积、资本公积转增股本，个人股东均需缴纳个人所得税。[三]

（4）不利于后期股权架构重组

由于我国对于个人持股架构重组的税收优惠非常少，如果股东计划后期调整股权架构，会有很重的税负，进而阻碍股权架构动态优化。具体可以参见拙作《一本书看透股权节税》第 14 章。

3. 个人持股架构适用情形

（1）规划上市后售股套现的财务投资人

拟上市公司的股东，如果规划公司上市后把股票出售套现，最好采用个人持股架构，不但套现时可以直接通过证券交易账户便利操作，而且税负较低。

（2）创业期的创始人股东

创业期，商业模式尚未打磨成熟，股权架构也不稳定，公司能否存活下去也尚未可知，所以不宜把股权架构设计得过于复杂。待公司商业模式渐趋成熟，公司盈利前再做股权架构设计，然后再对股权架构进行调整。[四]

[一]　关于股权架构的税负，可以参考拙作《一本书看透股权节税》。

[二]　根据《个人所得税法》第三条，自然人从被投资公司取得利息、股息、红利所得需缴纳个人所得税，税率为 20%。

[三]　根据《国家税务总局关于股权奖励和转增股本个人所得税征管问题的公告》（国家税务总局公告 2015 年第 80 号）的规定，以未分配利润、盈余公积、资本公积向个人股东转增股本的，均需缴纳个人所得税，但符合条件的转增，可以享受分期纳税的税收优惠。

[四]　见本书第四部分架构重组。

第 4 章

公司持股架构

在这种架构模型里，创始人及其创业伙伴设立控股公司，控股公司旗下有多个业务板块管理公司，每个业务板块管理公司下投资 N 家实体公司，如图 4-1 所示。

4.1 案例 12 小熊电器

小熊电器（002959）是一家以自主品牌"小熊"为核心，通过互联网数据驱动研发，专

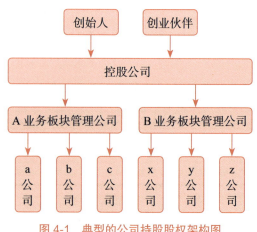

图 4-1 典型的公司持股股权架构图

注生产及销售创意小家电的企业。该公司的创始人为李一峰。

第一阶段：个人直接持股

2006 年，小熊电器在佛山成立。创始人分别为李一峰（持股比例 51%）、陈勇（持股比例 12%）、龙少柔（持股比例 22%）、施明泰（持股比例 15%）。四位股东均采用了个人持股架构（见图 4-2）。

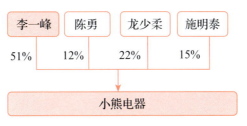

图 4-2　小熊电器成立时股权架构图

2015 年 9 月，陈勇将所持有小熊电器 12% 的股权，以 700 万元的价格转让给李一峰。陈勇转让退出后，小熊电器股权架构如图 4-3 所示。

图 4-3　陈勇退出后小熊电器股权架构图

第二阶段：公司持股架构

陈勇退出后，小熊电器开始筹备上市。李一峰调整股权架构，将个人持股架构调整为公司持股架构。该股权架构调整分为两步走（见图 4-4）。

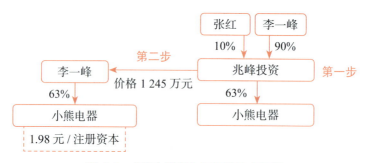

图 4-4   小熊电器股权架构调整路径图

第一步：成立新公司作为持股平台

2015 年 11 月，李一峰与妻子张红投资成立了一家新公司——兆峰投资[⊖]，作为持股平台。

第二步：李一峰转让所持有小熊电器股权

2015 年 12 月，李一峰以每注册资本 1.98 元的价格，将其持有的小熊电器 63% 的股权，总作价 1 245 万元转让给兆峰投资。由于李一峰对小熊电器的初始入股价格为 1 元 / 注册资本，因此在转让过程中，需缴纳个人所得税 123 万元[⊖]。

股权架构调整完毕后，小熊电器股权架构如图 4-5 所示。

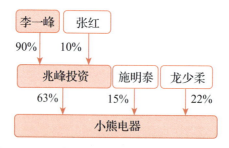

图 4-5   2015 年 12 月小熊电器调整后股权架构图

⊖ 全称为"佛山市兆峰投资有限公司"。
⊖ 2015 年，小熊电器注册资本 1 000 万元，李一峰投资成本 630 万元。李一峰个人所得税计算公式：（1 245−630）× 20% = 123（万元）。

4.2　公司持股架构点评

1. 公司持股架构的优点

为什么李一峰宁可纳税，也要将个人持股架构调整为公司持股架构呢？答案是，在创始人股东和拟上市公司中间搭建控股公司，即自然人→控股公司→拟上市公司，具有以下 5 个优点。

（1）凝聚家族成员

管子曾言："利出于一孔者，其国无敌。"在家族企业的运营体系里，把家族成员的利益紧密相连，是维持企业稳固发展的关键所在，而持股公司恰恰扮演着这个关键的"利益枢纽"角色。

以爱马仕为例，在 2010 年，LVMH 集团发起恶意并购行动。彼时的爱马仕历经数代传承，家族股东多以个人形式持股，股权极为分散，控制权旁落的风险如高悬之剑。爱马仕家族迅速反应，设立 H51 公司作为持股平台，将分散在众多家族成员手中的股权集中注入。这一举措如定海神针，成功规避了因股权分散而导致控制权旁落的重大风险。

（2）便利债权融资

在上市公司（或拟上市公司）上面设立控股公司，一方面，由于控股公司可以合并上市公司报表及其他产业的报表，有些控股公司资金实力强于上市公司，受到银行认可的程度较高。控股公司在上市公司向银行借款、发行债券等过程中，提供相应的担保，提高上市公司债项的信用等级，降低融资成本。另一方面，控股公司可以在达到一定资产规模之后，以发行企业债等方式获得资金，开展一些不宜在上市公司（拟上市公司）内部开展的业务。例如，目前不宜上市的房地产或者目前处于亏损期尚需在控股公司体内培育的新兴产业。

（3）方便人事安排

很多公司在上市时，创业元老长期跟随实际控制人，为将公司做大做强并能够实现上市做出了巨大贡献。但是上市成功之后，有些元老因为持有上市公司股票，拥有了巨额财富，丧失了事业激情，并且知识结构老化，学习动力不足，已无法顺应上市公司的进一步发展，出现了躺在功劳簿上睡大觉的现象。实际控制人碍于情面又不能将他们赶走，导致中层骨干的晋升通道被堵死。这些中层骨干，有想法，有干劲，为公司发展做出了巨大牺牲。如果在上市公司上面设有控股公司，将冲劲不足、愿意躺在功劳簿上的老管理层升至控股公司担任相应的虚职，腾出相应的职位空间给下面的中层干部，这样就既照顾了老管理层的情绪，又保证了新管理层的活力，同时打开了公司整体的晋升通道。这在目前以人治为主的公司管理中非常重要。

（4）控股公司单独上市

如果控股公司实力发展到一定程度，也可以单独在港股上市。典型的案例有复星国际（00656）、北京控股（00392）、中国燃气（00384）等。

【例4-1】

2007年7月6日，旗下已拥有5家上市公司的复星国际在港交所主板以红筹方式上市成功。复星国际完成在香港上市，不仅为集团的境外融资打通了一个新渠道，还提升了复星国际在国际上的影响力。郭广昌等股东也具有了境内和境外财富管理及资本运作的双通道。图4-6为复星国际上市前的股权架构图。[⊖]

⊖　来源于复星国际首次公开发行股票招股说明书第75页。

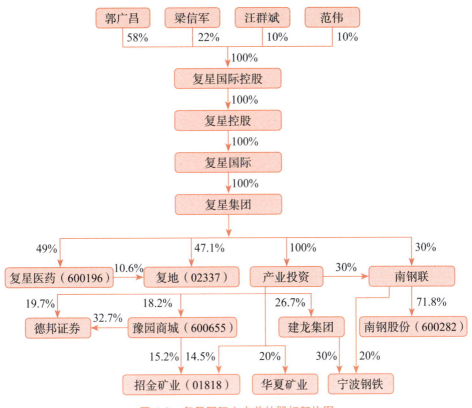

图 4-6　复星国际上市前的股权架构图

（5）便利上市后的市值管理

公司上市后，会通过减持、并购、定增、分红、资产注入、控股权转让等资本运作进行市值管理。一方面，设立控股公司可以随时准备承接上市公司的非优质资产和暂时在培育期的项目，待时机成熟后单独上市或以定向增发方式注入上市公司。例如，华润集团的"孵化模式"，便是由上市公司或战略业务单元挑选合适的项目，由集团购入项目并进行孵化，再注入上市公司。另一方面，设立控股公司可以为集团公司的现在和未来发展协调各种战略资源，安排不宜在上市公司层面安排的利益。

设立控股公司也会简化资本运作流程，提高效率。

【例4-2】

高升控股（000971），原简称"湖北迈亚"，该上市公司实际控制人曾两度易主，2012年自然人仰智慧通过蓝鼎集团[一]收购湖北迈亚的大股东毛纺集团[二]100%股权，上市公司更名为"蓝鼎控股"。2014年自然人韦振宇通过"德泽投资"[三]收购"蓝鼎控股"的大股东蓝鼎实业100%股权，上市公司更名为"高升控股"。上述控股权转让，均在上市公司的母公司控股公司层面进行，既绕开了证券交易所烦琐的股票变更流程，也为控股权转让过程中的税收筹划提供了更大的空间。

由此可见，持股公司既能充当家族利益集约化管理的核心载体，又可作为多业务线的战略管控中枢，通过股权架构设计与战略协同机制，在保障控制权稳定的前提下，为资产重组、分拆上市等资本运作预留战略弹性空间。

2. 公司持股架构的缺点

但公司持股架构并非适合所有的股东，该架构也存在如下缺点。

（1）股东卖股套现税负太高

个人通过有限责任公司作为持股平台间接持有上市公司，卖股套现时，除了持股公司要缴纳增值税外，还存在持股公司缴纳企业所得税和个人股东缴纳个人所得税两道税负，会导致整体税负过重。

以李一峰夫妻为例。2019年8月23日，小熊电器正式在深交所挂牌上市。如果其减持小熊电器股票，需要先由兆峰投资减持小熊电器股票，兆峰投资需要对股票转让所得缴纳6%[四]的增值税，然后再缴纳25%的企业

[一]　全称为"安徽蓝鼎投资集团有限公司"。

[二]　全称为"湖北仙桃毛纺集团有限公司"，后更名为"蓝鼎实业（湖北）有限公司"。

[三]　全称为"深圳德泽世家科技投资有限公司"。

[四]　如果是小规模纳税人，增值税税率为3%。

所得税，最后再由兆峰投资将税后利润向李一峰夫妻分红。分红时，兆峰投资需要代扣代缴 20% 的个人所得税，即分红环节需要承担 15%[一]的税负，整体所得税税负高达 40%[二]。

（2）缺乏灵活性

较之合伙企业，持股公司制度少了设计的灵活性，具体可见本书第 1 章"1.2.2 金字塔架构点评"中的"2. 两种股权架构比较（2）机制的弹性"。所以，对于需要更加灵活的退出机制的员工持股平台，往往用有限合伙架构更合适。

3. 公司持股架构适用情形

公司持股架构适用情形包括：

（a）规划长期持股的实业家。

（b）有多个业务板块的多元化企业集团。

（c）作为大股东的家族持股平台。

（d）已进入成熟期，但没有上市规划，打算家族传承的实业家。

[一]　个人所得税税负为：（1－企业所得税税率 25%）× 个人所得税税率 20% = 15%。

[二]　整体所得税税负 = 企业所得税税负 25% + 个人所得税税负 15% = 40%。

第 5 章

有限合伙架构

在这种股权架构模型里，股东并不直接持有核心公司股权，而是通过有限合伙企业间接持股核心公司（见图 5-1）。

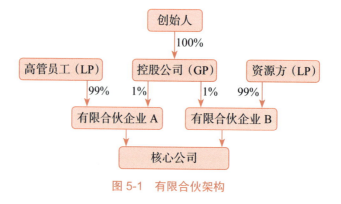

图 5-1　有限合伙架构

实务中，典型的有限合伙架构搭建过程为：

（a）创始人（实际控制人）设立一人有限公司。

（b）一人有限公司作为普通合伙人（GP），高管等作为有限合伙人（LP），共同设立有限合伙企业。

（c）有限合伙企业持股核心公司。

5.1 案例 13 DeepSeek

DeepSeek，全称为"杭州深度求索人工智能基础技术研究有限公司"（以下简称"深度求索"），于 2023 年诞生于杭州。2024 年 12 月，深度求索宣布上线并同步开源的 DeepSeek-V3 模型，以二十分之一的成本投入训练出性能堪比 GPT-4o 的大模型，被国外称作"来自东方的神秘力量"。

深度求索股权架构是如何设计的？让我们来看一下这家公司股权架构的前世今生。

第一阶段：幻方量化合伙（2008 ～ 2018 年）

深度求索创始人梁文锋出生于 1985 年。

2008 年，23 岁的梁文锋在浙江大学攻读硕士学位期间，与同学组建团队，开始运用机器学习技术探索全自动量化交易。

2013 年，28 岁的梁文锋和浙江大学校友徐进等创办了第一家公司——杭州雅克比⊖（股权架构见图 5-2⊜），继续探索将人工智能与量化交易结合。

2015 年 6 月，梁文锋正式进军私募基金领域，创办了"九章资管公司"⊜（股权架构见图 5-3）。

⊖ 全称为"杭州雅克比投资管理有限公司"。
⊜ 该股权架构图为杭州雅克比成立时的股权架构图。
⊜ 全称为"浙江九章资产管理有限公司"，曾用名"杭州幻方科技有限公司"，2016 年 12 月更名为现名。该公司成立时，梁文锋持股比例为 70%，郑达韡为 15%，徐进为 15%，后梁文锋增资，将其持股比例调整为 85%。

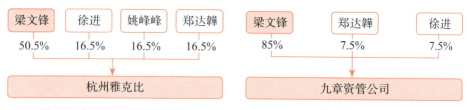

图 5-2   杭州雅克比股权架构图   图 5-3   九章资管公司股权架构图

2015 年 8 月，九章资管公司完成"私募证券投资基金管理人"备案登记。随后，九章资管公司与时任公司总经理的徐进，在宁波市设立了"幻方投资公司"⊖。幻方投资公司又投资了"幻方量化合伙"⊖。2016 年 6 月，幻方量化合伙完成"私募证券投资基金管理人"备案登记。截至 2025 年 3 月 15 日，幻方量化合伙的股权架构如图 5-4 所示。

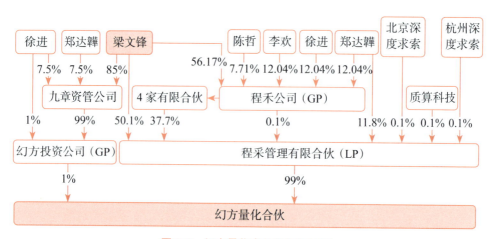

图 5-4   幻方量化合伙股权架构图

幻方量化合伙成立后，成绩斐然。2017 年年底，几乎所有的量化策略都已经采用 AI 模型计算。2018 年，幻方量化合伙获得了中国私募证券领

⊖ 全称为"宁波幻方投资管理有限公司"。

⊖ 全称为"宁波幻方量化投资管理合伙企业（有限合伙）"。幻方量化合伙于 2016 年 2 月刚设立时，合伙人为桑书田和九章资管公司（当时的名称为"杭州幻方科技有限公司"）。后多次进行工商变更，截至 2025 年 3 月 15 日，合伙人为幻方投资公司和程采管理有限合伙。

域的最高奖项——私募金牛奖。2019 年，幻方量化合伙管理资金规模破百亿元。

第二阶段：幻方 AI 公司（2019 ～ 2022 年）

2019 年，虽然梁文锋已经带领幻方量化合伙成为管理资金超百亿元的私募，但随着训练需求的不断攀升，幻方量化合伙的算力瓶颈越发凸显，有限的计算资源已难以满足其日益增长的需求。梁文锋由此着手探寻大规模算力的解决方案，于 2019 年 12 月创办了幻方 AI 公司[⊖]（股权架构见图 5-5），致力于 AI 的算法与基础应用研究。

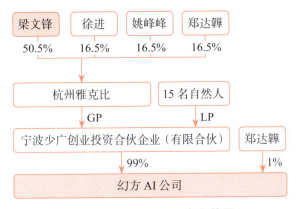

图 5-5　幻方 AI 公司股权架构图

第三阶段：深度求索（2023 年至今）

梁文锋旗下的幻方基金板块，为其积累了财富；幻方 AI 板块，为其积累了 AI 经验。2023 年 5 月，凭借雄厚的资金实力和丰富的 AI 经验，38 岁的梁文锋正式宣布进军通用人工智能（AGI）领域。同年 7 月，他着手搭建了以下股权架构。

⊖　全称为"杭州幻方人工智能基础研究有限公司"。

第一步：成立"程普公司"[⊖]

程普公司的股东为梁文锋、李欢、郑达韡、陈哲四人，股权架构如图 5-6 所示。

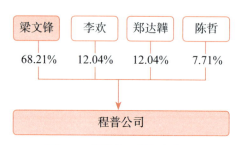

图 5-6　程普公司股权架构图

第二步：成立"程信合伙"[⊜]

程信合伙的普通合伙人（GP）为程普公司，有限合伙人（LP）依然为梁文锋、李欢、郑达韡、陈哲四人。程信合伙股权架构如图 5-7 所示。

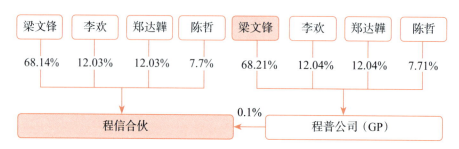

图 5-7　程信合伙股权架构图

第三步：成立"程恩合伙"[⊜]

程恩合伙的普通合伙人（GP）依然为程普公司，有限合伙人（LP）为梁文锋和程信合伙。程恩合伙股权架构如图 5-8 所示。

⊖　全称为"宁波程普商务咨询有限公司"。
⊜　全称为"宁波程信柔兆企业管理咨询合伙企业（有限合伙）"。
⊜　全称为"宁波程恩企业管理咨询合伙企业（有限合伙）"。

图 5-8　程恩合伙股权架构图

第四步：成立"深度求索"

深度求索的股东为程恩合伙和梁文锋，[⊖]股权架构如图 5-9 所示。

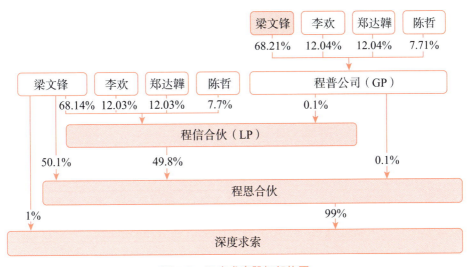

图 5-9　深度求索股权架构图

深度求索成立后，专注于 AI 大模型的研究与开发，梁文锋也因此成为量化投资者投身 AI 创业的"第一人"。

梁文锋仅直接持有深度求索 1% 股权，其余 99% 股权，梁文锋和其创业伙伴设置了"程信合伙"和"程恩合伙"两层持股平台，间接持股深度

⊖　深度求索成立之初的股东为北京深度求索（全称为"北京深度求索人工智能基础技术研究有限公司"），在程恩合伙成立后，股东变更为程恩合伙和梁文锋。

求索。梁文锋为什么要搭建双层有限合伙架构呢？

5.2　有限合伙架构点评

1. 有限合伙架构的优点

（1）有利于控制权集中

在本书第 1 章，我们曾介绍过有限合伙架构通过"权钱分离"机制，能有效实现控制权集中。[⊖]GP 独立行使管理权，无须多层审批（如避开公司制中的董事会、股东会程序），决策效率更高。

例如，在深度求索的股权架构中，深度求索的大股东为程恩合伙，程恩合伙的 GP 为程普公司，程普公司的实际控制人为梁文锋，通过"梁文锋—程普公司—程恩合伙—深度求索"的链条，梁文锋牢牢把控着深度求索的掌舵权。无论程信合伙和程恩合伙的 LP 份额在未来对外分配多少，都能保证梁文锋的掌舵人地位。

（2）机制更具灵活性

协议条款高度自治

通过合伙协议，可自由约定合伙人权利、利润分配、决策机制等核心条款，没有公司制下股东会、董事会等法定治理结构的限制。

例如，程恩合伙的合伙协议可以约定，未来有新的 LP 加入，由 GP 程普公司决策即可，无须召开合伙人会议。[⊖]

利益分配机制灵活

有限合伙的利润分配无须与出资比例挂钩，合伙协议可以约定更为灵

⊖　详见本书第 1 章第 1.1 节。

⊖　合伙协议中约定未来有新的 LP 加入仅由 GP 决策，无须合伙人会议决定，这种约定合法也需要一定前提，比如不得损害其他合伙人的合法权益，以及不得违反《合伙企业法》及其他相关法律规定等。

活的分配机制。[一]

例如，合伙协议可以设置优先回报权（特定 LP 优先收回本金及固定收益）、阶梯分成（收益超过一定门槛后，GP 分成比例提高），以及按项目分配（不同 LP 仅参与特定项目的收益分成）等，以满足不同合伙人的风险偏好和回报需求。

减资退出程序简化

相较于公司制，有限合伙企业的减资无须履行复杂的债权人通知及公告程序，仅需依合伙协议或全体合伙人决议即可操作。

例如，LP 通过减资退出时，仅需完成内部决议、修改合伙协议及工商变更登记，而无须像有限责任公司减资那样需编制资产负债表并公告。

责任与风险配置灵活

GP 承担无限责任以强化信任，LP 仅以出资额为限承担有限责任，还可通过嵌套架构（如设立有限责任公司作为 GP）进一步隔离风险，实现权责利的精细化设计。

（3）特定场景下有税负优势

根据《合伙企业法》的规定[二]，合伙企业属于税收透明体，该层面并不征收所得税，经营收益直接穿透合伙企业流入合伙人账户，仅由合伙人缴纳一次所得税。也就是说，如果个人持股目的是卖股套现，以合伙企业作为持股平台，能避免有限责任公司做持股平台带来的重复纳税问题。如果想对有限合伙架构税负有更多了解，可以阅读拙作《一本书看透股权节税》第 3 章。

以上我们了解了有限合伙架构的优势。现在让我们回答这个问题：为什么梁文锋搭建双层有限合伙架构？我们推测，可能有以下原因。

[一] 见《合伙企业法》第六十九条。
[二] 见《合伙企业法》第六条。

对控制权的极致追求

梁文锋做深度求索，并非为了个人一己之私，而是希望通过真正的技术创新，参与到全球 AI 技术浪潮中，并能走到技术的前沿，推动整个生态的发展。梁文锋极致的长期主义需要匹配极致的控制权，才能确保深度求索在未来的路上不被逐利的资本干扰。从控制权设计维度，有限合伙架构无疑是最优的选择。

沿用私募基金的股权架构

有限合伙是私募基金最常用的股权架构。梁文锋曾长期操盘私募基金，他旗下的幻方量化合伙是有限合伙架构，随后成立的幻方 AI 公司也采用了有限合伙架构。可以说，梁文锋对有限合伙架构的运用驾轻就熟。

需要提示的是，虽然有限合伙架构被梁文锋运用得得心应手，但不代表着这种架构具有普适性。因为任何一种股权架构都是一枚硬币，有优点的同时，也必然存在缺点，企业家切忌盲目跟风模仿，而是应该量体裁衣，适合的才是最好的。以下我们就来了解有限合伙架构有哪些缺点。

2. 有限合伙架构的缺点

（1）GP 的无限责任风险

有限合伙架构的核心特征之一是普通合伙人（GP）需承担无限连带责任，而有限合伙人（LP）仅以其出资额为限承担责任。如果 GP 是自然人，这种架构安排可能给个人 GP 带来风险。若合伙企业经营不善或出现重大债务，GP 的个人资产可能被追偿。

实务中，为了隔离风险，个人通常会先设立有限责任公司，再以有限责任公司作为 GP 投资合伙企业。例如，在深度求索股权架构中，梁文锋与其他三位创始人合资成立了程普公司，用程普公司作为 GP 投资合伙企业，但这种做法也增加了股权架构的复杂性。

（2）LP 的利益容易被侵害

GP 拥有合伙企业的决策权，能够控制合伙企业的运营。这种高度集权的制度容易导致 GP 利用其控制权损害 LP 的利益。例如，GP 可能会在投资决策、利润分配等方面做出不利于 LP 的决策，而 LP 由于缺乏决策权，难以有效监管和制衡 GP 的行为。此外，LP 通过合伙企业间接持股目标公司，在转让股权变现或分配投资收益时，都无法由自己操作完成，均需通过 GP 执行，这进一步增加了 LP 权益受损的可能性。

（3）纳税上存在"税收陷阱"

虽然有限合伙企业作为税收透明体，在某些特定场景下可以避免重复纳税，从而降低税负，但由于我国税法中很多税收优惠只给予个人持股架构或公司持股架构，从而导致有限合伙架构在以下场景下税负更重，如表 5-1 所示。

表 5-1　有限合伙架构无法享受税收优惠汇总表

序号	事项	具体描述
1	居民企业从有限合伙企业取得分配的股息红利，可能无法享受免税待遇	根据税法规定，①只有居民企业直接投资于其他居民企业取得的投资收益才能享受免税待遇。因此，居民企业通过合伙企业间接持股而取得的股息红利可能无法享受免税待遇
2	个人从有限合伙企业取得上市公司分配的股息红利，无法享受免税待遇	根据税法规定，②个人从公开发行和转让市场取得的上市公司股票，持股期限超过 1 年的，股息红利所得暂免征收个人所得税。而个人通过有限合伙架构间接持股无法享受该免税待遇
3	个人从有限合伙企业取得新三板公司分配的股息红利，无法享受免税待遇	根据税法规定，③个人持有挂牌公司股票，持股期限超过 1 年的，股息红利所得暂免征收个人所得税。而个人通过有限合伙架构间接持股无法享受该免税待遇
4	个人通过有限合伙企业间接持有激励股，可能无法享受递延纳税优惠	根据税法规定，④非上市公司授予本公司员工的股权激励，符合规定条件的，经向主管税务机关备案，可实行递延纳税政策。实务中，很多税务机关对有限合伙企业作为持股平台，不给予税收优惠备案

（续）

序号	事项	具体描述
5	个人通过有限合伙企业间接持股，公司转增时无法享受递延纳税优惠	根据税法规定，⑤中小高新技术企业以未分配利润、盈余公积、资本公积向个人股东转增股本时，经向税务机关备案，个人股东可以享受五年递延纳税优惠。个人通过有限合伙企业间接持股，无法取得备案，导致不能享受税收优惠
6	个人通过有限合伙企业减持上市公司股票，无法享受免增值税待遇	根据税法规定，⑥个人从事金融商品转让业务，免征增值税。由于上市公司股票属于金融商品，所以个人转让上市公司股票可以享受免征增值税的待遇。但个人通过有限合伙企业间接持有上市公司股票，因为税法并未给予有限合伙企业免税待遇，所以无法享受该增值税优惠
7	有限合伙架构重组时，无法享受特殊性税务处理的税收优惠	根据税法规定，⑦企业在日常经营活动以外发生的法律结构或经济结构重大改变的交易，包括企业法律形式改变、债务重组、股权收购、资产收购、合并、分立等，满足一定条件的情况下，可以申请享受递延纳税的税收优惠。但由于有限合伙企业并非企业所得税的纳税主体，无法享受该税收优惠。因此，个人通过有限合伙企业持股，如果未来涉及股权架构调整，可能会面临税负压力

① 见《企业所得税法》第二十六条第（二）项、《中华人民共和国企业所得税法实施条例》(简称《企业所得税法实施条例》)第八十三条。

② 见《财政部 国家税务总局 证监会关于上市公司股息红利差别化个人所得税政策有关问题的通知》(财税〔2015〕101号)第一条。

③ 见《关于延续实施全国中小企业股份转让系统挂牌公司股息红利差别化个人所得税政策的公告》(财政部 税务总局公告2024年第8号)第一条。

④ 见《财政部 国家税务总局关于完善股权激励和技术入股有关所得税政策的通知》(财税〔2016〕101号)第一条。

⑤ 见《财政部 国家税务总局关于将国家自主创新示范区有关税收试点政策推广到全国范围实施的通知》(财税〔2015〕116号)第三条。

⑥ 见《财政部 国家税务总局关于全面推开营业税改征增值税试点的通知》(财税〔2016〕36号)附件3《营业税改征增值税试点过渡政策的规定》"一、（二十二）5."。

⑦ 见《财政部 国家税务总局关于企业重组业务企业所得税处理若干问题的通知》(财税〔2009〕59号)。

（4）融资与信用能力受限

有限合伙企业由于其特殊的组织形式，在融资过程中可能面临信用能力不足的问题。例如，银行和其他金融机构可能对有限合伙企业的信用评级较低，从而限制其融资渠道。此外，由于有限合伙人（LP）的权力受限，使得对流动性要求较高的机构投资者往往不愿意以 LP 的身份间接持股。尤其是长期或高风险项目，更难以吸引机构投资者以 LP 身份投资入股。

3. 有限合伙架构适用场景

以上我们分析了有限合伙架构的优点和缺点，有限合伙架构适用于哪些场景呢？

（1）资本驱动型公司的舵手股架构

对于资金密集型行业，如互联网公司、AI 大模型公司、创新药公司，VC/PE 在企业发展中起到了至关重要的作用，属于举足轻重的股东。如果创始人预判，自己及管理团队的持股比例会被稀释得非常低，为了控制权的需要，可以采用该种有限合伙架构，并尽可能让投资人和高管员工通过有限合伙企业间接持股核心公司（拟上市公司），创始人或者其控股的公司作为有限合伙企业的普通合伙人。

（2）股权激励时的激励股架构

当股权激励的对象较多时，以合伙企业作为员工持股平台，不仅方便对股权进行管理，还有利于大股东获得更多的控制权。

（3）私募股权基金的投资架构

私募股权基金（private equity fund）普遍采用有限合伙架构，主要原因在于其独特的法律结构、治理机制和税收安排能够高度契合私募股权基金的运作需求。私募股权基金的核心诉求在于"专业管理＋风险隔离＋税收优化＋长期资本锁定"，而有限合伙架构凭借"权责分离＋税收穿透＋灵活治理"的优势，与这一诉求高度匹配。

第6章

混合股权架构

在前面，我们分别讲解了个人持股架构、公司持股架构、有限合伙架构。但在实践中，每个股东的诉求可能会有所不同。比如，实际控制人往往有长期持股的目的，但也不排除公司上市后出售部分股票，用套现资金改善生活或投资新产业板块；员工持股往往希望在公司上市后可以套现；战略投资人有的希望长期持股，有的希望公司上市后售股套现。于是，针对不同股东和不同诉求的混合股权架构便应运而生。

典型的混合股权架构如图6-1所示，创始人股东及其家人设立控股公司A，控股公司A与创业伙伴持有控股公司B，控股公司B投资设立控股公司C，控股公司C可能会引入战略投资人，控股公司C持有部分核心公司股权；创始人和创业伙伴直接持有部分核心公司股权；高管员工通过有限合伙企业持有核心公司股权。

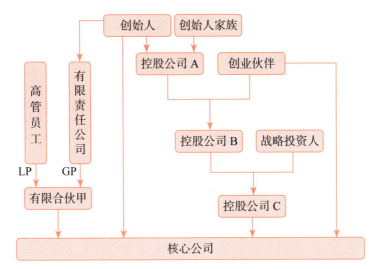

图 6-1 典型的混合股权架构图

6.1 案例 14 公牛集团⊖

1. 要上市的公牛集团

公牛集团，一家专注于插线板近 30 年（自公牛电器成立）的公司。创始人是阮氏兄弟：阮立平和阮学平。2023 年，公牛集团营业收入为 157 亿元，净利润为 38.7 亿元，净利润率为 24.6%，堪称民用电工领域的"印钞机"。公牛集团的股权架构是什么样的呢？我们来看一下公牛集团申报 IPO 时的股权架构，如图 6-2 所示。

2. 顶层架构设计

公牛集团的创始人阮立平和阮学平兄弟二人，对公牛集团的持股数量

⊖ 全称为"公牛集团股份有限公司"，本案例资料来源于公牛集团股份有限公司首次公开发行股票招股说明书。

与持股比例相同，是公牛集团的共同实际控制人。为了保证阮氏兄弟的控制权，公牛集团在顶层架构运用了金字塔架构、有限合伙架构和一致行动人3种架构工具。

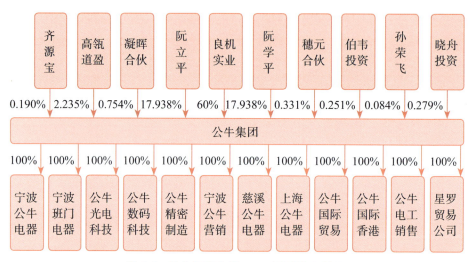

图 6-2 公牛集团申报 IPO 时的股权架构图

（1）金字塔架构

2014 年 10 月 11 日，阮立平、阮学平分别与"良机实业"⊖签署股权转让协议，各将其持有的公牛集团 2 450.1 万元出资额以每出资额约 9.09元的价格转让给良机实业，股权转让款均为 222 690 984.46 元。股权转让完成后，良机实业合计持有公牛集团 60% 的股权（见图 6-3）。因本次股权转让，阮氏兄弟合计缴纳个人所得税近 8 000 万元⊜。阮氏兄弟之所以愿意承担如此高昂的个税，就是因为设立良机实业控股平台后，可以为公牛集团未来资本运作增加很多腾转挪移空间（具体见本书第 4 章公司持股架构）。

⊖ 全称为"宁波公牛投资有限公司"，在 2015 年 5 月 8 日名称变更为"宁波良机实业有限公司"。

⊜ 个人所得税计算公式为（222 690 984.46−24 501 000）×2×20% = 79 275 993.78（元）。

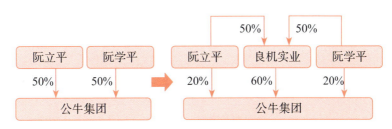

图 6-3 直接架构变间接架构

（2）有限合伙架构

2017 年，阮氏兄弟与 4 家投资基金[○]、一名财务投资人[○]签订股权转让协议，以每出资额 443.78 元的价格将持有的 3.039% 的股权进行了转让。同时阮氏兄弟与凝晖合伙[○]和穗元合伙[○]签订股权转让协议，以每出资额 221.89 元的价格将持有的 1.085% 的股权进行了转让（见图 6-4）。阮氏兄弟向凝晖合伙和穗元合伙转让股权的价格之所以低于向其他受让方的转让价格，主要原因是穗元合伙系员工持股平台，该部分股权用于股权激励，而凝晖合伙的 LP 为阮氏兄弟的姐妹阮亚平、阮小平、阮幼平。在设置有限合伙企业持股平台时，阮氏兄弟设置了铄今投资[○]作为 GP，高管员工及阮氏三姐妹均作为 LP。这种持股架构设置使得阮氏兄弟在股权分配后并未丧失该部分股权的话语权。具体原因可见第 5 章。

（3）一致行动人

为了使公牛集团顺利上市，防止出现"兄弟阋于墙"的局面而影响公司运营，阮立平和阮学平于 2017 年 12 月 27 日签订了《一致行动人协议》，协议约定如下（甲方为阮立平，乙方为阮学平）：

○ 4 家投资基金分别为高瓴道盈、伯韦投资、晓舟投资、齐源宝。其中齐源宝为一家合伙企业，有限合伙人和普通合伙人泓宁投资的股东均为阮舒泓、朱赴宁，两人是阮立平的女儿、女婿。

○ 该财务投资人为孙荣飞。

○ 全称为"宁波凝晖投资管理合伙企业（有限合伙）"。

○ 全称为"厦门穗元投资合伙企业（有限合伙）"。

○ 全称为"宁波梅山保税港区铄今投资管理有限公司"。

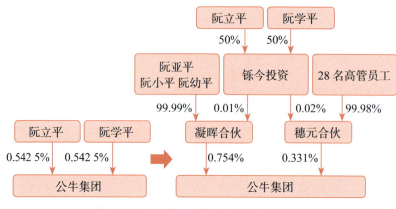

图 6-4　个人持股架构变成有限合伙架构

（1）双方在处理根据《公司法》等有关法律法规和公司章程需要由公司股东大会、董事会做出决议的事项时均应采取一致行动。

（2）双方就有关公司重大事项向股东大会、董事会行使提案权和在相关股东大会、董事会上行使表决权时保持一致。

（3）双方同意，在本协议有效期内，除关联交易需要回避的情形外，任何一方拟就有关公司的重大事项向股东大会、董事会提出议案之前，或在行使股东大会或董事会等事项的表决权之前，均事先与其他方对相关议案或表决事项进行沟通及协调，自行促成双方达成一致意见并保持投票一致。

（4）如果双方就上述一致行动事项存在分歧，则必须事前积极协商，达成一致，保证双方在投票表决、实际做出决定及对外公开时保持完全一致；如出现双方意见不一致的情形时，则以时任董事长的意见为准；如届时双方皆不担任公司董事长，则以阮立平的意见为准。

（5）甲、乙双方除应就直接持股部分在公牛集团上述事宜采取一致行动外，间接持股或控制的公司在对涉及公牛集团的重大事项表决或提案前进行决策时，双方在间接持股或控制的公司表决时，也应按以上（1）至（4）项条款采取一致行动。

（6）双方确认自 2008 年 1 月公司设立之日起，双方在公司历次股东大会上均保持了一致意见，担任公司董事的各方在公司历次董事会上均保持了一致意见。

（7）本协议自双方签署之日起生效，至公司股票上市之日起满 36 个月时终止。

值得注意的是，虽然阮立平和阮学平签订了《一致行动人协议》，但该协议将在公牛集团股票上市之日起满 36 个月时终止。由此可见，一致行动人仅是阮氏兄弟为了上市的权宜之计。在后一致行动时代，如果阮氏兄弟持股均衡状态不能被打破，仍有发生控股权争夺的风险。这种风险多发生在两种情形下：一种是公司战略转型；一种是二代接班（具体可参考本书第 15 章富贵鸟案例中的股权架构隐患）。

3. 主体股权架构详解

公牛集团上市前的主体股权架构如图 6-5 所示，是典型的混合股权架构。

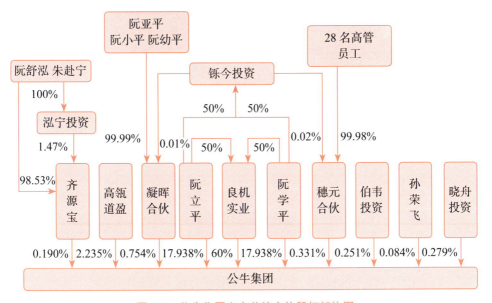

图 6-5　公牛集团上市前的主体股权架构图

（1）创始人阮氏兄弟

阮氏兄弟设立了控股公司良机实业间接持股公牛集团，不仅方便未来资本运作，也为未来搭建更多层级的金字塔架构预留了空间。另外，阮氏兄弟还每人设计了 17.938% 的股份直接持股，方便未来减持套现。

（2）家族持股平台

阮氏兄弟给阮氏家族其他成员阮氏三姐妹准备了股份，该股份通过有限合伙企业持有，实现了分股不分权的目的。

（3）股权激励平台

公牛集团的 28 名高管员工通过有限合伙企业持股，该部分股份的话语权由阮氏兄弟享有（通过铄今投资作为 GP），高管员工可以分享公牛集团分红的收益和未来转让公牛集团股票的收益。

6.2　混合股权架构点评

在混合股权架构中，根据股东不同的持股目的，组合不同的持股架构。

1.创始人大股东

如果创始人大股东在公司上市后计划长期持股上市公司，可选择设立控股公司作为持股平台，方便上市公司进行资本运作。当然，创始人大股东也可以直接持股一部分股权，以便未来减持套现。

2.创业伙伴

创业伙伴可以根据持股目的以及公司治理架构选择持股架构。

3.高管员工

拟上市公司可以设计有限合伙架构作为股权激励持股架构，高管员工为 LP，创始人作为 GP。如果创始人是风险厌恶型，可设立有限责任公司作为 GP。具体原因见第 5 章"5.1 案例 13　DeepSeek"。

混合股权架构的优点显而易见，可以根据股东持股目的，量体裁衣选择最合适的架构，更有针对性。但该架构的难度在于预判公司的资本战略。比如，某公司计划申报 IPO，所以创始人股东选择了公司持股架构，中途却决定把公司出售套现，导致了很高的税负（最高可达 40%）。

混合股权架构适用于有明确境内上市规划的公司。

第 7 章

境外股权架构

境外股权架构是指境内个人或法人实体在境外设立离岸[⊖]控股公司，通过该离岸控股公司控制境内运营实体，或境内企业直接在境外进行投资以开展境外业务的股权架构。

搭建境外股权架构一般有以下几种目的：为了境外上市；便于境外资本运作，比如融资、上市、并购等；为了享受中国某些地区对外资企业的招商引资政策；便利境外资产配置的财富管理；利用境外架构优化税负；为了开拓境外市场，拓展境外业务。

⊖ "离岸"是指投资人的公司注册在离岸管辖区，但投资人不用亲临当地，其业务可在世界上的任何地方直接开展。例如，在巴哈马群岛注册一家贸易公司，但其贸易业务可以是在欧洲与美洲之间进行的。

根据境外股权架构的控制目标，可以将其分为"返程投资架构"和"境外直接投资架构"。返程投资架构主要用于通过境外主体间接控制"境内运营实体"，而境外直接投资架构则主要用于直接控制"境外运营实体"。返程投资架构通常包括两种形式：一种是通过股权直接控制境内运营实体，我们简称为"股权控制模式"；另一种是通过协议安排控制境内运营实体，我们简称为"VIE⊖控制模式"。

以下我们就用三个案例来分别介绍境外股权架构。第一个案例是龙湖地产，该案例介绍返程投资架构中的"股权控制模式"；第二个案例是喜马拉雅，该案例介绍返程投资架构中的"VIE 控制模式"；第三个案例是巨轮智能，该案例介绍境外直接投资架构。

7.1 返程投资：股权控制架构

在开始介绍龙湖地产案例之前，给大家介绍一个概念——返程投资架构中的股权控制模式。

"股权控制型返程投资"是指境内居民直接通过特殊目的公司（special purpose vehicle，SPV）对境内开展的直接投资活动，即通过新设、并购等方式在境内设立外商投资企业或项目（以下简称外商投资企业），并取得所有权、控制权、经营管理权等权益的行为⊖。

为了方便理解，我们来看一个虚拟案例。

【例 7-1】

杨先生打算注册一家公司，他为人低调，不希望他是股东这件事人尽皆知，但通过国家企业信用信息公示系统，以及天眼查、企查查等 app，

⊖ VIE 为英文 variable interest entity 的缩写，直译为"可变利益实体"。

⊖ 见《国家外汇管理局关于境内居民通过特殊目的公司境外投融资及返程投资外汇管理有关问题的通知》（汇发〔2014〕37 号）第一条第二款。

都能得知企业股东的名字。经人介绍，杨先生开始关注境外的英属维尔京群岛（British Virgin Islands，BVI）。

经考察，在 BVI 注册公司至少有四大优点：注册便利（只需要一名股东和董事，两天即可注册完成）；信息保密（不要求境外离岸公司公开财务状况、注册公司的股东及董事的直接资料）；几乎无税（境外离岸公司被免除当地所有的税收）；外汇自由（没有任何外汇管制，对于任何货币的流通都没有限制）。

接下来，杨先生搭建如下股权架构。

第一步：杨先生在 BVI 注册一家壳公司，这家壳公司我们称之为离岸公司，汇发〔2014〕37 号文[⊖]称之为"特殊目的公司"（SPV）。

第二步：杨先生以 BVI 公司作为股东，回到中国投资设立一家外商独资企业（WOFE）[⊖]。

对于以上"杨先生→BVI 公司→中国实体公司"的股权架构，我们称之为返程投资架构中的股权控制模式，如图 7-1 所示。

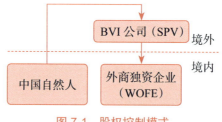

图 7-1　股权控制模式

实务中，SPV 一般选择注册在"避税天堂"。返程投资架构中的 SPV 通常不止一个，而是多层 SPV。返程投资的动机也不仅仅是隐匿信息，还

⊖ 该文件全称为《国家外汇管理局关于境内居民通过特殊目的公司境外投融资及返程投资外汇管理有关问题的通知》（汇发〔2014〕37 号）。

⊖ 外商独资企业（wholly owned foreign enterprise，WOFE）是外国投资者在中国全额出资设立的企业，依据《中华人民共和国外商投资法》（简称《外商投资法》）成立，具有独立法人资格，自负盈亏，常见于外资投资领域。

可能是其他原因，比如，在境外搭好架构后将境内资产装进去以实现在境外上市；又如，享受地方政府对外资企业的优惠政策等。我们把返程投资架构进行简单分类：①上市目的的；②非上市目的的；③搭建之初没有上市目的，但后来又谋求上市的。龙湖地产属于第一类，为境外上市而生的返程投资架构。

案例 15　龙湖地产

2009 年 11 月，龙湖地产（00960）在港交所主板上市。

开盘首日，股价大涨 13.3%，让龙湖地产的女掌门吴亚军一跃成为福布斯最新女首富。2012 年 11 月，吴亚军和前夫蔡奎劳燕分飞。但与众多上市公司实际控制人的悲剧离婚不同，吴亚军和蔡奎的分手并未给龙湖地产造成太多创伤，据媒体点评，这得益于龙湖地产"预离婚架构"。那么龙湖地产的架构到底是什么样的呢？

我们来看一下龙湖地产上市前的股权架构图[⊖]（见图 7-2）。

第一层：BVI 公司（Silver Sea 和 Silverland）

该层架构为信托而设。据龙湖地产招股说明书披露，Silver Sea 和 Silverland 两家公司由 HSBC International Trustee 全资拥有。HSBC International Trustee 是吴氏家族信托和蔡氏家族信托的受托人。吴氏家族信托是 2008 年 6 月 11 日由吴亚军作为设立人及监管人设立的全权信托，受益对象包括吴氏家族若干家族成员及 Fit All[⊜]。蔡氏家族信托是 2008 年 6 月 11 日由吴亚军前夫蔡奎作为设立人及监管人设立的全权信托，受益对象包括蔡氏家族若干家族成员及 Fit All。

⊖　来源于龙湖地产向港交所提交的招股说明书第 124 页。

⊜　"Fit All"未被公开披露，推测是家族信托下设定的利益载体，可能用于归集信托权益，实现家族成员外特定分配安排。

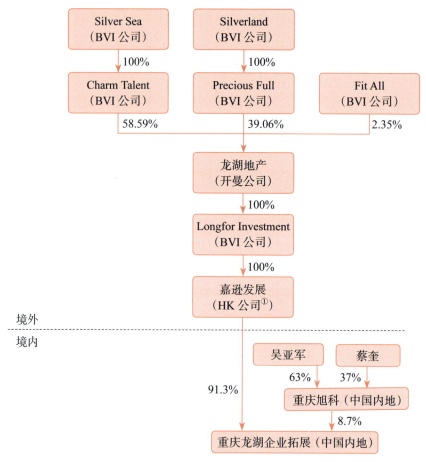

图 7-2   龙湖地产上市前股权架构图

① HK 公司是指注册地在中国香港地区的公司,本书余同。

近几年,中国富豪做家族信托蔚然成风,信托到底有什么魅力呢?龙湖地产案例为我们近距离了解这种工具提供了范例。从龙湖地产的权益被注入信托的当天起,吴亚军和蔡奎就已经泾渭分明,各自独立拥有龙湖地产的股权,如果未来分家析产,既避免了通常通过股权分割析产带来的税负成本及交易成本,也最大限度地降低了对上市公司的冲击。⊖

⊖ 关于家族信托,详见本书第 8 章家族信托架构讲解。

第二层：BVI 公司（Charm Talent、Precious Full 和 Fit All）

该层 BVI 公司是龙湖地产在境外设立的第一轮公司。前述的第一层 BVI 公司是在所有的架构搭建完毕之后注入该层主体的。

在 BVI 注册成立第一轮权益主体的原因有：BVI 对公司注册的要求简单、成立程序快捷、维护成本低、保密性高；BVI 有宽松的外汇管制且无须缴付任何所得税、预提税、资本利得税、资本转移税、继承税、遗产税或财产税；股东的进入和退出方便，转让时可以直接处理 BVI 公司股权，无须交易上市公司股票。

笔者提示，当公司存在多个创始人（境内居民）时，通常建议每个创始人都单独设立一个 BVI 公司。这是因为如果全部创始人在同一个 BVI 公司持股，根据我国的外汇登记法规[⊖]，当任何一个创始人的持股发生变化时，所有创始人都需要办理变更登记，比较烦琐。

第三层：开曼公司（龙湖地产）

"龙湖地产"作为本次港股上市主体，系依据开曼群岛法律设立的境外控股平台。

为何龙湖地产选择开曼群岛而非 BVI 作为上市主体注册地呢？核心在于对法律适配性、监管兼容性与资本市场信任度的综合考量。开曼群岛以英国普通法为基石，其公司法专为上市公司设计，治理框架（如股东权利、信息披露）高度契合港交所等国际资本市场的合规要求，且被香港证监会列为"可接受司法管辖区"，降低了上市审核风险。相比之下，BVI 的法律体系更简化，侧重中小型非上市公司的隐私保护，在股东权益透明度、财务披露标准等方面难以达到公开募股的严格监管要求。税务层面，开曼群岛凭借广泛的避免双重征税协定网络及灵活的资本运作机制（如股息分配、

　⊖　见 "7.4.2 外汇登记"。

股权激励），更适配上市后复杂的跨境税务规划，而 BVI 的协定覆盖与税务透明度相对有限。此外，开曼群岛作为中概股与红筹股的长期注册地，已形成市场惯例与投资者信任，其国际声誉削弱了"避税天堂"标签的负面影响，而 BVI 则可能引发对合规风险的担忧。实践中，企业常采用"BVI-开曼"双层架构：BVI 公司作为中间控股公司保护隐私与提供重组便利，开曼公司作为上市主体平衡合规成本与资本认可，二者协同实现红筹架构的效率与稳健。

第四层：BVI 公司（Longfor Investment）

该层架构设计的目的在于：

第一，如果未来上市公司有新的业务，可在开曼公司下另设 BVI 公司，使从事不同业务的公司间彼此独立，不受彼此牵累。

第二，如果想出售 HK 公司，可以用开曼公司出售 BVI 公司的形式间接转让香港地区公司股权。根据香港地区税法，境外公司转让香港地区公司股票需要缴纳印花税，税率为代价或证券价值的 1‰，购买人和售卖人均需缴纳，通过间接转股模式则可以规避这部分印花税。

第五层：HK 公司（嘉逊发展）

该架构安排的目的在于，根据内地与香港签订的税收协定，对于香港居民企业取得的来源于内地的股息所得，可以申请享受预提所得税税率为 5% 的协定优惠待遇。[一]如果没有该层 HK 公司，向 BVI 公司分配股息红利，则预提所得税税率为 10%。近年来，我国税务局对 HK 公司申请享受协定优惠待遇的审批趋于严格，不仅要求申请人注册地在香港，而且申请人须为对所得或所得据以产生的权利或财产具有所有权和支配权

㊀　见《内地和香港特别行政区关于对所得避免双重征税和防止偷漏税的安排》第十条股息第二款。

的"受益所有人"。因此,即使境外架构中加设 HK 公司,如该 HK 公司仅为导管,也并不代表必然享受到协定优惠税率,但搭建香港夹层公司毕竟为股息红利享受协定优惠税率创造了可能性。另外,从具体注册操作层面,用 HK 公司作为股东在境内设立外商独资企业(WOFE),需要对股东进行公证,HK 公司的公证费用和时间成本均比 BVI 公司或开曼公司节省很多。

7.2　返程投资:VIE 架构

返程投资架构中的 VIE 架构,又称"协议控制模式",是指境外投资者通过一系列协议安排控制境内运营实体,无须收购境内运营实体股权而取得境内运营实体经济利益的一种投资架构。

VIE 架构也是境内运营实体实现境外上市经常采用的一种投资架构。例如,一家境内公司希望在境外上市,可以先搭建境外架构,然后让境外架构中的 WOFE 与境内公司签订一系列协议,以此实现境外股东对境内公司的控制,并将境内运营实体的财务数据并入境外上市公司的财务报表,从而满足上市要求。

VIE 架构通常分为"三步走":

第一步,创始团队在境内设立全资运营实体,持有业务牌照与资产。

第二步,在境外(如开曼群岛)设立上市主体。

第三步,通过一系列协议(如股权质押、独家服务协议等)控制境内实体,而非直接持股,境外主体由此合并境内公司报表,满足上市要求。

典型的 VIE 架构如图 7-3 所示。

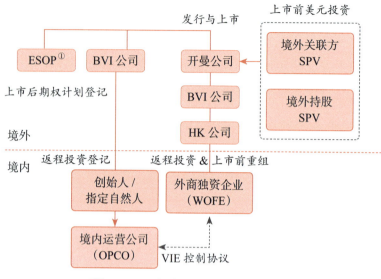

图 7-3　返程投资架构之 VIE 控制模式

① ESOP 即员工持股计划（employee stock ownership plan），是指通过让员工持有本公司股票或期权，使员工成为公司股东，从而将员工利益与公司利益紧密结合，以激励员工、提升企业绩效的一种长期激励机制。

以下以喜马拉雅为例，讲解 VIE 架构。

7.2.1　案例 16　喜马拉雅⊖

喜马拉雅成立于 2012 年，是中国主要的在线音频平台之一，创始人是余建军和陈宇昕夫妻二人。2024 年 4 月，喜马拉雅第四次向港交所提交了招股说明书。

在上市筹备中，喜马拉雅将其全部业务拆分成两个板块：音频生态业务和心理健康业务。音频生态业务以 Ximalaya（BVI）Limited 为主导，包括喜马拉雅的主要收入来源，如付费订阅、广告、直播、教育服务以及其他创新产品和服务。另一个板块则是以 Wonder Tech Limited 为主导的心理健康解

⊖ 全称为喜马拉雅控股（注册于开曼群岛的有限公司，英文名称为 Ximalaya Inc.）。以下内容主要根据《喜马拉雅控股的申请版本》第 236 ~ 257 页 "合约安排" 相关内容整理。2025年 6 月 10 日，港股上市公司腾讯音乐发布公告，拟议收购喜马拉雅控股。

决方案提供商，专注于通过声音情感识别技术，为用户提供人工智能服务。

喜马拉雅搭建了境外架构，然后让境外架构中的 WOFE 与境内公司签订一系列协议，以此实现境外股东对境内公司的控制。喜马拉雅 VIE 架构[⊖]如图 7-4 所示。

喜马拉雅 VIE 架构主要分为三个部分：境外体系、境内体系以及链接境内外体系的 VIE 协议。

1. 境外体系

第一层：家族信托

该层有两个家族信托，分别是喜马拉雅创始人余建军和陈宇昕夫妻各自设立的以本人及其家族成员为受益人的信托。兴旺和" Trustbridge "则是以美元计值的开曼群岛投资机构。

第二层：BVI 公司[⊖]

该层为注册在 BVI 的持股平台，其中 Xima Holdings Limited 的股东为余建军成立的信托；Touch Sound Limited 的股东为陈宇昕成立的信托。

第三层：上市主体

该层为注册在开曼群岛的喜马拉雅控股，是申报上市的主体公司。

第四层：BVI 公司

该层包括持股音频生态业务板块的 Ximalaya（BVI）Limited 和持股心理健康业务板块的 Wonder Tech Limited。

第五层：香港公司

该层包括隶属于音频生态业务板块的喜马拉雅（香港）有限公司和隶属于心理健康业务板块的奇妙思维（香港）控股有限公司。

⊖ 见《喜马拉雅控股的申请版本》第 166 页。
⊖ 见《喜马拉雅控股的申请版本》第 166 页附注（1）和附注（2），该层未体现在喜马拉雅股权架构图中。

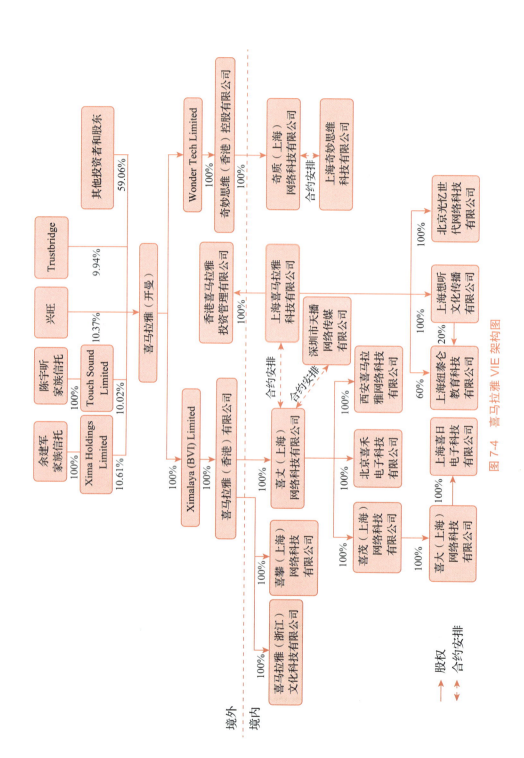

图 7-4　喜马拉雅 VIE 架构图

第六层：境内 WOFE

该层核心主要是两家公司，分别是运营音频生态业务板块的喜丈公司[一]和运营心理健康业务板块的奇质公司[二]。

2. 境内体系

喜马拉雅在境内搭建了三家核心公司，分别是深圳天播[三]、上海喜马拉雅[四]、奇妙思维[五]，以这三家公司及其附属公司经营境内业务。

深圳天播股权架构如图 7-5 所示。

上海喜马拉雅股权架构如图 7-6 所示。

奇妙思维股权架构如图 7-7 所示。

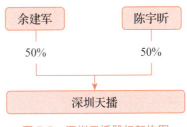

图 7-5　深圳天播股权架构图

3. VIE 协议

境外体系和境内体系全部搭建完毕后，境内体系的"上海喜马拉雅"和"深圳天播"及其各自登记股东，与境外体系的"喜丈公司"签订了系列协议；境内体系的"奇妙思维"及其登记股东与境外体系的"奇质公司"签订了系列协议。境外体系通过这些协议，控制境内体系的业务经营并享有其所有经济利益。上海喜马拉雅、深圳天播和奇妙思维（以下简称境内运营实体）这三家公司股东也成为有名无实的"登记股东"，见图 7-8[六]。

[一]　全称为"喜丈（上海）网络科技有限公司"。

[二]　全称为"奇质（上海）网络科技有限公司"。

[三]　全称为"深圳市天播网络传媒有限公司"。

[四]　全称为"上海喜马拉雅科技有限公司"。

[五]　全称为"上海奇妙思维科技有限公司"。

[六]　见《喜马拉雅控股的申请版本》第 241 页。

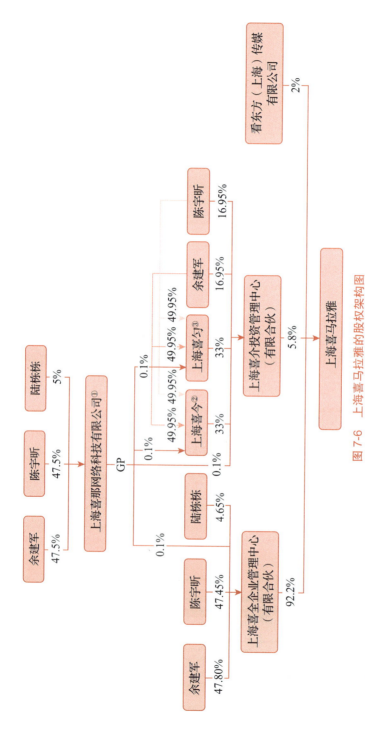

图 7-6 上海喜马拉雅的股权架构图

①上海喜那为上海喜全、上海喜介、上海喜今、上海喜匀的普通合伙人，持股比例均为 0.1%。

②③上海喜今及上海喜匀的有限合伙人均为余建军及陈宇昕，持股比例均为 49.95%。

图 7-7 奇妙思维股权架构图

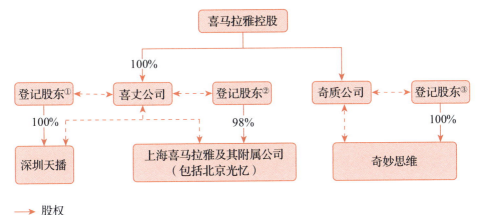

➤ 股权
◄·► 合约安排

图 7-8 合约安排简图

①登记股东见图 7-5。
②登记股东见图 7-6。
③登记股东见图 7-7。

VIE 系列协议包括：

（1）独家业务合作协议

境内运营实体（包括深圳天播、上海喜马拉雅、奇妙思维，下同）与境外 WOFE（包括喜丈公司和奇质公司，下同）签署《独家业务合作协议》，通过该协议，形成双重绑定关系。

经济收益权绑定：约定境内体系向境外体系支付服务费，金额等同于境内合并收益总额，实现经营收益的完全跨境转移及财务报表合并。

核心资产权属绑定：协议明确约定，境内运营实体开发或产生的知识产权全部归属于境外主体，通过法定合同将资产所有权与运营权分离，确保境外投资者对核心资产的终极控制权。

此架构通过合同创设双重控制链（收益权＋资产权），使境外投资者获得对境内业务的经济支配与资产控制双重保障。

（2）独家购买权协议

境内运营实体及股东与境外 WOFE 签署《独家购买权协议》。通过该协议，境外 WOFE 有权随时要求以中国法律允许的最低对价，受让境内运营实体全部或部分股权至其指定方。

控制权锁定：通过预设股权收购权，确保境外 WOFE 在不直接持股的情况下，仍可穿透获取境内运营实体的终极控制权。

架构弹性预留：为应对政策变动或资本运作需求（如架构重组、私有化退市），保留低成本股权转移通道，强化 VIE 架构的动态适应性。

这种设计借助"法定低价期权"，在协议里精心规划企业的境内资产控制权与境外资本退出事宜。一方面，合法合规的协议设计优化了跨境投资操作，提升了资本运作效率。企业的境内运营实体及股东与境外 WOFE 签署《独家购买权协议》，赋予境外 WOFE 以中国法律允许的最低对价受让境内运营实体股权的权利，为境外资本退出境内投资提供低成本、便捷渠道。企业的境外资本决定退出时，行使购买权将股权转移至指定方，实现资金回笼，简化了常规退出流程。另一方面，保障企业的资本控制权稳定，使境外资本在复杂跨境投资环境中，既能遵循监管要求，又能维护自身权益，实现跨境投资运作与资本控制权稳定的双重平衡。

（3）股权质押协议

境内运营实体及其股东与境外 WOFE 签署《股权质押协议》，该协议约定：

境内运营实体股东将其全部股权及派生权益（股息、利息等）质押予境外 WOFE，作为履行《独家业务合作协议》的担保。

该协议与《独家业务合作协议》《独家购买权协议》形成三重控制闭环，实现境外资本对境内运营实体的"准股权"支配。

（4）授权委托书

各境内运营实体的股东通过不可撤销授权，委任境外 WOFE 及其指定人员为其代理人，代为行使股东权利，包括但不限于：①出席境内运营实体的股东大会，并以股东名义签署任何书面决议或会议记录；②向相关公司注册机关递交文件；③依据法律及境内运营实体公司章程行使全部股东权利和表决权，包括但不限于出售、转让、质押或处置其持有的全部或部分股权；④提名或任命境内运营实体的法人代表、董事、监事、总经理及其他高级管理人员。

该委托书将境内运营实体股东的表决权、处置权、管理权转移至 WOFE，通过法律授权形式将"协议控制"升级为"直接决策干预"，与股权质押、独家购买权等协议形成控制权强化矩阵，确保境外主体获得境内运营实体的实际控制权。

（5）其他协议

为进一步支持相关合约安排的运作，各境内运营实体的股东签立了确认函；各境内运营实体个人股东的配偶签署了配偶承诺。这些文件进一步支持了相关合约安排的稳定性、持续有效性及可执行性。

这些协议的实施，使喜马拉雅在遵守中国法律法规的前提下，能够顺利进入全球资本市场进行融资和上市。它们共同构成了喜马拉雅 VIE 架构的核心基础，确保控制权与经济利益的统一。然而，这一架构也为双方带来了相应的限制与责任：境内运营实体在一定程度上让渡了经营自主权和部分经济利益，而 WOFE 则通过协议获得了境内运营实体的控制权和经济利益，同时需承担管理、技术支持及法律合规等方面的责任。

7.2.2 VIE 架构点评

1. VIE 架构的优点

VIE 架构为企业提供了一系列的优势，使其能够在复杂的全球资本市场中更加灵活地运作。

（1）便捷的融资渠道

VIE 架构通过在境外设立控股公司，使企业能够更高效地接触国际资本市场，吸引境外投资者的资金支持。这种架构为企业提供了参与全球资本市场的通道，尤其是在境内受到外资准入限制的行业中，企业可以借助 VIE 架构实现间接融资。通过利用全球资本，企业能够加速扩张与发展，增强其国际竞争力。

（2）资产配置空间更大

在 VIE 架构下，境外控股公司上市后，股东通过减持股票实现套现时，所获得的资金通常以美元或港元等货币计价。这种资金形式为投资者提供了更大的灵活性，使其能够更便捷地参与全球资产配置。通过利用国际化的货币优势，投资者可以在全球范围内寻找多元化投资机会，优化资产结构，进一步提升投资收益的潜力。

2. VIE 架构的缺点

（1）合规变动风险

VIE 架构具有较强灵活性，为资本跨境运作创造了一定条件。然而，这种灵活性在某些情况下可能引发资本跨境流动规模与方向的改变，进而给宏观经济的稳定运行和金融体系的平稳发展带来潜在挑战。鉴于此，国家对于 VIE 架构，既没有明确禁止搭建，也未给予积极鼓励的态度，而是会依据国际经济环境的演变以及国内经济形势的发展，动态调整针对 VIE 架构的合规管理举措。喜马拉雅的上市过程就较为典型地反映出了这种合规管理动态变化所带来的风险。

2014 年，喜马拉雅完成 A 轮和 B 轮融资，开始逐步搭建 VIE 架构，计划通过 VIE 架构登陆美国资本市场。喜马拉雅把 VIE 架构搭建完毕后，我国对互联网和文化行业的监管逐渐加强，VIE 架构的合规性面临挑战。

随后，喜马拉雅将目光转向国内的战略新兴产业板，希望在这里找到上市的契机。为了能够在境内顺利上市，喜马拉雅于 2015 年 8 月开始拆除 VIE 架构，并历时 3 个月拆除完毕。2016 年后受宏观政策等多种因素影响，喜马拉雅的上市计划再次搁浅。

因为面临投资人上市退出的压力，喜马拉雅在 2017 年不得不重新搭建 VIE 架构，以谋求境外上市。但《外商投资产业指导目录（2017 年修订）》对外商投资设定了严格的准入条件，尤其是对涉及国家安全、数据安全和文化传播的行业。作为一家以音频内容为核心的互联网平台，喜马拉雅的业务与文化传播监管内容密切相关，喜马拉雅于是最终放弃了当年的美股上市计划。

2021 年，喜马拉雅再次尝试冲击美股市场。然而，由于资本市场环境的变化，喜马拉雅不得不撤回上市申请。

2021 年 9 月，喜马拉雅转战港股市场，并在 2022 年 3 月更新了招股说明书，但由于错过了互联网平台上市的最佳时机，未能成功上市。

2023 年，中国证监会出台了《境内企业境外发行证券和上市管理试行办法》。该文件对境内企业境外上市的监管要求、备案程序和信息披露义务进行了规定，明确了境内企业在境外发行证券和上市的合规路径，同时加强了对涉及国家安全、数据安全和外资控制等敏感领域企业境外上市的监管。喜马拉雅按照该规定，又重新调整其 VIE 架构和数据合规管理机制，确保符合备案要求和数据安全审查标准，于 2024 年再次向港交所申报上市。

喜马拉雅的实践历程为采用 VIE 架构的企业呈上了极具价值的经验借鉴。在监管日益严格的背景下，企业需要未雨绸缪，提前布局，提升自身的合规能力和商业韧性，以应对政策变化带来的不确定性。同时，企业还需在资本运作中保持灵活性，以确保在复杂的政策环境中稳步推进发展目标的达成。

（2）回流成本

VIE 架构为境内企业进入国际资本市场提供了便利，但如果企业想回归境内市场，拆除 VIE 架构却代价高昂且复杂。整个过程通常包括终止 VIE 协议、境内业务重组、外资转内资、资产重组与上市主体选择、处理股权激励与外汇注销等步骤，耗时长，任何环节失误都可能导致数月甚至数年的拖延，带来巨大的时间和经济成本。

（3）税务风险

VIE 架构在全球税收透明化和监管趋严的背景下，正面临越来越大的税务合规压力。其核心风险主要体现在以下几个方面：

跨境交易的税务合规性

VIE 架构下，一些境内公司以往曾通过支付服务费、咨询费等方式，将利润转移至境外实体。然而，这类费用的合理性和合规性容易受到税务机关的重点审查。一旦被认定为不合理避税，可能面临补税、罚款。笔者提示，对于搭建 VIE 架构的企业，需要兼顾税务合规性安排 VIE 协议，确保 VIE 架构下的交易，均合法且合规。

利润转移的税收负担

境内企业通过 WOFE 向境外控股公司分配利润时，WOFE 需为境外控股公司代扣代缴 10% 的预提所得税⊖。尽管部分地区（如香港）可申请优惠税率⊜，

⊖ 见《企业所得税法》第三条第三款、第二十七条第（五）项和《企业所得税法实施条例》第九十一条。

⊜ 见《内地和香港特别行政区关于对所得避免双重征税和防止偷漏税的安排》第十条股息："一、一方居民公司支付给另一方居民的股息，可以在该另一方征税。二、然而，这些股息也可以在支付股息的公司是其居民的一方，按照该一方法律征税。但是，如果股息受益所有人是另一方的居民，则所征税款不应超过：（一）如果受益所有人是直接拥有支付股息公司至少 25% 资本的公司，为股息总额的 5%；（二）在其它情况下，为股息总额的 10%。"

但需满足严格的实质性经营要求，否则可能被认定为滥用税收协定。

税务稽查风险

随着税制改革和国际税收合作的深化（如 CRS 信息共享机制），税务机关对跨境交易的监控能力显著提升，VIE 架构中隐藏的税务问题更容易被发现，企业面临的税务稽查风险显著增加。

拆除 VIE 架构的税务成本

在回归境内市场的过程中，VIE 架构的拆除可能涉及股权转让、资产重组等复杂操作，会触发企业所得税、增值税或其他税种的缴纳义务，增加税务成本。

企业应提前识别税务风险，优化跨境交易结构，确保转移定价合理性，并根据最新税收政策调整架构设计，避免因合规问题导致的税务负担和声誉损害。

7.3　对外投资："走出去"架构

"走出去"又称为"对外直接投资"（outbound direct investment，ODI），是指我国境内企业在境外以现金、实物、无形资产等方式投资，并以控制境外企业的经营管理权为核心的经济活动。"走出去"架构是为了对外直接投资而搭建的架构。

7.3.1　案例 17　巨轮智能

巨轮智能（002031）于 2004 年在深交所上市，是中国轮胎模具第一股，也是轮胎模具领域的龙头企业。2011 年，为了延伸产业链，巨轮智能收购了德国欧吉索机床有限公司（OPS-Ingersoll Funkenerosion GmbH，以下简称"OPS 公司"）。巨轮智能此次境外投资是如何实现的呢？

图 7-9 为上市公司巨轮智能投资德国 "OPS 公司" 的股权架构图[⊖]。

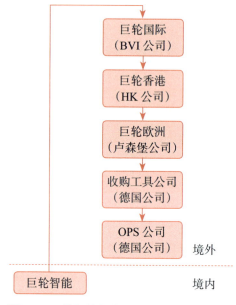

图 7-9　巨轮智能投资 OPS 公司股权架构图

7.3.2 "走出去"架构点评

在这次投资中，巨轮智能没有直接持股德国 "OPS 公司"，而是根据国际投资项目的通行做法，采用了多层股权架构，主要有以下几点原因。

1. 便于境外融资和资本运作

企业搭建境外多层股权架构后，方便利用 HK 公司和 BVI 公司等持股平台引入外币基金，由于 BVI、中国香港等地法律制度更灵活，也方便使用优先股、认购权等金融工具。

2. 方便未来的投资退出

当巨轮智能欲退出其在德国的投资时，不必直接转让德国公司的股权，

⊖　根据巨轮智能 2011-47 号公告整理。

可以采用由 BVI 公司转让香港公司的间接转股方式。由于 BVI 和中国香港地区没有外汇管制，实行自由贸易政策，无须政府审批，退出效率高。

3. 基于税务的考量

巨轮智能对德国 OPS 公司的投资，境外共有 5 家公司（巨轮国际—巨轮香港—巨轮欧洲—收购工具公司—OPS 公司），这 5 家公司可以分为 3 层：顶层架构（巨轮国际和巨轮香港）、中间架构（巨轮欧洲）和底层架构（收购工具公司和 OPS 公司）。

（1）顶层架构

在"走出去"架构中，顶层架构一般注册在"避税天堂"。"避税天堂"一词源于英文 tax haven，haven 意为港口、避难所，部分传媒将 haven 误认作 heaven，因而误译为"避税天堂"。"避税天堂"是指那些为吸引境外资本流入、繁荣本国或本地区经济，在本国或本地区确定一定范围，允许境外人士在此投资和从事各种经济、贸易和服务活动，获取收入或拥有财产而又不对其征直接税，或者实行低直接税税率，或者实行特别税收优惠的国家和地区。世界著名的"避税天堂"包括开曼群岛、百慕大群岛、巴哈马、荷属安的列斯群岛、英属维尔京群岛等。"避税天堂"具有一些共同特点：社会稳定，没有税或税负很低，注册公司非常方便，维护成本很低，有较健全的法律体系，没有外汇管制，有严格的商业及银行保密制度，有方便的中介服务等。实务操作中，中国境内"走出去"的民营企业，以及在美国上市的"中概股"，多选择在开曼群岛或 BVI 注册，将其作为全球投资架构的最顶层；绝大多数"走出去"的央企、国企，会选择在香港地区注册，将其作为全球投资架构的最顶层。

巨轮智能顶层架构中的第一层选择在了 BVI[⊖]，同时又在 BVI 下面设立

⊖　BVI 的税制见龙湖地产案例里 5 层架构中第二层的介绍。

了巨轮香港公司。中国香港地区实行属地征税，只有在中国香港地区产生或来自中国香港地区的利润才征税；不对股息和利息征收预提所得税，只对支付给非居民企业的特许权使用费征收预提所得税；不征收资本利得税；没有受控外国公司规则和资本弱化规则；税收损失可以无限期结转。巨轮智能选择顶层架构为"BVI+香港"，主要是考虑到中国香港地区不仅与内地签有避免双重征税安排[⊖]，还与中间架构注册地卢森堡签有《中华人民共和国香港特别行政区与卢森堡大公国就收入及资本税项避免双重课税和防止逃税协定》。

（2）中间架构

为了打击全球避税，欧盟国家、美国和OECD成员国会将一些低税收管辖区（或者没有企业所得税，或者企业所得税税率低于9%）列入"税收黑名单"。凡是在被列入黑名单的离岸地注册的公司，会面临更严格的反避税监管和限制措施。开曼群岛、BVI等纯避税地都"榜上有名"。因此，"走出去"企业会考虑在顶层架构下（即在第二层至第三层），再加上中间架构，这些中间层公司一般会注册在"税制比较规范透明、不是明显低税、税收协定较多、协定优惠税率较低且对受益人限制较少、法制宽松但规范"的国家或地区。在实务中，荷兰、卢森堡、比利时、爱尔兰和瑞士常被选定为中间层的投资国。

以巨轮智能选择的中间架构注册地卢森堡为例，卢森堡是海外投资者进入欧洲的重要门户。卢森堡有相对安全和稳定的政治环境、完善的金融

⊖ 截至2025年3月底，内地与香港签订的避免双重征税安排包括《内地和香港特别行政区关于对所得避免双重征税和防止偷漏税的安排》《内地和香港特别行政区关于对所得避免双重征税和防止偷漏税的安排》第二议定书、《内地和香港特别行政区关于对所得避免双重征税和防止偷漏税的安排》第三议定书、《内地和香港特别行政区关于对所得避免双重征税和防止偷漏税的安排》第四议定书、《内地和香港特别行政区关于对所得避免双重征税和防止偷漏税的安排》第五议定书。

体系、优惠的税收制度[⊖]，以及丰富而有弹性的双边税收协定[⊜]，而且还具有欧洲陆运和空运的比较优势，容易满足企业运营上的实体化要求。

（3）底层架构

"走出去"企业搭建底层架构时（第四层至第五层），会选择有实质业务运作的国家或地区，如项目所在国。例如，巨轮智能选择在标的公司所在地德国设立底层架构。

根据我国税制[⊜]，企业已在境外缴纳的所得税税额可以进行抵免。如今企业境外所得税收的抵免层级为 5 层，并且有分国抵免法（企业以一个国家为维度计算可抵免境外所得税税额和抵免限额，同一投资架构层级的位于不同国家的企业盈亏不得相互弥补）和综合抵免法（企业以同一投资架构层级为维度，计算可抵免境外所得税税额和抵免限额，同一投资架构层级的位于不同国家的企业盈亏可以相互弥补）可以选择。如果"走出去"企业在境外业务的拓展逐步多元化，可以考虑增加多个并行的多层投资架构，特别是将性质不同的行业、业务，分别以不同的层级进行分割，并行开展，这样既可以享受上述多层投资架构的税收优惠，又可以最大限度地分散税务风险。

除了上述多层架构外，有的企业还会在境外多层架构间嵌套信托计划，这不仅可以有效地隐藏境内企业与投资目标公司之间的投资关系，使得它们之间的交易和安排更为自由和灵活，而且可以在境外企业退出投资时更为便利。

⊖　"参与免税"是卢森堡的公司税体系的关键要素，其目的是避免利润的双重征税。在满足一定条件的情况下，参与免税允许对开展经营活动的子公司收取的股息和资本利得豁免卢森堡（附加）税。所以，与对收购目标直接投资相比，在（中国）收购方和欧洲被收购目标之间介入卢森堡收购架构可以节税或延税。

⊜　截至 2025 年 1 月，卢森堡共和 85 个国家或地区（包含中国香港和澳门）签订双边税收协定。很多双重税收协议会减少股息、利息支出及降低特许权使用费的预提税率。

⊜　见《企业所得税法》及其实施条例、《财政部 国家税务总局关于企业境外所得税收抵免有关问题的通知》(财税〔2009〕125 号)、《财政部 国家税务总局关于完善企业境外所得税收抵免政策问题的通知》(财税〔2017〕84 号)规定。

7.4　境外股权架构实操要点

境外股权架构由于设立目的比较庞杂，而且涉及不同国家的税收体制，与境内股权架构相比，更为复杂。以下为搭建境外股权架构时需注意的要点。

7.4.1　并购审批

2006 年，我国六部委联合出台《关于外国投资者并购境内企业的规定》[⊖]（以下简称"10 号文"），该文件对境外返程投资架构有重要影响的条款如下：

第二条　本规定所称外国投资者并购境内企业，系指外国投资者购买境内非外商投资企业（以下称"境内公司"）股东的股权或认购境内公司增资，使该境内公司变更设立为外商投资企业（以下称"股权并购"）；或者，外国投资者设立外商投资企业，并通过该企业协议购买境内企业资产且运营该资产，或，外国投资者协议购买境内企业资产，并以该资产投资设立外商投资企业运营该资产（以下称"资产并购"）。

第十一条　境内公司、企业或自然人以其在境外合法设立或控制的公司名义并购与其有关联关系的境内的公司，应报商务部审批。

第四十条　特殊目的公司境外上市交易，应经国务院证券监督管理机构批准。

我们举个例子对上述规定进行解读。

⊖ 《关于外国投资者并购境内企业的规定》（商务部、国务院国有资产监督管理委员会、国家税务总局、国家工商行政管理总局、中国证券监督管理委员会、国家外汇管理局令 2006 年第 10 号），该文件从 2006 年 9 月 8 日起开始实施，2009 年 6 月 22 日修订（商务部令 2009 年第 6 号）。

【例 7-2】[⊖]

王麦香先生是麦子公司的创始
人股东，他想让麦子公司在香港上
市，于是他拟搭建如图 7-10 所示境
外架构。

根据 10 号文的规定，HK 公司
收购麦子公司的股权属于"关联并

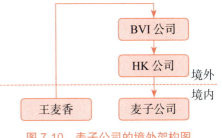

图 7-10　麦子公司的境外架构图

购"，应报中国商务部审批，并且麦子公司的境外上市应报中国证监会审
批。从该文件实施至今，商务部尚未审批过一例境外关联并购。

因此，在民营企业境外上市进程里，为提升审批效率、促使流程更顺
畅，出现诸多创新性资本运作实例。例如以下 2 种方式：

1. 运用既有架构资源

此方法着重在时间节点上对相关法规要求进行合理应对。所谓"既有
架构资源"，指的是在 2006 年 9 月 8 日之前已完成设立的外商投资企业，
涵盖外商独资企业以及中外合资企业。鉴于相关法规于 2006 年 9 月 8 日起
正式生效，按照"法不溯及既往"的一般性法律原则，业内普遍认为在此
日期前设立的外商投资企业在适用法规范围上存在一定特殊性。尽管从法
理深入探究，该问题仍存在讨论空间，但参考过往实际案例，例如中国忠
旺（01333.HK）等企业的操作经验，在商务部审批流程中，曾对这一理解
予以认可。

2. 分阶段实施策略

该策略旨在通过巧妙规划交易步骤，避免被认定为对"境内公司"的
直接并购，从而合理调整审批流程。具体操作步骤如下：第一阶段，将境

⊖　本案例为虚拟案例，文中公司名、人名及事件，均为虚拟。

内公司的部分股权有序转让给外国投资者，以此促使境内公司完成向外商
投资企业的性质转变；第二阶段，由境外离岸公司收购已完成变更的外商
投资企业的境内股东所持有的股权。关于此策略的实际应用细节，可详细
参考第 14 章中正荣地产的案例解析。

7.4.2 外汇登记

根据我国外汇管理规定，境内居民以境内外合法资产或权益向特殊目
的公司出资前，应向国家外汇管理局及其分支机构（以下简称"外汇局"）
申请办理境外投资外汇登记手续。该外汇登记主要经历了以下几个阶段。

第一阶段：75 号文时代（2005 ～ 2014 年）

在该阶段，外汇登记依据的文件主要为汇发〔2005〕75 号（以下简称
"75 号文"）[⊖]。

根据 75 号文的规定，境内居民设立或控制境外特殊目的公司（SPV）
之前，应申请办理境外投资外汇登记手续。境内居民将其拥有的境内企业
的资产或股权注入特殊目的公司，或在向特殊目的公司注入资产或股权后
进行境外股权融资，应就其持有特殊目的公司的净资产权益及其变动状况
办理境外投资外汇登记变更手续。

在该文中，"特殊目的公司"是指境内居民法人或境内居民自然人以其
持有的境内企业资产或权益在境外进行股权融资（包括可转换债融资）为
目的而直接设立或间接控制的境外企业。"返程投资"是指境内居民通过特
殊目的公司对境内开展的直接投资活动，包括但不限于以下方式：购买或
置换境内企业中方股权、在境内设立外商投资企业及通过该企业购买或协

[⊖] 《国家外汇管理局关于境内居民通过境外特殊目的公司融资及返程投资外汇管理有关问题
的通知》（汇发〔2005〕75 号）。

议控制境内资产、协议购买境内资产及以该项资产投资设立外商投资企业、向境内企业增资。

第二阶段：37 号文时代（2014 ～ 2020 年）

在该阶段，外汇登记依据的文件主要为汇发〔2014〕37 号（以下简称"37 号文"）[⊖]。37 号文与 75 号文相比，变化主要为：

（a）37 号文扩大了"特殊目的公司"的界定范围。

75 号文只包括"股权融资（包括可转换债融资）"目的设立的特殊目的公司，37 号文[⊖]除了"融资目的"，将"投资目的"和以"境外资产或者权益"设立的特殊目的公司也纳入了登记范围。这意味着除了以上市为目的返程投资设立的公司之外，其他目的进行返程投资设立的公司，包括纯粹债权融资模式、境外控股平台模式、返程投资资产的公司等均需进行外汇登记。

（b）37 号文扩大了"返程投资方式"的界定范围。

75 号文对于返程投资限定在"并购"，如购买境内企业股权、新设外商投资企业并购境内企业资产以及通过购买的资产新设外商投资企业等。37 号文除了并购，还包括"新设外商投资企业或项目"，即在境内没有商业存在的项目，也被纳入登记范围，而且新设外商投资企业不进行并购也被纳入登记范围[⊜]。

⊖　《国家外汇管理局关于境内居民通过特殊目的公司境外投融资及返程投资外汇管理有关问题的通知》（汇发〔2014〕37 号）。

⊖　《国家外汇管理局关于境内居民通过特殊目的公司境外投融资及返程投资外汇管理有关问题的通知》（汇发〔2014〕37 号）第一条：本通知所称"特殊目的公司"，是指境内居民（含境内机构和境内居民个人）以投融资为目的，以其合法持有的境内企业资产或权益，或者以其合法持有的境外资产或权益，在境外直接设立或间接控制的境外企业。

⊜　《国家外汇管理局关于境内居民通过特殊目的公司境外投融资及返程投资外汇管理有关问题的通知》（汇发〔2014〕37 号）第一条：……本通知所称"返程投资"，是指境内居民直接或间接通过特殊目的公司对境内开展的直接投资活动，即通过新设、并购等方式在境内设立外商投资企业或项目（以下简称外商投资企业），并取得所有权、控制权、经营管理权等权益的行为。

（c）37号文缩小了登记主体的范围。

75号文的登记主体限于境内居民法人和境内居民自然人。由于境内居民法人有对外投资程序，75号文虽然规定了境内居民法人的登记流程，但是如何适用75号文在实践中是模糊的，实践中境内居民法人也是不登记的。37号文理顺了自然人和非自然人的登记管辖范围，37号文只限于个人办理登记的规定，法人及其他组织办理登记适用现有境内机构的规定[⊖]。

（d）明确了非上市特殊目的公司股权激励的外汇登记程序。

由于非上市公司一样面临股权激励的问题，在75号文体系下，这部分内容是模糊和欠缺的。37号文规定，员工获得非上市特殊目的公司股权激励的，可以在行权前申请办理37号文登记。

（e）理顺了境内企业和境外特殊目的公司之间的关系。

37号文允许境内企业在真实、合理需求的基础上对已经登记的特殊目的公司放款，另外，明确境内居民可以在真实、合理需求的基础上，境内购汇用于特殊目的公司设立、股份回购或者退市。这是"有序提高跨境资本和金融交易可兑换程度"的最好体现。

（f）允许进行外汇补登记。

根据37号文，境内居民以中国境内外合法资产或权益向特殊目的公司出资，但未按规定办理境外投资外汇登记的，应向外汇局出具说明函说明理由，外汇局根据合法性、合理性等原则办理补登记，对涉嫌违反外汇管理规定的，依法进行行政处罚。

⊖ 《国家外汇管理局关于境内居民通过特殊目的公司境外投融资及返程投资外汇管理有关问题的通知》（汇发〔2014〕37号）第三条：……境内机构按《国家外汇管理局关于发布〈境内机构境外直接投资外汇管理规定〉的通知》（汇发〔2009〕30号）等相关规定办理境外投资外汇登记手续。

第三阶段：权限下放（2015 ～ 2020 年）

2015 年，外汇局出台了汇发〔2015〕13 号（以下简称 13 号文）[⊖]。

13 号文规定，已经取得外汇局金融机构标识码且在所在地外汇局开通资本项目信息系统的银行直接办理直接投资外汇登记，外汇局通过银行对直接投资外汇登记实施间接监管。随后发布的汇发〔2019〕28 号、汇发〔2020〕8 号等文件对 13 号文的内容进行了补充和优化，"资本项目外汇业务网上办理系统"等数字化手段，进一步简化了直接投资外汇登记和备案流程。

第四阶段：动态监管（2020 年至今）

2020 年，《资本项目外汇业务指引（2020 年版）》出台，这是对资本项目外汇管理政策的全面梳理和更新。在 37 号文框架下，外汇局通过实务操作指引强化监管，包括：穿透核查升级，重点审查"假外资"架构，尤其是通过配偶或关联方控制的 SPV，防范身份套利行为；资金闭环管理，明确 SPV 融资所得调回境内需开设专用账户，且资金用途需符合规定；数字化登记，推广线上登记备案试点，提升信息透明度和监管效率；违规惩戒加重，未登记擅自出资的，可能面临罚款及其他行政处罚。

在这个阶段，外汇局工作的重点是监管动态化，加强风险防控，确保跨境资金流动安全。

在实务操作中，许多企业家在境外设立 SPV 或通过 SPV 向境内公司进行返程投资时，未履行外汇登记程序。这种疏漏可能带来一系列不利后果：

（a）利润及权益变现所得难以调回境内使用。

如果未办理外汇登记，境内居民从 SPV 获得的利润分配或权益变现所得将无法通过合法途径调回境内，严重影响资金的流动性和使用效率。

⊖ 《国家外汇管理局关于进一步简化和改进直接投资外汇管理政策的通知》(汇发〔2015〕13 号)。

（b）WOFE 与境外母公司之间的资金往来不合规。

未完成外汇登记的情况下，境外母公司与境内外商独资企业（WOFE）之间的资金往来（如利润分配、股权出资等）将被视为不合规。这不仅违反了外汇管理规定，还可能对企业的正常运营和融资活动形成障碍。

（c）境外上市面临阻碍。

对于计划境外上市的企业而言，未履行外汇登记程序可能在尽职调查环节暴露问题，导致上市进程受阻，甚至上市被否决。

（d）境内上市的潜在风险。

即使企业在境内申报 IPO 时已拆除了返程投资架构，但如果未补办外汇登记或未获得外汇局的合规处理意见，该历史问题仍可能被监管机构视为重大合规风险，进而对上市审核产生不良影响。

因此，对于企业而言，如果存在返程投资架构且计划未来上市（无论是境内还是境外），必须高度重视相关的外汇登记手续。

7.4.3　上市备案

2023 年 2 月，中国证监会出台了《境内企业境外发行证券和上市管理试行办法》（以下简称"试行办法"）及配套指引，首次对境内企业以直接或间接方式境外发行证券并上市的备案管理制度进行了全面规范，明确了备案要求、申报流程、信息披露义务以及国家安全和数据安全审查等内容。这是中国资本市场对境外上市监管的一次重要制度创新，旨在平衡企业境外融资需求与国家安全、数据保护及金融稳定之间的关系，为境内企业境外上市提供了更加清晰的合规指引。

试行办法的实际影响如下：

（a）监管要求更细致。

试行办法对境外上市备案要求予以明确，在信息公开、资金使用规划等方面，企业所面临的合规工作内容增多。

（b）数据与国家安全审核趋严。

涉及国家安全、重要数据或跨境数据传输的企业需接受严格审查。对于科技类企业、互联网企业，这可能成为境外上市的主要挑战。

（c）VIE 架构监管明确。

试行办法对 VIE 架构提出备案要求，要求其合法合规。这为长期以来VIE 模式的监管争议提供了政策依据，但也可能增加企业调整架构的难度。

（d）境外上市门槛提高。

试行办法对企业的股权架构、经营合规性和募资用途提出了更高要求，导致上市准备工作更加复杂，时间成本和不确定性有所增加。

总之，试行办法的出台对境外上市企业提出了更高的合规要求，特别是在备案、数据安全和信息披露方面。企业需提前规划，针对潜在的政策风险做好准备。

7.4.4　税收要点[⊖]

在搭建境外架构时，税收是非常重要的考量因素。以下笔者将分 3 个阶段对境外架构的税收考量要点加以提示。

1. 投资阶段

关于投资时的架构安排可参考本章龙湖地产案例和巨轮智能案例，前者介绍了返程投资架构，后者介绍了中国企业"走出去"架构。两个案例对在不同国家或地区搭建多层架构的税收考量都有很详细的介绍。

在投资阶段，除了股权架构之外，投资人还应考察投资项目所在国是否有反资本弱化的规定，在此基础之上，来决定投资项目公司的债资比。

⊖　关于境外架构的税收要点，可参考拙作《一本书看透股权节税》第 29 章和第 30 章。

　　资本弱化又称资本隐藏、股份隐藏或收益抽取，是指纳税人为达到减少纳税的目的，用贷款方式替代募股方式进行投资或融资。由于各国对股息和利息的税收政策不同，纳税人在筹资时，会在贷款和发行股票两者中进行选择，以达到减轻税收负担的目的。《企业所得税法》规定，企业从其关联方接受的债权性投资与权益性投资的比例超过规定标准而发生的利息支出，不得在计算应纳税所得额时扣除。[⊖]

2. 运营阶段

　　在投资项目运营阶段，一方面是股息、利息、特许使用权使用费等跨境收入，应重点考虑多层架构中各国的"双边税收协定""受益所有人""受控外国企业""境外税收抵免"等制度；另一方面是产业链或价值链上不同公司如何划分收入和利润，应重点考虑多层架构中各国对于转让定价调查、成本分摊协议、税基侵蚀和利润转移（BEPS）多边公约和共同申报准则（CRS）等的规定。

3. 退出阶段

　　很多企业设立境外股权架构，旨在便利地开展境外资本运作，而在境外一些低税地搭建架构并间接转让中国公司股权，一定程度上也是对税收筹划的考量。

【例 7-3】

　　A 公司为北京市海淀区知名互联网技术企业，主要产品为手机浏览器。2014 年 6 月，北京市海淀区国税局收到 A 企业报送的境外股东间接转让股权协议及相关资料，其交易路径如图 7-11 所示。

　　境外股东转让 A 公司股权时，采取了境外间接转股模式，即 6 家 BVI 公司转让开曼公司股权，受让方为甲公司（开曼公司），转让价格共计 7.75

　　⊖　根据搜狗百科"资本弱化"词条整理，2024 年 6 月 6 日。

亿美元。由于 BVI 和开曼群岛对境外所得不征税，且全部转股均在境外操作，所以未在中国境内申报纳税。

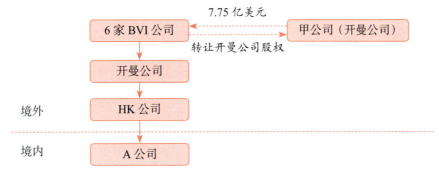

图 7-11　交易路径图

对于上述境外间接转股的行为，我国政府在逐步完善税收征管政策，为此出台了一系列文件，比如国税函〔2009〕698 号[⊖]、国家税务总局公告 2011 年第 24 号[⊜]、国家税务总局公告 2015 年第 7 号[⊜]、国家税务总局公告 2017 年第 37 号[⊗]等。根据上述法规，非居民企业通过实施不具有合理商业目的的安排，间接转让中国居民企业股权等财产，规避企业所得税纳税义务的，将被中国税务机关重新定性该间接转让交易，确认为直接转让中国居民企业股权等财产。正是由于上述法规，根据媒体报道，北京市海淀区国税局追征了 6 家 BVI 公司间接转让 A 公司股权 4.68 亿元税款。

⊖ 《国家税务总局关于加强非居民企业股权转让所得企业所得税管理的通知》（国税函〔2009〕698 号），该文件已于 2017 年 12 月 1 日起全文废止。

⊜ 《国家税务总局关于非居民企业所得税管理若干问题的公告》（国家税务总局公告 2011 年第 24 号），该法规中部分条款失效。依据《国家税务总局关于非居民企业所得税源泉扣缴有关问题的公告》（国家税务总局公告 2017 年第 37 号），本法规第五条和第六条自 2017 年 12 月 1 日起废止。依据《国家税务总局关于非居民企业间接转让财产企业所得税若干问题的公告》（国家税务总局公告 2015 年第 7 号），本法规第六条第（三）、（四）、（五）项有关内容自 2015 年 2 月 3 日起废止。

⊜ 《国家税务总局关于非居民企业间接转让财产企业所得税若干问题的公告》（国家税务总局公告 2015 年第 7 号）。

⊗ 《国家税务总局关于非居民企业所得税源泉扣缴有关问题的公告》（国家税务总局公告 2017 年第 37 号）。

第 8 章

家族信托架构[⊖]

根据《信托法》的规定[⊖]，信托是指委托人基于对受托人的信任，将其财产权委托给受托人，由受托人按委托人的意愿以自己的名义，为受益人的利益或者特定目的，进行管理或者处分的行为。

2023 年，银保监会出台《中国银保监会关于规范信托公司信托业务分类的通知》（银保监规〔2023〕1 号）[⊜]，将信托公司的信托业务分为资产服

⊖ 信托是否属于契约，在法律界存在争议。本书考虑到家族信托虽以契约为载体，但其法律效果（如财产独立性、信义义务）超出了普通契约的范畴，属于一种特殊的法定法律关系，因此将信托型架构与契约型架构分成两章。

⊖ 见《中华人民共和国信托法》（简称《信托法》）第二条。

⊜ 见《中国银保监会关于规范信托公司信托业务分类的通知》（银保监规〔2023〕1 号）第二条："信托公司应当以信托目的、信托成立方式、信托财产管理内容为分类维度，将信托业务分为资产服务信托、资产管理信托、公益慈善信托三大类共 25 个业务品种（具体分类要求见附件）。"

务信托、资产管理信托和公益慈善信托，其中家族信托被归为资产服务信托。信托公司可接受单一自然人委托，或者接受单一自然人及其亲属共同委托，以家庭财富的保护、传承和管理为主要信托目的，提供财产规划、风险隔离、资产配置、子女教育、家族治理、公益慈善事业等定制化事务管理和金融服务[⊖]。这是监管层首次对家族信托业务性质清晰界定，为家族信托业务的健康发展提供了制度保障，同时也为信托公司在这一领域的创新和专业化发展提供了新的机遇。

家族信托架构拥有"三权分离"的特点，即在信托关系中，财产的所有权、管理权和收益权被分配到不同的主体（委托人、受托人、受益人）手中。这种设计是信托制度的核心机制，能够有效实现财产的独立性、管理的专业性以及收益的归属明确性。

图 8-1 为典型的家族信托架构。

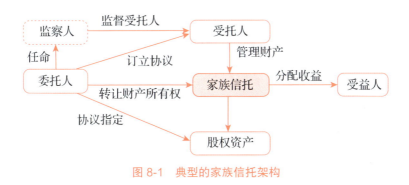

图 8-1　典型的家族信托架构

信托的参与主体包括委托人、受托人、受益人、监察人。各主体职能如下：

委托人：投入信用、设立信托的一方，通过订立协议，将财产所有权委托给受托人。委托人在进行委托时，要确定委托财产范围、数额，向受托人交付财产，并明确受托人对信托财产的管理、处分权限与责任等。

⊖ 见《中国银行保险监督管理委员会信托监督管理部关于加强规范资产管理业务过渡期内信托监管工作的通知》(信托函〔2018〕37 号)第二条。

受托人：受信于人的一方，接受委托人的委托，以自己的名义对信托财产按委托人意愿为受益人利益或特定目的进行管理和处分。受托人在信托关系中承担着管理和处分信托财产的职责。

受益人：受益于人的一方，是信托财产管理和处分后的利益享有者，可以是委托人指定的个人、群体或为特定目的而设定的对象等。

监察人：在欧美国家的家族信托中，监察人的角色被称为"保护人"。委托人可以决定是否在家族信托中设置监察人角色以及赋予监察人什么权利与义务。监察人负责监督受托人履行职责，确保信托财产的安全和增值；在必要时介入，保护家族利益，确保信托目的的实现。

在本书第 7 章龙湖地产案例中，我们介绍了境外家族信托架构。本章我们将通过欧普照明案例讲解境内家族信托架构。

8.1　案例 18　欧普照明[⊖]

欧普照明（603515）于 1996 年由马秀慧及其丈夫王耀海创办，是一家专注于研发、生产和销售高品质照明产品及整体解决方案的领先企业。经过多年发展，欧普照明于 2016 年在上海证券交易所挂牌上市。

2021 年，50 岁的马秀慧开始启动家族信托。马秀慧设立家族信托的流程如下。

第一步：成立有限合伙企业

2021 年 12 月，马秀慧与中山欧普公司[⊖]共同投资成立了上海峰岳有限

⊖　全称为"欧普照明股份有限公司"。本案例根据《欧普照明股份有限公司关于实际控制人增加一致行动人及一致行动人之间内部转让达到 1% 的提示性公告》整理。

⊖　中山欧普公司全称为"中山市欧普投资有限公司"，为上海峰岳有限合伙执行事务合伙人。该公司股东为马秀慧、王耀海和菩提树公司，菩提树公司全称为"浙江菩提树投资管理有限公司"，股东为王耀海、马秀慧及其子女王颖和王威。

合伙[⊖]，由马秀慧作为 LP，中山欧普公司作为 GP。上海峰岳有限合伙股权架构如图 8-2 所示。

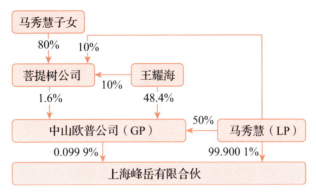

图 8-2 上海峰岳有限合伙股权架构图

第二步：将有限合伙企业的份额注入家族信托

2022 年 8 月，马秀慧将其持有的上海峰岳有限合伙的份额，转让给光大信托[⊜]。光大信托成为上海峰岳有限合伙的 LP 后，对其增资 5.9 亿元。

第三步：将上市公司股票装入有限合伙企业

2022 年 9 月，欧普照明发布公告[⊜]，因资产规划需要，实际控制人马秀慧通过大宗交易的方式，将其所持有的 1.01% 的股份转让给上海峰岳有限合伙。至此，马秀慧的家族信托架构搭建完毕，如图 8-3 所示。

在该架构中，光大信托仅作为名义持有人间接持有欧普照明约 1% 的股份，该股份的实际持有人为光大信托作为受托人设立的"光信·国昱 1 号家族信托"。

⊖ 全称为"上海峰岳企业管理合伙企业（有限合伙）"。

⊜ 全称为"光大兴陇信托有限责任公司"。

⊜ 公告全称为《欧普照明股份有限公司关于实际控制人增加一致行动人及一致行动人之间内部转让达到 1% 的提示性公告》。

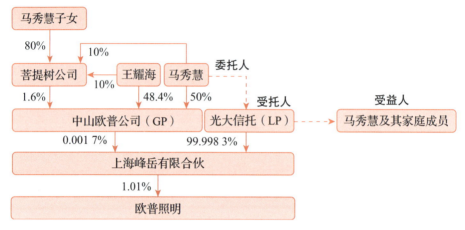

图 8-3　欧普照明家族信托架构图

该家族信托具体内容如下：

（1）信托名称：光信·国昱 1 号家族信托

该信托为马秀慧量身定制，以此作为财富管理和传承的工具。

（2）委托人：马秀慧

马秀慧作为信托的委托人，通过"三步走"，将其个人直接持有的欧普照明的股份间接转让至信托。

（3）受托人：光大信托

光大信托作为专业的信托管理机构，负责按指令管理信托财产。光大信托虽然是法律上的持股主体，但信托财产独立于受托人固有财产。这意味着即使光大信托自身出现债务危机，信托项下的欧普照明股份也不会被追索。此外，信托财产与马秀慧个人资产分离，可有效防范婚姻、继承等对上市公司的冲击。

（4）受益人：马秀慧及其家庭成员

受益人将从信托中获得经济利益，确保家族财富的持续和稳定。

（5）信托类型：指令型管理方式

本信托财产主要投资管理方式为指令型，无须受托人主动管理。委托人[⊖]指令受托人选择其认可的投资标的进行投资，委托人向受托人发送指令函，在不违反法律、法规、监管规定以及本信托约定的情形下，受托人将依照指令函进行标的资产的投资。

作为"指令型信托"，马秀慧保留了投资决策权（向受托人发送指令函），即实质上仍掌握信托财产的控制权。这种设计既规避了《信托法》对"兼益信托"的严格限制，又避免因完全放手管理导致资产失控，类似于将保险箱钥匙交给银行，但密码仍在自己手中。

（6）信托期限：50 年

信托期限自信托生效日（包含该日）起算，有效期 50 年。这是一个长期的安排，旨在家族财富的长期管理和传承。

8.2　家族信托架构点评

1. 家族信托架构的优点

在本书第 7 章的龙湖地产案例中，我们讲解过信托架构在离婚析产方面的功能，除此之外，家族信托还存在如下优点。

（1）破产风险隔离

我国家族企业的一大特点是企业财产与家族成员个人财产无法清晰划分，当家族企业出现破产危机时，家族成员个人财产往往被作为破产财产而受到波及。如果将家族财产注入家族信托成为信托财产，家族财产不隶属于信托受益人，受益人只是通过信托受益权享有信托利益，除非委托人的债权人可以证明委托人设立家族信托的目的是逃避债务，否则便无权针对家族财产主张债权，从而降低家族企业破产风险对家族财富可能产生的不利影响程度。

　⊖　包含委托人的被授权人。

（2）资产信息保密

家族信托条款由委托人与受托机构协商订立，无须行政机关审批，也不供公众查询。包括我国在内的多数国家均规定受托人具有法定的保密义务，家族信托条款中也大都规定受托人负有保密义务。因此，在实践中，家族信托一旦设立，家族财产的经营管理便以受托机构的名义运行，除了信托财产参与洗钱、欺诈等行为，否则受托人无权向任何第三人披露信托财产的运营情况或使用信息。

（3）紧锁股权，解放"二代继承人"

家族信托可以通过设定信托计划，集中家族股权、统一家族利益，并将家族企业股权作为信托财产锁定在信托架构中，使家族成员享有受益权，但无权处分家族企业股权。在紧锁股权、避免控股权稀释的同时，通过职业经理人对家族企业进行经营管理，实现家族企业股权的平稳转移，保证家族企业控制权与经营、决策权的分离。家族信托还可以设立对职业经理人的激励计划，在保持家族企业管理层活力的同时，设置家族董事会，对职业经理人保持监督，保证职业经理人为家族信托受益人的利益经营管理企业。这种模式有效地避免了"二代继承人"无力接手家族企业，或家族内部利益冲突，或继承人众多、平均分割股权导致对企业的控制权弱化等现象，防止家族企业后继无人或分崩离析。

（4）私人定制，贯彻委托人意志，为子孙后代护航

家族信托委托人在设立家族信托时，可以按照自己的意志制订信托计划，设置家族信托的框架和条款，将自己对家族财富传承的规划以及对后代的殷切期望融入其中，使其在漫长岁月里始终庇荫子孙后代。

对于挥霍无度的受益人，委托人可以在信托计划中规定受益人的受益条件、期限和方式等，设立限制挥霍、浪费信托收益的条款，在保障信托受益人享受优质生活的同时，避免其因生活奢靡或不善理财，将家族财产

挥霍一空。

对于尚在接受教育的子女，委托人可以通过设置"附带信托利益支付条件"，贯彻落实自己对子女的期许。例如，在家族信托条款中约定，如果子女获得指定学位或者名校深造，则可以获得更多受益权，如果没有达到委托人的期待，则可能失去部分受益权。

2. 信托架构的注意事项

家族信托虽好，但在中国境内罕有应用，并非企业家没有信托意识，而是因为信托是英美法系下的舶来品，英美法系中的双重所有权制度为信托工具的运用提供了肥沃的土壤。但南方为橘北方为枳，信托移植到我国，出现了"水土不服"的现象。在境内实施信托架构，有以下注意要点。

（1）风险隔离功能受限

根据《信托法》的规定[⊖]，信托财产应与委托人未设立信托的其他财产相区别。在设立信托后，如果委托人死亡或者终止法律人格[⊖]，分为以下三种情况对信托财产进行处理，见表 8-1。

由此可见，依据中国的《信托法》设立的信托，只有"他益信托"拥有完全的风险隔离功能。自益信托和兼益信托的风险隔离功能存在明显局限性，信托财产会作为委托人的遗产或清算财产，无法有效保护信托财产免受委托人自身风险的影响。

相比之下，境外信托适用离岸地法律，例如，依据英属维尔京群岛的受托人法设立的信托或者依据开曼群岛的信托法设立的信托，哪怕是自益

⊖ 见《信托法》第十五条："信托财产与委托人未设立信托的其他财产相区别。设立信托后，委托人死亡或者依法解散、被依法撤销、被宣告破产时，委托人是唯一受益人的，信托终止，信托财产作为其遗产或者清算财产；委托人不是唯一受益人的，信托存续，信托财产不作为其遗产或者清算财产；但作为共同受益人的委托人死亡或者依法解散、被依法撤销、被宣告破产时，其信托受益权作为其遗产或者清算财产。"

⊖ 终止法律人格包括依法解散、被依法撤销、被宣告破产。

信托，委托人去世后，也不会强制要求信托终止，而是给了委托人更大的
选择空间，允许其在信托法律文件中自行进行约定。因此境外信托具备更
彻底的资产保护功能。

表 8-1　委托人死亡或终止法律人格时信托财产处理

类别	自益信托①	他益信托②	兼益信托③
受益人	仅委托人	仅第三方	委托人和第三方
收益分配	全部归委托人	全部归第三方	委托人与第三方按约定分配
信托存续与否	信托终止	信托存续	信托存续
信托财产	作为其遗产或者清算财产	不作为其遗产或者清算财产	委托人信托受益权作为遗产或者清算财产
风险隔离	弱	强	一般

① 自益信托是指委托人设立信托后，自己既是信托的委托人（设立信托的人），又是信托的
　唯一受益人（享受信托利益的人）。此时，信托终止，信托财产作为委托人遗产或者清算
　财产。这意味着自益信托无法实现信托财产与委托人财产的风险隔离，委托人的债权人
　可以对信托财产主张权利。根据银保监规〔2023〕1号，我国家族信托业务明确禁止设立
　自益信托。

② 他益信托是指委托人设立信托后，信托的受益人不是委托人本人，而是第三方（如家人、
　子女、配偶或其他指定个人或机构）。如果是他益信托，由于委托人不是受益人，信托存
　续，信托财产不作为委托人遗产或者清算财产。此时，信托具有风险隔离功能。

③ 兼益信托是指信托的受益人既包括委托人自己，又包括其他第三方（如家人、子女、配偶
　或其他指定个人或机构）。如果是兼益信托，委托人信托受益权作为其遗产或者清算财产。
　这意味着兼益信托只具有部分风险隔离功能。

（2）家族信托设立资金门槛较高

　　根据银保监规〔2023〕1号的规定[⊖]，家族信托初始设立时，实收信托
应当不低于1 000万元。家族信托受益人应当为委托人或者其亲属，但委
托人不得为唯一受益人。家族信托涉及公益慈善安排的，受益人可以包括
公益慈善信托或者慈善组织。也就是说，境内家族信托可以是他益信托或
兼益信托，不能是自益信托。

⊖ 《中国银保监会关于规范信托公司信托业务分类的通知》（银保监规〔2023〕1号）附件1《信
　托公司信托业务具体分类要求》第一条第（一）项第1目。

（3）家族信托工商登记障碍

依据《中华人民共和国市场主体登记管理条例》相关规定⊖及现行登记实践，家族信托作为非商事主体，无法直接在工商局登记为非上市公司股东。实务中需将股权登记于受托人（信托公司）名下，形成"名义股东 – 实际权益分离"的结构。信托公司作为登记股东需承担《公司法》规定的股东义务（如出资责任、清算责任等），但其实际仅为财产管理人，权利与义务的错位可能引发法律风险。另外，信托公司为规避名义股东责任，需对标的公司开展包括公司治理结构、债务状况、合规经营等维度的全面尽职调查，并建立动态监控机制。这些风控流程显著增加信托公司运营成本（如法律咨询、审计、评估等专业服务费用），最终导致家族信托设立隐形门槛提高。

在本书写作过程中，北京市工商局已经作为试点，计划推行股权信托财产登记⊜。具体流程为，信托产品首先在中国信托登记有限责任公司办理信托产品预登记，再向公司登记机关申请办理股东变更登记或公司设立登记。工商登记后，公司的营业执照标注"本公司股东 ×××（代表某某信托产品）"。虽然该政策属于试行阶段，但标志着我国的信托制度在实践层面具有了可落地性。

（4）股权信托架构复杂

如前所述，实务中股权信托，需要以信托公司作为工商登记中的名义股东。为了减少委托人对信托财产安全性的顾虑，家族信托的委托人通常

⊖　见《中华人民共和国市场主体登记管理条例》第二条的规定：本条例所称市场主体，是指在中华人民共和国境内以营利为目的从事经营活动的下列自然人、法人及非法人组织：（一）公司、非公司企业法人及其分支机构；（二）个人独资企业、合伙企业及其分支机构；（三）农民专业合作社（联合社）及其分支机构；（四）个体工商户；（五）外国公司分支机构；（六）法律、行政法规规定的其他市场主体。

⊜　国家金融监督管理总局北京监管局、北京市市场监督管理局于 2025 年 4 月 10 日联合印发《关于做好股权信托财产登记工作的通知（试行）》（京金发〔2025〕40 号）。截至本书成稿，该文件处于依申请公开阶段，尚未有公开的全文内容。

会设立多层股权架构，以保证对家族信托的掌控力，降低安全风险。

在欧普照明案例中，我们看到，马秀慧并没有直接将其持有的上市公司欧普照明的股票装入光大信托，而是分成三步走，先设立上海峰岳有限合伙，由家族公司作为 GP；再将有限合伙企业的份额装入光大信托；最后，将欧普照明股票装入有限合伙企业，从而形成三层家族信托架构。这种多层家族信托架构，不仅导致设立时间长，而且要签署多层法律文件，增加了复杂性。

（5）境内信托私密性差

《信托法》规定[⊖]，从事经营性信托业务的受托人，应当是依照法律规定设立的信托机构。因为家族信托通常涉及财产管理、增值和传承等经营性信托业务，所以受托人必须是依法设立的信托公司。根据《信托登记管理办法》的规定[⊜]，信托机构的信托产品及其受益权信息需要向中国信托登记有限责任公司进行登记。登记的具体信息包括信托产品名称、信托类别、信托目的、信托期限、信托当事人、信托财产、信托利益分配等信托产品及其受益权信息和变动情况。[⊜]

与我国经营性信托强制登记不同，依据开曼群岛的信托法等设立的境外信托，允许以私密的方式设立，且不要求向任何公共登记机构披露信托相关信息，这种高度保密性使得境外家族信托的吸引力高于境内家族信托。

（6）信托税收立法不完善引发的风险

我国目前信托税收立法尚不完善，导致信托财产注入、存续、终止等环节，不仅缺乏税收优惠，而且缺乏对纳税要素的明确规定。

例如欧普照明案例中，马秀慧将持有的欧普照明股票，通过大宗交易

⊖ 《信托法》第四条规定："受托人采取信托机构形式从事信托活动，其组织和管理由国务院制定具体办法。"
⊜ 见《信托登记管理办法》第二条。
⊜ 见《信托登记管理办法》第九条。

方式注入家族信托架构，并没有税收优惠，导致其在信托设立环节就需要对股票转让所得缴纳个人所得税。再比如，"光信·国昱 1 号家族信托"通过家族信托架构从欧普照明取得的股息红利，或者转让欧普照明股票的所得，是否需要缴纳个人所得税？如果缴纳个人所得税，是否由信托公司代扣代缴？如果需要代扣代缴，在何时扣缴，是取得投资收益的时点，还是分配给受益人的时点？目前这些都缺乏明确的税法规定，这些模糊地带增加了税务处理的复杂性和不确定性，也带来了重复纳税以及税款滞纳的潜在风险。

（7）家族信托架构成为上市障碍

拟上市公司需谨慎搭建家族信托架构，因为家族信托架构可能对上市形成障碍，影响上市进程。具体原因如下：

股权审查难度大

上市监管机构在审核拟上市公司时，要求穿透至最顶层自然人股东或国资主体，以确保股权清晰。但家族信托架构复杂，出资人和资金来源穿透审查困难，易引发股份代持、规避限售等质疑，增加审核风险。

股权架构不稳定

IPO 排队期间，信托到期兑现或份额转让可能导致股权架构变化，不符合股权稳定性要求，进而阻碍上市。

信息披露复杂

信托涉及委托人、受托人、受益人等多方主体，信托条款和财产管理私密性高，增加 IPO 信息披露难度，若披露不当，可能影响市场信心及投资者判断。

在深入剖析信托架构在风险隔离、税收政策、工商登记以及 IPO 进程中所面临的挑战后，不难发现，信托作为关键的财富管理与传承工具，在我国确实遭遇诸多法律和实践层面的难题。然而，随着法律法规的持续完善以及监管政策的逐步调整，信托架构在未来依旧具备广阔的发展空间。

不管政策制度如何变化，一个成功的家族信托架构，应如乐高积木般，具备模块化设计、可动态重组的特性，且能够适配家族生命周期。更为关键的是，它必须与家族章程、企业治理、继承人培养等体系紧密融合。真正的传承奥秘，就蕴含在制度理性与家族温情的平衡之间。

第 9 章

契约型架构

契约型架构是指投资人通过资管计划、信托计划⊖等契约型工具，间接持有实业公司的股权架构。资管计划、信托计划均没有工商登记的企业实体，其法律基础是通过契约（合同）明确各方的关系。具体而言，资管计划、信托计划是依据《中华人民共和国证券投资基金法》《信托法》等法规⊖，通过一系列合同组织起来的代理投资行为，投资人的权利主要体现在

⊖ 本章中的信托计划是指家族信托之外的信托计划产品。

⊖ 资管计划的法律依据主要包括《中华人民共和国证券投资基金法》《中华人民共和国证券法》《人民银行 银保监会 证监会 外汇局关于规范金融机构资产管理业务的指导意见》（银发〔2018〕106 号）及相关资产管理业务规定。信托计划的法律依据主要包括《信托法》《信托公司管理办法》和《信托公司集合资金信托计划管理办法》。

合同条款上，而合同条款的主要内容通常由基金法律所规范，因此，我们将投资人通过资管计划、信托计划等间接持有被投资公司的架构称为契约型架构。例如，信托计划基于委托人与信托公司之间的信托合同；管理计划，如基金管理计划，基于管理人和投资人之间的契约关系。

普通契约持股架构如图 9-1 所示。契约型架构中的持股平台信托计划、资管计划等均是由投资人（委托者）、管理人（受托者）、托管人三方构成的[⊖]。

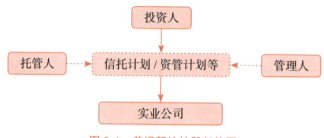

图 9-1　普通契约持股架构图

信托计划 / 资管计划等还可以做成结构化产品，即管理人根据投资人不同的风险偏好对受益权进行分层配置，使具有不同风险承担能力和意愿的投资人通过投资不同层级的受益权来获取不同的收益，并承担相应风险，如图 9-2 所示。

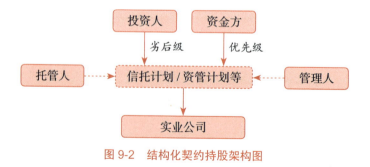

图 9-2　结构化契约持股架构图

⊖　在有的契约型基金中还存在受益人。

9.1 案例 19 奥康国际

奥康国际（603001）起家于温州，是中国最大的民营制鞋企业之一。2012 年 4 月 26 日，公司在上海证券交易所正式挂牌上市。2014 年 11 月，奥康国际召开临时股东会议，审议通过了《关于〈浙江奥康鞋业股份有限公司员工持股计划（草案）〉及其摘要的议案》。

奥康国际的股权激励员工持股计划是如何设计的呢？

1. 设立员工持股计划

根据奥康国际的公告[⊖]，奥康国际的员工持股计划如图 9-3 所示。

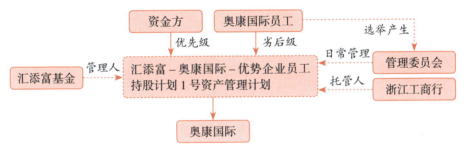

图 9-3　奥康国际员工持股计划架构图

（1）劣后级出资人

本资管计划的劣后级出资人为奥康国际及其下属子公司的部分董事、监事、高级管理人员和员工共 51 人，其中公司董事、监事、高级管理人员 9 人，具体为公司董事兼副总裁徐旭亮，董事兼副总裁周盘山，监事潘少宝、姜一涵，CFO（财务负责人）王志斌，副总裁周威、罗会榕、温媛瑛，董事会秘书陈文逌。员工持股计划筹集资金总额为 13 300 万元，公司部分董事、监事、高级管理人员与其他员工的出资额和出资比例如表 9-1 所示。

⊖ 见奥康国际 2014 年 11 月 11 日公告《浙江奥康鞋业股份有限公司员工持股计划》。

表 9-1　奥康国际部分董事、监事、高级管理人员与其他员工的出资额和出资比例

序号	持有人	出资额（万元）	比例
1	公司部分董事、监事及高级管理人员	2 800	21.05%
2	公司其他员工	10 500	78.95%
	合计	13 300	100.00%

（2）优先级出资人

本资管计划的优先级份额由汇添富基金⊖的直销机构及其他代理销售机构进行销售。本资管计划规模上限为 2.66 亿份，按照 1∶1 的比例设立优先级份额和次级份额。作为优先级份额，在财产分配时，可以优先享受的年基准收益率为 7.5%（单利），在资管计划终止日优先分配优先级的剩余本金和基准收益，剩余财产归次级所有。

（3）基金管理人

基金管理人汇添富基金的年管理费率为 0.5%。管理人的主要权利和义务为：自行销售或者委托有基金销售资格的机构销售资管计划，制定和调整有关资管计划销售的业务规则，并对销售机构的销售行为进行必要的监督；自行担任或者委托经中国证监会认定的可办理开放式证券投资基金份额登记业务的其他机构担任资管计划份额的注册登记机构，并对注册登记机构的代理行为进行必要的监督和检查；办理资管计划的备案手续。

（4）管理委员会

本员工持股计划设管理委员会，对员工持股计划负责，是员工持股计划的日常监督管理机构。管理委员会由 3 名委员组成，设管理委员会主任1 人。管理委员会委员均由持有人会议选举产生。管理委员会主任由管理委员会以全体委员的过半数选举产生。管理委员会委员的任期为员工持股计划的存续期。管理委员会行使以下职责：

（a）负责召集持有人会议。

⊖　全称为"汇添富基金管理股份有限公司"。

（b）代表全体持有人监督员工持股计划的日常管理。

（c）代表全体持有人行使股东权利或者授权资产管理机构行使股东权利。

（d）负责与资产管理机构的对接工作。

（e）代表员工持股计划对外签署相关协议、合同。

（f）管理员工持股计划利益分配。

（g）决策员工持股计划剩余份额、被强制转让份额的归属。

（h）办理员工持股计划份额继承登记。

（i）持有人会议授权的其他职责。

（5）期限

锁定期

本资管计划通过二级市场购买（包括但不限于大宗交易、协议转让）等法律法规许可的方式所获标的股票的锁定期为 12 个月，自奥康国际公告最后一笔标的股票过户至资管计划名下时起算。自最后一笔标的股票过户至资管计划名下之日起，以该日资管计划所持有的标的股票数量（Q）为基数，满 1 年后当年最多可减持的股份数量为 $Q \times 60\%$，剩余的 $Q \times 40\%$ 在资管计划到期终止前减持完毕。

存续期和终止

本员工持股计划的存续期为 36 个月，自股东大会审议通过本员工持股计划之日或资管计划成立之日（孰后原则）起算，本员工持股计划的存续期届满后自行终止。

本员工持股计划的锁定期满后，在资管计划资产均为货币资金时，本员工持股计划可提前终止。

2. 购买奥康国际股票

2014 年 12 月 11 日和 12 日，本员工持股计划的管理人汇添富基金通过上海证券交易所，以大宗交易的方式购买奥康国际股票，累计购买数量

1 662.5 万股，累计购买金额 25 329.85 万元，购股后本资管计划持有奥康国际总股本的比例为 4.15%，购买均价为 15.24 元 / 股。

3. 员工持股计划套现

奥康国际的员工持股计划于 2015 年 12 月 15 日通过大宗交易卖出了 500 万股，卖出均价为 37.37 元 / 股，成交金额为 18 685 万元。2016 年 12 月 15 日，本员工持股计划又通过大宗交易卖出了 497.5 万股，卖出均价为 24.14 元 / 股，成交金额为 12 009.65 万元。此时通过两次卖出，本员工持股计划已经收回全部投资，不仅多出了 3 369.8 万元⊖资金，还剩下 665 万股⊖股票。2017 年 12 月 7 日，本员工持股计划通过大宗交易清仓了最后的 665 万股股票，成交价为 13 元 / 股，成交金额为 8 645 万元。

9.2 契约型架构点评

奥康国际为什么选择做契约型架构？契约型架构又有哪些优缺点呢？

1. 契约型架构的优点

（1）员工激励

在奥康国际推出员工持股计划时，公司股价正在底部区域。通过员工持股计划，让员工以自有资金购入公司股票，充分调动持股员工的积极性，有效地将股东利益、公司利益和核心团队个人利益结合在一起，促进公司持续、稳健、快速地发展，同时也激发了公司及控股子公司管理团队和核心技术（业务）骨干的动力与创造力，保证公司战略的顺利实施。

（2）杠杆收益

在奥康国际案例中，员工持股计划采用了结构化资管计划，即分为优

⊖ 2015 年卖股成交金额 18 685 + 2016 年卖股成交金额 12 009.65 − 累计购股金额 25 329.85 − 两年优先级份额年基准收益 13 300 × 7.5% × 2 = 3 369.8（万元）。

⊖ 1 662.5 − 500 − 497.5 = 665（万股）。

先级出资人（外部投资人）和劣后级出资人（奥康国际员工）。在资管计划终止后，取得资产的分配顺序为优先级本金＞优先级收益［年基准收益率为 7.5%（单利）］＞劣后级本金＞劣后级收益。这相当于为奥康国际员工以 7.5% 的年息提供了一倍杠杆的资金。资管计划购买奥康国际股票共出资 25 329.85 万元，共分 3 次出售奥康国际股票，套现资金 39 339.65 万元，另有未动用资金 1 270.15 万元⊖。出资人的收益情况如表 9-2 所示。

表 9-2　出资人的收益情况[1]

出资人类型	投入资金	3 年总收益	年投资回报率
优先级	13 300 万元	2 992.5 万元[2]	7.5%
劣后级	13 300 万元	11 017.3 万元[3]	27.61%

①该表未考虑托管费等。
② 13 300×7.5%×3 = 2 992.5（万元）。
③ 39 339.65−25 329.85−2 992.5 = 11 017.3（万元）。

（3）市值管理

在上市公司股价低迷时，公司管理层通过资管计划购买上市公司股票，有利于向外界传递信心，提振公司股价。

2. 契约型架构的缺点

（1）适用范围较窄

在实务中，契约型架构一般应用于上市公司，非上市公司很少采用，主要有以下几点原因。

契约型架构的工商登记难题

在第 8 章 "8.2 家族信托架构点评" 中，我们曾讲解过家族信托的工商登记难题，契约型架构同样也存在该难题。另外，我国法律规定，资管计划和信托计划的管理人均必须持有牌照。由于非上市公司股份缺乏流动性、

⊖　13 300 × 2 − 25 329.85 = 1 270.15（万元）。

退出难、风险高，有牌照的管理人很少愿意去承接这类股权投资项目。

契约型架构对 IPO 上市形成障碍

企业在境内上市，股权必须清晰，且不存在重大权益纠纷。因此，中国证监会对拟上市公司股东进行审核时，会穿透至最顶层自然人股东或国资主体。如果股权架构中嵌套了资管计划、信托计划等契约型架构，出资人和资金来源很难穿透审查，可能存在股份代持、关联方持股、规避限售甚至利益输送的问题。另外，契约型结构也可能导致公司股权架构不稳定。IPO 排队时间普遍较长，在此期间，如果出现到期兑现、份额或者收益权转让等情形，将造成公司股权架构不稳定的局面。

（2）熊市股价下跌风险

员工持股计划设计的初衷，是围绕上市公司的盈利能力，也就是上市公司的现金分红展开，而不应以股价高低来推定。但股市环境的变化，会受到证券市场各方面的因素影响，而掩盖企业股票的真实价值，会给员工带来损失。

同花顺数据显示，金证股份、吴通控股、天晟新材、茂硕电源这 4 家上市公司的员工持股计划浮亏超四成。让我们来看一下金证股份案例。

【例 9-1】

金证股份 2016 年 8 月发布公告称，截至 8 月 25 日，公司第二期员工持股计划专用账户通过二级市场累计购入公司股票 812.500 2 万股，成交金额合计约 2.5 亿元，交易均价 30.783 3 元 / 股。截至 2018 年 7 月 27 日，金证股份的收盘价为 10.33 元 / 股。按此价格计算，金证股份的员工持股计划浮亏 1.66 亿元，浮亏比例约 66.44%。

因此，在熊市中的员工持股计划，可能会削弱员工的积极性。

第三部分

底 层 架 构

在上一部分中，我们讨论了主体架构，本部分我们将一起分析底层架构。底层架构是指核心公司[⊖]与全资、控股以及参股公司的股权关系。图 P3-1 是创业板上市公司鸿利智汇[⊖]（300219）在申报 IPO 时的股权架构[⊜]。

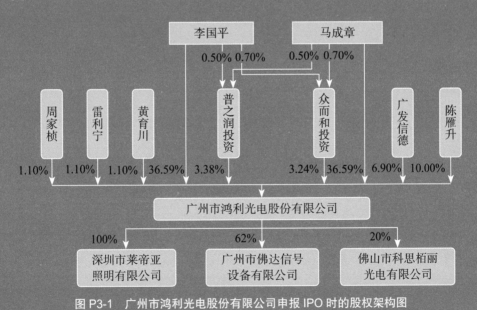

图 P3-1　广州市鸿利光电股份有限公司申报 IPO 时的股权架构图

⊖　核心公司是指未来计划作为上市主体的公司。

⊖　全称为"鸿利智汇集团股份有限公司"，原名称为"广州市鸿利光电股份有限公司"。

⊜　来源于鸿利智汇（300219）招股说明书第 46 页。

在图 P3-1 中，广州市鸿利光电股份有限公司为核心公司（拟上市主体）。该核心公司顶层架构为个人持股架构（实际控制人[一]和核心高管[二]）+ 公司持股架构（员工持股平台[三]）。核心公司底层有 3 家公司，分别为全资子公司深圳市莱帝亚照明有限公司、控股子公司广州市佛达信号设备有限公司、参股子公司佛山市科思栢丽光电有限公司。

为什么鸿利智汇在上市前底层架构有全资、控股、参股 3 种公司的股权布局呢？一家公司的底层架构隐藏着哪些玄机，有什么样的设计思路呢？本部分将分成创新型子公司、复制型子公司、拆分型子公司 3 种类型讨论。

在具体介绍 3 类子公司之前，让我们先了解一下如何区分这 3 类子公司。

1. 价值链

美国管理学大师迈克尔·波特曾提出"价值链"的概念，他认为："每一个企业都是在设计、生产、销售、发送和辅助其产品的过程中进行种种活动的集合体。所有这些活动可以用一个价值链来表明。"[四]价值链上的活动又可以分为辅助活动和基本活动。[五]在本书中，我们把价值链中的辅助活动称为辅助价值链，把价值链中的基本活动称为基本价值链。图 P3-2 为波特价值链。

2. 3 类子公司

创新型子公司是在成熟业务的基础上孵化新业务，即新业务孵化之初依托于成熟业务的辅助价值链或者基本价值链中的某个环节，经逐步发展后，

[一] 实际控制人为李国平和马成章。见鸿利智汇（300219）招股说明书第 60 页。
[二] 雷利宁、周家桢、黄育川为公司核心高管。见鸿利智汇（300219）招股说明书第 71 ~ 72 页。
[三] 普之润投资（全称为"广州市普之润投资咨询有限公司"）和众而和投资（全称为"广州市众而和投资咨询有限公司"）均系员工股权激励持股平台，股东包括公司的管理、生产、销售、技术骨干员工及有突出贡献的人员或其配偶。见鸿利智汇（300219）招股说明书第 64 ~ 67 页。
[四] 迈克尔·波特. 竞争优势 [M]. 陈小悦. 译. 北京：华夏出版社，2005.
[五] 企业的价值创造是通过一系列活动构成的，这些活动可分为基本活动和辅助活动两类，基本活动包括内部后勤、生产作业、外部后勤、市场和销售、服务等；辅助活动包括采购、技术开发、人力资源管理和企业基础设施等。这些互不相同但又相互关联的生产经营活动，构成了一个创造价值的动态过程，即价值链。

子公司拥有完全不同于母公司的独立价值链；复制型子公司是指该子公司的基本价值链是对母公司成熟业务的复制；拆分型子公司是指将公司成熟业务的价值链进行拆分，将每段价值链装入不同的公司中。

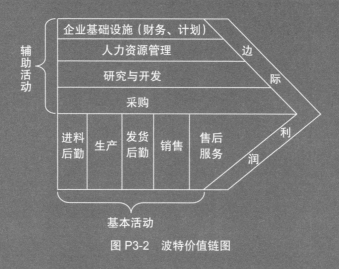

图 P3-2　波特价值链图

第10章

创新型子公司

一家公司创业之初通过对业务的摸索，不断试错调整，商业模式渐趋成熟，最后形成护城河，迈入成熟期。成熟期公司，一方面开始由风险偏好转向追求安全；另一方面会利用现有资源衍生新产品或新业务，延展自身的业务边界。比如，影视公司华谊兄弟（300027）利用明星资源孵化粉丝经济；又如，户外运动用品公司探路者（300005）利用积累的客户资源从"运动休闲服饰用品品牌企业"转变为"户外综合解决方案提供商"，从"户外用品的生产和销售"拓展为"户外用品＋旅行＋大体育"；再如，兔宝宝（002043）是装饰板材行业龙头，该公司在主营板材产品的同时，利用已有的销售渠道资源逐步进行品牌延展，渗透到下游家居领域。这些由成熟期公司资源培育出的新业务，既与老业务有着千丝万缕的联系，又需要从 0 到 1 的创新精神，而与创新相伴相生的是承担风险。如果把成熟业务和创新业务放在一个大公司里，用相同的价值网、相同的团队、相同的管理模式，最后一定是把资源给了那些风险很低且已经有收入的成熟业务。我们可以想象这样的画面：一家创业公司可能因为 100 元的订单欢呼雀跃，但在成熟期的公司，只有 100 万元的订单才能引起别人的注意。因此，克莱顿·克里斯坦森在《创新者的窘境》中写道："无法在同一个机构内同时延续两种不同的文化和两种不同的盈利模式。单个机构似乎无法在保持它拥有主流市场的竞争力的同时，全方位地开发破坏性技术。"如今，越来越多的大公司开始尝试"把大公司变小"，即把新业务从老公司中独立出来，成立一家新公司。新公司独立运营、独立考核。

对于培育的新业务，有多种股权架构的选择，常见的有 4 种。

第一种：体内控股

由拟上市公司或者上市公司作为投资主体，设立控股子公司，用控股子公司运营新业务，并独立上市（见图 10-1）。

第二种：体内全资

由老业务公司投资设立全资子公司，由子公司运营新业务，老业务公司作为上市主体，新老业务打包上市（见图 10-2）。

第三种：剥离上市

从实际控制的非上市板块剥离出新业务，新业务由实际控制人投资成立的新公司运营，并独立上市（见图 10-3）。

图 10-1 体内控股型股权架构

图 10-2 体内全资型股权架构

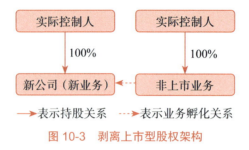

图 10-3　剥离上市型股权架构

第四种：完全体外

由实际控制人作为投资主体，新业务公司作为全资或控股子公司（见图 10-4）。

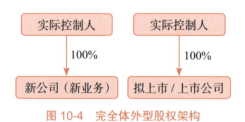

图 10-4　完全体外型股权架构

10.1　体内控股

10.1.1　案例 20　科大讯飞

科大讯飞[⊖]（002230）成立于 1999 年，由以刘庆峰为核心的中国科学技术大学语音实验室团队发起成立。2008 年 5 月，科大讯飞在深圳证券交易所上市，成为中国首家以智能语音和人工智能技术为主营业务的上市公司。

第一阶段：讯飞医疗注册成立

自 2015 年起，我国政府开始大力推动"互联网 + 医疗健康"战略，此时科大讯飞已经在语音识别、自然语言处理（NLP）和深度学习等领域积累

⊖　全称为"科大讯飞股份有限公司"。

了丰富的技术经验。凭借这些领先技术，科大讯飞积极布局医疗领域，致
力于解决行业痛点，推动医疗服务的智能化与效率提升。

2016 年 4 月，科大讯飞成立"智慧医疗事业部"，这标志着科大讯飞
正式将医疗领域作为一个战略重点，开始系统化、规模化地布局医疗 AI
业务。

2016 年 5 月，科大讯飞将智慧医疗事业部剥离，成立讯飞医疗[⊖]。讯飞
医疗创立时的股权架构如图 10-5 所示。

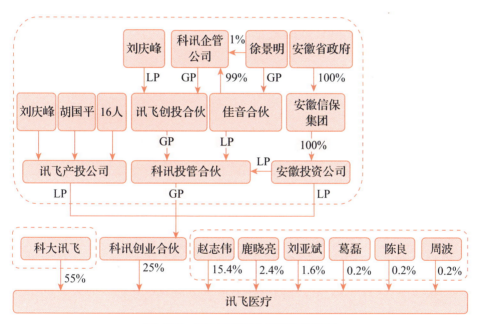

图 10-5　讯飞医疗创立时股权架构图

在图 10-5 所示的股权架构图中，讯飞医疗共有三类股东。

第一类股东：科大讯飞。

科大讯飞的持股比例为 55%，是讯飞医疗的控股股东。

⊖　原名为"安徽普济信息科技有限公司"；2017 年 8 月，更名为"安徽科大讯飞医疗信息技
术有限公司"；2021 年 12 月，改制为股份有限公司，并更名为"安徽讯飞医疗股份有限公
司"；2023 年 2 月，又更名为"讯飞医疗科技股份有限公司"。

第二类股东：科讯创业合伙[一]。

科讯创业合伙的持股比例为25%。

科讯创业合伙的实际控制人是徐景明。徐景明的控制链条为徐景明→佳音合伙（GP）→科讯企管公司（控股股东）→讯飞创投合伙（GP）→科讯投管合伙（GP）→科讯创业合伙（GP）。徐景明是科大讯飞联合创始人，曾任科大讯飞副总裁兼董事会秘书。讯飞医疗设立后，徐景明从科大讯飞辞职。

科讯创业合伙的投资人是国资系和科大讯飞系，前者包括安徽省政府的投资平台安徽省开发投资有限公司。后者包括科大讯飞创始人刘庆峰、胡国平、科大讯飞高管以及科大讯飞孵化公司高管的持股平台安徽讯飞产业投资有限公司。

第三类股东：讯飞医疗的高管团队。

讯飞医疗在创立时，共有六位个人股东[二]，其中赵志伟是讯飞医疗董事，并担任讯飞医疗旗下多家子公司董事；鹿晓亮是讯飞医疗执行董事；葛磊是讯飞医疗智慧医院业务部总经理；陈良是讯飞医疗研发部总监；周波是讯飞医疗江苏总监。

第二阶段：讯飞医疗实施股权激励

2018年4月，讯飞医疗的员工持股平台正昇合伙[三]注册成立。

2018年12月，讯飞医疗的股东鹿晓亮、陈良、葛磊、周波、赵志伟将其持有的讯飞医疗18.55%的股权，转让给正昇合伙。

2019年3月，正昇合伙的合伙人增加为17人，均为讯飞医疗员工。

2021年9月，讯飞医疗实施"员工股权激励计划"（RSU[四]），随后又成

[一]　全称为"安徽科讯创业投资基金合伙企业（有限合伙）"。

[二]　未查询到刘亚斌曾在科大讯飞或讯飞医疗任职。2017年，刘亚斌退出讯飞医疗持股。

[三]　全称为"合肥正昇信息科技合伙企业（有限合伙）"。

[四]　RSU（restricted stock unit，受限股票单位）是一种公司向员工授予的股权激励。它代表公司承诺在未来某个时间点或条件满足时向员工发放一定数量的公司股票。RSU通常作为员工激励计划的一部分，旨在吸引和留住人才，同时与公司业绩挂钩。

立了三个员工持股平台，分别是正旸合伙、正晖合伙、正昶合伙。四个持股平台以嵌套方式持有讯飞医疗股份，员工持股架构如图 10-6 所示[一]。

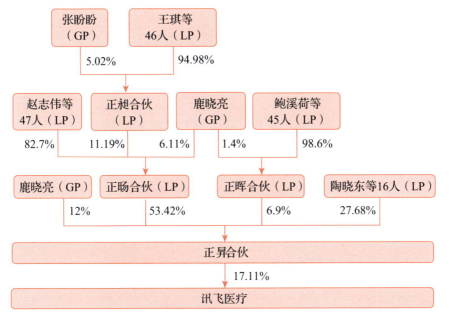

图 10-6　员工持股架构图

第三阶段：讯飞医疗股权融资

从 2020 年 2 月至 2021 年 11 月，讯飞医疗股东科讯创业合伙先后四次转让股权，受让方为天正投资、汇智投资、集智投资等。

随后，讯飞医疗开始引入私募股权基金，估值一路飙升，2021 年约为 70 亿元人民币，到 2024 年 12 月上市首日，其市值已达到 105 亿港元（按收盘价计算）。

讯飞医疗在港交所主板上市前的股权架构如图 10-7 所示[二]。

一　该股权架构为讯飞医疗上市时的员工持股架构图，根据《讯飞医疗科技股份有限公司全球发售》整理。

二　根据《讯飞医疗科技股份有限公司全球发售》第 178 页及附录六：法定及一般资料 5. 持股计划（a）持股平台（第Ⅵ-45 ～Ⅵ-46 页）整理。

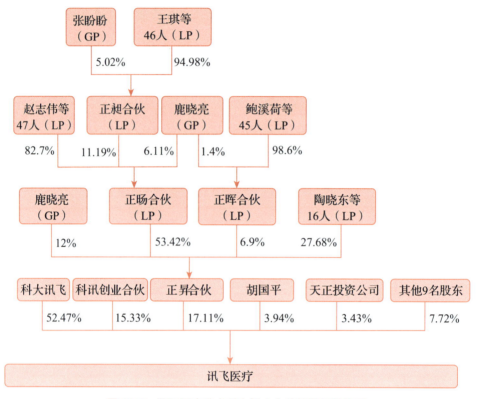

图 10-7   讯飞医疗港交所主板上市前的股权架构图

10.1.2   科大讯飞案例点评

为何科大讯飞要将医疗业务剥离至新公司运营呢？有如下的原因。

1. 新业务可以独立上市

2000 年，同仁堂（600085）分拆其子公司同仁堂科技（01666）至港交所上市，成为 A 股上市公司分拆上市第一股。

2010 年，中兴通讯（000063）完成对国民技术（300077）的拆分，成为 A 股历史上第一桩 "A 拆 A" 的案例，但分拆后母公司对子公司不再拥有控股权。

2019 年 3 月，中国证监会发布《科创板上市公司持续监管办法（试行）》，允许符合条件的上市公司分拆子公司到科创板上市。

2019 年 12 月，分拆上市再次迎来里程碑时刻，中国证监会发布了《上市公司分拆所属子公司境内上市试点若干规定》，正式允许符合条件的 A 股公司进行"A 拆 A"的相关操作，母公司保留被分拆主体控制权得到正式允许。

2021 年 2 月 25 日，生益科技（600183）分拆生益电子（688183）成功登陆科创板，成为"分拆上市新规"落地后的首家分拆上市公司。

2022 年 1 月，中国证监会发布《上市公司分拆规则（试行）》。该规则整合了此前境内、境外分拆上市的相关规定，首次实现境内外分拆监管标准的统一，标志着我国分拆上市制度进入成熟阶段。截至 2024 年年末，已有 67 家 A 股上市公司启动了分拆流程。

截至港股上市前，讯飞医疗已获得与上市有关的所有必要批准及授权，并于 2024 年 12 月 30 日在港交所主板分拆上市（股票代码：02506），实现了科大讯飞医疗业务线的资本化。

2. 有利于新业务独立引入投资人，摆脱平台成长依赖

讯飞医疗在登陆资本市场后，为投资人提供了在股市交易退出之路，而且可以让投资人独立评估新业务的战略、风险及回报，并相应做出投资决定，由此成为独立的融资平台，摆脱了对老业务公司的依赖。2019 年 12 月至 2023 年 12 月，讯飞医疗完成多轮首次公开发售前融资，引入 10 名外部投资人，融资 66 100 万元，每股价格分别为 19.05 元、66.67 元、73.87 元。

○ 见《科创板上市公司持续监管办法（试行）》（证监会令第 154 号）第三十一条："达到一定规模的上市公司，可以依据法律法规、中国证监会和交易所有关规定，分拆业务独立、符合条件的子公司在科创板上市。"

○ 《上市公司分拆所属子公司境内上市试点若干规定》（中国证券监督管理委员会公告〔2019〕27 号），2019 年 12 月 12 日施行。2022 年 1 月 5 日，中国证监会发布《上市公司分拆规则（试行）》，同时废止了《上市公司分拆所属子公司境内上市试点若干规定》。

○ 根据《讯飞医疗科技股份有限公司全球发售》第 170 页整理。

3. 让不同基因的业务自由成长

科大讯飞作为中国最大的智能语音技术提供商（据 2018 年《人民日报》的报道），基于人工智能核心技术，多年来持续赋能教育、金融、汽车、城市、运营商、工业等行业赛道，并取得广泛成效。2016 年，科大讯飞布局智慧医疗业务。但智慧医疗业务基因完全不同于其他业务，业务拆分之后会减小其在智慧医疗领域创新的阻力。

4. 培育垂直行业资源能力

新业务被剥离成新公司运营，方便新业务"合纵连横"，与上下游进行股权合作或者并购竞争对手。

5. 提升新业务的品牌形象

新业务独立剥离至新公司，使老业务和新业务分离，能使医疗业务具有独立的品牌价值。

6. 有利于对新业务进行估值

在资本市场上，多业务公司的估值往往会出现"短板效应"。短板效应是指一个木桶能盛多少水，并不取决于最长的那块木板，而是取决于最短的那块木板。同样的道理，经营不同业务的公司，也可能因为短板业务而拉低整体估值。对于价值投资者，多元化通常不透明，难以对其真实价值进行分析，而且价值投资者也会怀疑公司是否有能力同时经营好互不相关的行业。当多业务公司将主要子公司分拆上市时，大多数会受到市场的欢迎。不论母公司，还是分拆后独立上市的子公司，估值都会有所提升，出现所谓价值释放的现象。深层次原因在于，独立后的子公司管理层获得了更大的自主权，有更多的动力将业务扩大，将业绩做好；而且分拆后不论母公司还是子公司都会有更丰富、透明的信息披露，便于投资者进行正确的估值定价。

7.股权激励效果更佳

如果医疗业务没有被单独剥离为公司，而是在科大讯飞内部以事业部形式存在，对讯飞医疗员工授予股权激励则需要在科大讯飞层面实施。这将让员工持股价值与讯飞医疗业务发展相关度很低，甚至会导致"员工趴在股权上睡觉"的大锅饭现象。成立了讯飞医疗，则可以在讯飞医疗层面进行股权激励。

8.打碎固有薪酬体系，快速决策，提升效率

新业务需要新的组织管理架构以进行起跑期的组织激活，而且为了吸引创业期人才，新业务的薪酬体系也需要比成熟期业务的薪酬体系更具灵活性。在分权与集权上，创业期公司需要更多分权以笼络人心，成熟期公司则更重视集权，便于管控。分拆后的新公司可以脱离老的薪酬系统的制约，制定更加灵活和"因地制宜"的决策机制，以便于提高新业务的效率。

10.2　体内全资

10.2.1　案例 21　黑神话

1.老业务架构

2014 年 6 月，深圳诞生了一家公司——"深圳游科"[⊖]，创始人是冯骥。

冯骥曾在 2008 年加入腾讯游戏，并担任过腾讯 PC 网游《斗战神》主策划。2014 年，冯骥嗅到了手游市场爆发的商机，于是从腾讯游戏离职，创立了深圳游科，股权架构如图 10-8 所示。

图 10-8　深圳游科成立时的股权架构图

───────

⊖　全称为"深圳市游科互动科技有限公司"。

深圳游科成立后，于 2015 年 7 月推出了首款游戏《百将行》。《百将行》是一款以三国为题材的手游，由网易游戏负责发行。这款游戏虽然用户量不大，但为团队积累了宝贵的开发经验和市场反馈。

2016 年 11 月，冯骥设立了两个有限合伙企业——"游科研发"[⊖]和"游科互动"[⊖]作为预留股权激励池。在这两个有限合伙企业中，GP 均为冯骥，LP 均为余冉星。由于公司尚未实施股权激励计划，合伙份额暂由冯骥代持，待未来股权激励计划落地时，由冯骥把相应份额转让给激励对象。员工持股平台设立后，深圳游科的股权架构如图 10-9 所示。

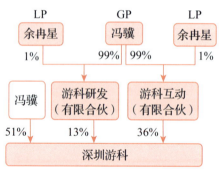

图 10-9　2016 年深圳游科股权架构图

2016 年 12 月，深圳游科研发的第二款手游《战争艺术：赤潮》上线，该游戏的发行方为英雄互娱[⊜]。2017 年 5 月，英雄互娱通过全资子公司"英雄金控"^㉓入股深圳游科。深圳游科投后估值 3 亿元，英雄金控投资 6 000 万元，持股比例为 20%。英雄互娱入股后，深圳游科股权架构如图 10-10 所示。

    ⊖　全称为"深圳市游科研发企业管理中心（有限合伙）"。

    ⊖　全称为"深圳市游科互动企业管理中心（有限合伙）"。

    ⊜　全称为"英雄互娱科技股份有限公司"，该公司于 2015 年在新三板挂牌，其简称为"英雄互娱"。2022 年，品牌全面升级，其简称变更为"英雄游戏"。2023 年，公司更名为"英雄游戏科技股份有限公司"。

    ㉓　全称为"天津英雄金控科技有限公司"。

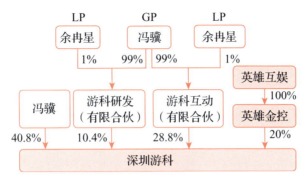

图 10-10　英雄互娱入股后深圳游科股权架构图

2. 新业务架构

2018 年 2 月，冯骥决定抽调部分精干团队做一款 3A[⊖]游戏——《黑神话：悟空》。3A 游戏与手游的差异见表 10-1。

表 10-1　3A 游戏与手游的差异表

对比维度	3A 游戏	手游
定义标准	高成本（超 5 000 万美元）、高体量、高质量的单机游戏	以移动端为载体，强调便携性、碎片化体验及社交属性
开发成本	单作研发成本通常超 5 000 万美元，集中于技术和美术投入	初期成本较低，依赖长期运营更新及用户留存优化
盈利模式	以买断制为主（60～70 美元/份），DLC 扩展收入	免费下载+内购（抽卡、皮肤、体力），依赖用户付费率
核心用户	硬核玩家群体，追求沉浸式剧情与操作深度	泛娱乐用户，覆盖通勤、休闲等碎片化场景
开发周期	3～5 年以上，注重细节打磨与多平台适配	6～18 个月，采用敏捷开发快速迭代版本

　　由于 3A 游戏和手游在商业模式、投资周期以及对组织能力的要求上存在显著差异，冯骥决定将这两类游戏分开运作。此时，他面临两种选择：一种是在深圳游科内部设立 3A 游戏事业部；另一种是成立一家新公司，

⊖　游戏领域中的"3A"通常是指：大量的金钱（A lot of money）、大量的资源（A lot of resources）、大量的时间（A lot of time）。冯骥在接受中央电视台《面对面》节目的专访时，还提出了"3A 游戏即高成本、高体量、高质量"的理念。

由新公司作为《黑神话：悟空》的开发主体。经过权衡，冯骥选择了后者。
2018 年 10 月，深圳游科在杭州成立了新公司——杭州游科⊖，专注于 3A 游
戏的开发。杭州游科股权架构如图 10-11 所示。

图 10-11　杭州游科股权架构图

下面我们对该股权架构进行讲解。

（1）为什么选择设立杭州子公司运营新项目

冯骥做出这一选择，主要基于以下因素。

生活成本与城市节奏方面

冯骥曾提到⊖，深圳节奏太快，员工和创业者压力较大。在深圳，如果
员工在短时间内不能产生绩效，面对高额的房贷、房租，很容易焦虑。相
比之下，杭州的物价和房价没那么高，生活相对松弛，大家更能沉下心来
扎实地开展创新工作。

政策与产业生态方面

杭州锚定打造"电竞名城""国际动漫之城"，拥有网易游戏等一批游
戏产业知名企业，还设有 7 个与动漫游戏产业相关的国家级产业基地、园
区。杭州游科入驻的艺创小镇对《黑神话：悟空》项目也非常支持。据
媒体报道⊜，杭州游科累计获得省、市、区及艺创小镇超过 300 万元的
补贴。

⊖　全称为"杭州游科互动科技有限公司"。

⊖　见澎湃新闻 2024 年 8 月 21 日的报道《〈黑神话：悟空〉背后：出自杭州"小镇"，曾获政
府专项资金支持》。

⊜　见报道《〈黑神话：悟空〉背后的杭州政府推手》。

人才与文化资源方面

《黑神话:悟空》的美术负责人杨奇毕业于坐落在杭州的中国美术学院。凭借在母校积累的人脉资源、对学校专业人才的了解，以及在美术领域的影响力，杨奇在杭州能更高效地组建起契合《黑神话:悟空》游戏开发需求的美术团队，为项目快速注入专业的美术力量，推动游戏开发进程。

（2）为何搭建母子架构而非兄弟架构

为何冯骥选择用深圳游科投资杭州游科，形成母子架构，而不是选择在深圳游科体外搭建新公司，形成兄弟架构呢？母子架构与兄弟架构对比见图 10-12。

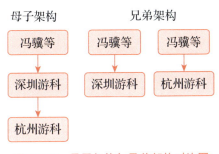

图 10-12　母子架构与兄弟架构对比图

这主要是因为 3A 游戏开发成本极高，前期需要投入巨额资金。无论是英雄互娱投入的资金，还是两款盈利手游所赚取的利润，都沉淀在深圳游科。以深圳游科作为母公司，深圳游科可以通过投资的方式，直接为杭州游科运营的 3A 游戏项目提供资金支持。

3. 整体架构

2020 年 8 月，杭州游科首次发布了《黑神话:悟空》的实机演示视频，引发了广泛关注。视频发布后，腾讯迅速表示了投资兴趣。如果腾讯投资，应该投资哪家公司呢？是母公司深圳游科，还是子公司杭州游科（见图 10-13）？

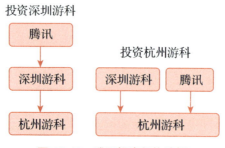

图 10-13　腾讯投资架构选择

　　与科大讯飞分拆讯飞医疗独立融资上市不同，冯骥选择了以深圳游科作为融资主体。2021 年 3 月，腾讯通过旗下子公司"腾讯创投"[⊖]作为投资主体，向深圳游科投资，持股比例为 5%。腾讯投资入股后，深圳游科股权架构如图 10-14 所示。

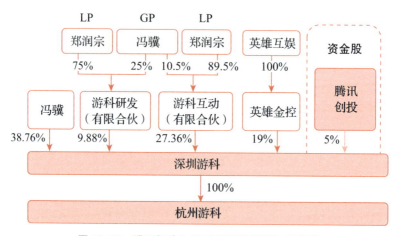

图 10-14　腾讯投资入股后深圳游科股权架构图

10.2.2　黑神话案例点评

　　为什么在科大讯飞案例中，子公司讯飞医疗作为融资上市主体，而本案例中，却以母公司深圳游科作为融资上市主体呢？

　　⊖　全称为"广西腾讯创业投资有限公司"。

1. 战略协同的深度绑定

（1）业务定位的动态调整

在 2018 年，深圳游科的定位是手游开发商，通过《百将行》《战争艺术：赤潮》等产品为杭州游科的 3A 游戏研发"输血"，构成双轨制生存模式。2019 年后，深圳游科的战略重心发生了转变。手游团队逐渐转型为技术支持部门，形成了"单机研发核心化、手游技术辅助化"的协同架构。

（2）资源整合的规模效应

以母公司深圳游科作为融资主体，可以将杭州游科纳入合并报表，实现研发资金、IP 资产、技术专利的统筹管理，避免双主体运营导致的资源重复投入。这种模式提升了《黑神话：悟空》开发期间的组织效率，使美术、引擎、联机模块等技术能力在两地团队间无缝流动。

2. 历史股权架构的路径依赖

（1）前期投资的连续性要求

2017 年，英雄互娱对深圳游科进行了首轮投资，已确立母公司为权益主体。如果腾讯创投转而注资子公司杭州游科，将导致两轮投资人的权益主体分离，增加 IPO 阶段股东利益协调的成本。

（2）资本退出的确定性保障

母公司控股结构为投资人提供了明确的退出通道。深圳游科可以通过 IPO 或并购实现整体估值兑现，而子公司分拆可能面临业务关联性审查的风险。

深圳游科选择母公司作为融资主体，本质上是战略协同需求（3A 游戏与手游技术互通）与历史股东约束（英雄互娱首轮投资主体锁定）共同作用的结果。这一模式为高投入、长周期的 3A 游戏开发提供了可持续的资源整合框架，同时规避了多主体融资引发的权益纠纷风险。

3. 基于战略的决策

2018 年，深圳游科的定位是开发手游，以其利润为杭州游科开发 3A 游戏"输血"，这是《黑神话：悟空》未盈利前的核心生存逻辑。2021 年，随着《黑神话：悟空》的前景逐渐明朗，杭州游科实现自给自足的信心越来越足，深圳游科为其配置的资源也越来越多。自 2019 年开始，深圳游科不再开发新的手游，而是逐步将其定位从"现金流引擎"调整为"战略储备与技术试验田"⊖。深圳游科和杭州游科形成了"3A 核心化、手游辅助化"的关系。以深圳游科作为融资主体，将杭州游科纳入合并报表，更符合其战略一体化的要求。

10.3　剥离上市

10.3.1　案例 22　千味央厨

千味央厨⊜的创始人是李伟。李伟在 1997 年创立了思念品牌⊜，专注于速冻食品的生产。2006 年 8 月，思念控股⑭在新加坡交易所主板成功挂牌上市；2012 年，思念控股启动退市。退市后，思念控股的股权架构如图 10-15 所示。

伴随着思念控股的退市，思念食品⑮投资成立了一家全资子公司——千味央厨。随后，千味央厨用了 9 年时间，不断进行股权架构调整，最终脱

⊖ 深圳游科 2019 年后仍负责手游开发，但无新项目公开信息，笔者推断它的手游团队重心转向了存量产品运营，而非新作开发。根据深圳游科发布的招聘信息与组织架构，其手游团队可能转型成为单机游戏提供技术支持。

⊜ 全称为"郑州千味央厨食品股份有限公司"。

⊜ 根据思念食品官网信息整理。思念品牌的核心运营公司为郑州思念食品有限公司，该公司也是思念控股旗下最核心的业务公司。

⑭ 全称为 Synear Food Holdings Limited，是思念集团在新加坡交易所上市的主体。

⑮ 全称为"郑州思念食品有限公司"。

离母体思念食品，成为一家独立的上市公司。

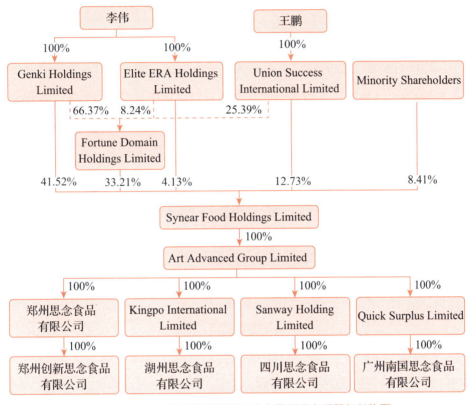

图 10-15　2012 年思念控股新加坡交易所退市后股权架构图

千味央厨是如何从思念食品的子公司，发展成一家完全脱离母体的上市公司的？让我们一探千味央厨的成长历程。

第一阶段：胚胎期（2002 ～ 2011 年）

思念食品一直聚焦 C 端⊖市场，也就是速冻食品零售市场，主要面向家庭消费，产品集中在大型商超、零售网点和农贸市场等终端进行销售。2006 年，思念食品成立了"餐饮渠道部"，并与 B 端客户百胜餐饮⊜达成合

⊖　C 端，即 to consumer，是指面向个人用户提供产品或服务。

⊜　全称为"百胜中国控股有限公司"。

作，为百胜餐饮集团旗下东方既白[⊖]研发出中国第一根工业化速冻油条——无铝"安心油条"。2008 年，思念食品将产品成功打入肯德基[⊜]品牌。

第二阶段：孵化期（2012～2015年）

2012 年，思念控股启动从新加坡交易所退市；同年 4 月，思念食品出资 1 350 万元（其中以货币出资 600 万元，以设备出资 750 万元）投资设立了全资子公司——千味央厨，将专注于 B 端[⊜]的"餐饮渠道部"分拆至新公司。千味央厨在继承思念食品 B 端产品销售业务的基础上，进一步深挖 B 端，首创行业餐饮 B2B 模式。它致力于为餐饮业提供全面的供应解决方案，包括从速冻面米制品的研发、生产到销售的各个环节，以满足餐饮企业在供应链管理上的多样化需求。该阶段千味央厨的股权架构如图 10-16 所示[⊗]。

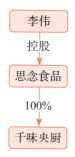

图 10-16　千味央厨第二阶段股权架构图

通过上述股权架构设置，思念食品将原主营的"C 端业务"和创新的"B 端业务"，拆分成两家公司。为什么思念食品要把"餐饮渠道部"分拆至"千味央厨"呢？原因是新老业务虽然同属于速冻食品行业，但却分属于不同的赛道，有着截然不同的业务流程，以及基因迥异的组织能力，具体如下。

⊖ "东方既白"是世界性餐饮集团百胜餐饮集团第一个中式餐饮品牌，是肯德基的兄弟品牌。

⊜ 肯德基（KFC）是全球知名快餐连锁品牌，在快餐行业占据领先地位。

⊜ B 端，即 to business，是指面向企业用户提供产品或服务。在本文中是指速冻食品餐饮销售市场，主要面向餐饮业和企业团餐，通过直接采购、专业餐饮批发市场或者经销商配送到门店。

⊗ 李伟通过境外架构控制思念食品。

（1）新老业务的业务模式不同

思念食品是以经销模式为主，面向消费者提供标准化产品。而千味央厨则是以直营模式为主，面向大客户提供定制化产品。随着业务的发展，餐饮渠道部经营的 B2B 业务模式与思念食品传统经营的 B2C 业务模式越来越不兼容，迫使思念食品分拆餐饮渠道部，成立千味央厨。千味央厨 B2B 业务模式与思念食品 B2C 业务模式差别，具体见表 10-2。

表 10-2　千味央厨 B2B 业务模式与思念食品 B2C 业务模式差别

项目	千味央厨	思念食品
主要产品	油条、芝麻球、蛋挞皮、卡通包等，并向烘焙和火锅系列产品扩展	以水饺、汤圆、包子、粽子等主食产品为主
业务模式	聚焦于 B2B 市场，主要面向餐饮企业客户（包括酒店、团体食堂等）	聚焦于 B2C 市场，主要面向个人消费者
加工方式	餐企后厨专用设备进行二次加工，可涉及多种烹饪方式，公司现有产品以油炸、蒸煮、烘焙为主，要求固定加工参数，标准操作，出餐速度快	家庭厨房设备二次加工，以蒸煮为主
生产流程	生产设备需研发、定制，主要根据订单组织生产，可满足小批量、柔性化、定制化生产要求	生产设备的通用性、标准化高，满足大批量、自动化、工业化生产要求
产品设计	适应餐饮客户产品 包装：简易包装为主 规格：各类包装，根据加工设备或使用场景确定，如宴席根据每桌人数确定每份数量 用途：注明餐饮专用 / 餐饮原料	适应个人客户产品 包装：精美 规格：小包装，根据家庭成员数量设计，如一人份、两人份 用途：家庭个人消费
营销方式	主要通过参加专业展会与主题活动的方式进行推广	通过大众媒体广告、超市促销等方式进行推广
销售渠道	以经销和直营模式为主，核心在于满足餐饮企业需求	主要通过商超和经销模式，以满足家庭消费需求为主
发展战略	秉承"只为餐饮、厨师之选"的战略定位，目标是成为中国最大、最专业的餐饮供应方案提供商	以"中华美食现代化、世界美食本土化、企业发展共享化、顾客满意思念化"为企业使命，引领速冻行业发展潮流，为消费者创造营养便捷的美食享受
研发理念	以模拟餐厅后厨工艺为产品研发的出发点，最大程度还原餐企后厨的制作工艺，产品迭代快	产品具备明显的通用特征，主要考虑加工的便利性、口感，不具有"定制化"的特征，产品迭代节奏相对慢

（2）新老业务对组织能力要求不同

思念食品是一家成熟期公司，组织管理已经形成一套成熟的绩效薪酬体系，如果新业务仅仅是作为一个部门，很难突破原有绩效薪酬体系的框架，进而受到其桎梏。千味央厨成立后，共有 91 名正式员工，其中大部分为原思念食品餐饮渠道部核心人员及其他部门相关人员，这些老人和招聘的新人，都可以在千味央厨适用新的绩效薪酬体系，未来千味央厨还可以实施股权激励以吸引人才。此外，思念食品拆分新业务成立千味央厨的逻辑，也可以参考科大讯飞拆分讯飞医疗的优点（见本章第 10.1 节内容）。

接下来，我们分析一下新业务的分拆时机。无论是从资本运作（股权融资、并购、估值、股权激励等）还是从经营管理（薪酬体系、管控模式、财务管控、品牌塑造）来看，业务分拆都具有诸多优势。但新业务拆分独立为新公司并非越早越好，而是需要具备一定的条件，等待时机成熟，就好比胎儿需在母体中孕育十个月，方可瓜熟蒂落。将新业务分拆独立，至少要考虑以下三个因素。

第一，需考虑老业务对新业务的资源支持

新业务的孵化需要依赖老业务的资源。千味央厨在孵化过程中，便借助了思念食品的资金、研发、供应链、品牌等支持。如果新业务过早独立为新公司，新公司的人事体系和利益体系与老业务过早分离，则可能导致老业务体系中的人员对新业务产生更强烈的排异反应。

第二，需考虑孵化期的整体税负

在孵化期内，新业务只有成本投入，没有收入回报，完全处于亏损的状态，只能用老业务的利润去滋养，而且新业务能否存活也有很大的不确定性。如果新业务过早地独立为新的子公司，由于我国的企业所得税以法人作为纳税主体，即新的子公司的税收亏损无法在母公司补亏，且新的子公司的补亏仅能在 5 年内进行，这会造成母公司盈利需要缴纳企业所得税，

新的子公司的亏损白白被浪费，从而导致税负畸高。图 10-17 为江苏 W 集团 2011 年和 2012 年的税前利润对比和上缴税金对比。

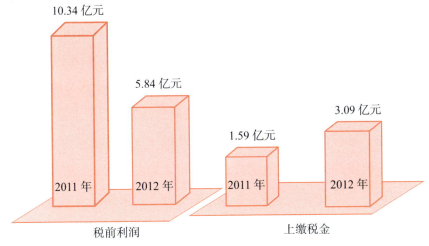

图 10-17　W 集团 2011 年和 2012 年的财务数据对比图

我们发现该集团税前利润在减少，但上缴税金在增加，主要原因就是集团采用了母子公司的股权架构。W 集团有个别子公司 2012 年较 2011 年业绩倍增，但大部分子公司出现了亏损。由于子公司之间的盈亏无法相抵，所以出现了集团合并利润下滑，但上缴税金暴增的畸形状态。

第三，需考虑拆分时机

什么时候把新业务剥离出来最合适呢？我们建议参考以下几个指标。

（a）新业务有独立生存概率。

创业本质上就是跟"不确定性"做殊死搏斗。随着商业模式日渐成熟、人员组织日趋稳定，前景变得越来越可期。如果新业务尚处于胚胎阶段，就可以在老公司内部继续孵化，待进一步发育后再剥离，以避免过早脱离母体，失去母体供给，不具备独立生存能力。

（b）新业务价值链的"核心环节"可以独立。

2006 年，思念食品为百胜餐饮研发了早餐产品油条；2022 年，思念食品又为百胜餐饮研发了蛋挞。无论是油条还是蛋挞，都只是一款速冻食品。要想使这些产品独立发展为一项有价值的业务，就需要构建一个包括采购、加工、销售等一系列环节的完整价值链。只有当价值链中的核心环节具备独立运作的能力时，业务才具有独立价值。此核心环节可以是出色的供应链管理能力，可以是加工环节强大的工业化能力，也可以是深厚的品牌影响力等。总之，只有当核心环节能够独立支撑业务运作时，业务才具备独立拆分的基本条件。

（c）老业务对新业务的支持可以通过关联交易量化。

在早期，思念食品的餐饮渠道部完全依赖于老业务的采购、研发等价值链环节，但随着餐饮市场对速冻食品的需求爆发式增长，餐饮渠道部的规模迅速扩大，规模化效应逐渐显现，老业务公司对新业务的"支撑"逐渐减少，转变为"支持"。这种"支持"可以转换为"交易"，即独立后的千味央厨与思念食品之间，可以按照市场化定价进行买卖结算。

随着餐饮行业集中度、连锁化、供应链社会化水平的逐步提升，餐饮市场速冻面米制品需求潜力释放，千味央厨聚焦餐饮领域，采用差异化竞争策略，开始进入成长的快速通道。2012 年，千味央厨实现收入约 1.1 亿元，净利润约 186 万元；2013 年，千味央厨实现收入约 3.69 亿元，净利润约 641 万元；2014 年，千味央厨实现收入约 3.79 亿元，净利润约 531 万元；2015 年，千味央厨实现收入约 3.98 亿元，净利润约 1 636 万元。⊖随着千味央厨的成长，它逐步斩断对母体思念食品的依赖。2013 年，千味央厨在既有河南研发中心之外，又成立了上海研发中心。同年，公司新生产基地——英才街基地以及新办公大楼启用。

第三阶段：重组期（2015 ～ 2016 年）

2016 年，千味央厨明确了"只为餐饮、厨师之选"的品牌定位，以及

⊖ 数据来源于《北京市竞天公诚律师事务所关于郑州千味央厨食品股份有限公司首次公开发行人民币普通股股票并上市补充法律意见书（三）》。

"餐饮专供速冻米面领导品牌"的企业定位，并成功进入百胜餐饮集团 T1 级别供应商行列。千味央厨开始启动上市计划，此时李伟面临着非常重要的战略选择。

（1）独立上市还是整体上市

面对上市决策，李伟站在战略的十字路口：千味央厨是独立上市，还是和思念食品整体一起上市？权衡利弊后，李伟决定让千味央厨独立上市。为什么李伟如此选择呢？这一决策背后，是掌舵人李伟对速冻食品行业发展趋势的洞察与预判。下面让我们看看李伟眼中的思念食品和千味央厨。

（a）未来成长空间。

老业务（思念食品）：思念食品所处 B2C 业务是红海市场，销售费用高、竞争激烈、利润空间受挤压。

新业务（千味央厨）：餐饮端业务增速快，有存量客户增长和新客户开拓空间，未来可期。李伟认为千味央厨 B2B 业务是新蓝海，整合上市会削弱其定位和估值。

（b）行业竞争格局。

老业务（思念食品）：所处传统 C 端市场，行业成熟，竞争激烈，市场饱和，利润低，受电商等冲击，增速放缓。

新业务（千味央厨）：专注于 B 端餐饮赛道，不受渠道制约，竞争压力小，行业高速增长。

（c）团队战略判断。

思念食品创立于 1997 年，经过近 20 年的发展，已经有了成熟的舵手团队和运营团队。舵手团队中，李伟是掌舵人，副舵手是王鹏。李伟长于宏观，抓大方向；王鹏细于微观，抓运营管理。但随着千味央厨新业务的推进，两人对业务前景的判断发生了分歧。与李伟看空思念食品不同，王鹏认为思念食品品牌优势明显，精细化管理后坚守 C 端市场依然会有所作为；而餐饮供应链市场规模占比低，且下游餐饮行业当时处于变革期，千味央厨业务面临挑战。

李伟基于对速冻食品行业趋势的战略预判，最终选择千味央厨独立上市，以聚焦 B2B 餐饮蓝海赛道的高增长潜力，同时也平衡了团队对新旧业务发展方向的分歧。

（2）兄弟架构还是母子架构

（a）什么是兄弟架构和母子架构？

兄弟架构：由同一控制实体（如集团、家族或投资方）设立多个平行法人实体，各公司具有独立法人资格，业务互不干涉，有一定的风险隔离功能。

母子架构：由母公司控股子公司形成的层级架构，子公司作为独立法人承担自身风险，母公司以出资额为限承担责任。

兄弟架构和母子架构如图 10-18 所示。

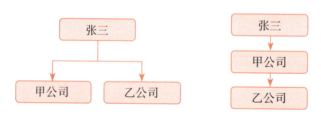

图 10-18 兄弟架构（左）与母子架构（右）对比图

（b）李伟会如何选择？

如果千味央厨独立上市，千味央厨与思念食品是母子架构，还是兄弟架构呢？

如果两者之间是母子架构，千味央厨申报上市，将涉及对其控股股东思念食品股权架构的穿透审核。由于思念食品退市后仍保留境外红筹架构（见图 10-15），若继续保留该架构，其复杂性可能会影响上市进程；而拆除思念食品的红筹架构，则会面临较高的时间成本和税务成本。于是，李伟决定将千味央厨彻底从思念食品剥离，并将其注入红筹架构以外的新股权链条，最终将原母子架构调整为兄弟架构，从而避免了红筹架构对上市的不利影响。股权架构具体调整过程如下。

2016 年 3 月，李伟和思念食品第二大股东王鹏共同出资设立集之城[⊖]，其中李伟持股比例为 80%，王鹏持股比例为 20%。思念食品将其持有的千味央厨 100% 股权转让给集之城。同时，由千味央厨核心高管组建的有限合伙企业——共青城凯立[⊜]，对千味央厨进行增资。2016 年 8 月，千味央厨又引入外部投资人——新希望[⊜]等。至此，千味央厨彻底脱离思念食品母体，其股权架构如图 10-19 所示。

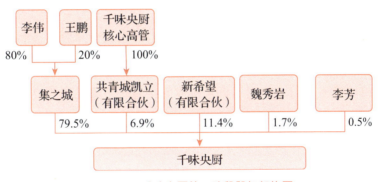

图 10-19　千味央厨第三阶段股权架构图

（3）是否属于同业竞争

如果千味央厨与思念食品都属于李伟所控制的企业，那么两家公司是否存在同业竞争呢？如果存在同业竞争，又该如何解决这一问题？

（a）是否属于同业竞争？

经过上市辅导券商的论证，尽管思念食品与千味央厨在业务模式、销售

⊖　全称为"郑州集之城企业管理咨询有限公司"，2017 年 8 月迁址并更名为"共青城城之集企业管理咨询有限公司"，简称"共青城城之集"。

⊜　全称为"共青城凯立投资管理合伙企业（有限合伙）"。系千味央厨核心高管持股平台，出资合伙人包括公司总经理、副总经理、董秘、销售总监等管理层。公司董事长、总经理和分管财务的副总经理均在思念食品有较长时间的任职，速冻食品从业经验丰富，且管理团队和大股东具有较为紧密的联系。

⊜　全称为"深圳前海新希望创富一号投资合伙企业（有限合伙）"。

渠道、产品设计、发展战略及商标商号等方面存在较大差异，但由于二者都属于速冻面米制品制造行业，且存在经营范围相似、部分产品重叠、工艺技术相通、部分供应商相同等情况，因此，两家公司存在同业竞争关系。

（b）同业竞争解决之道。

如何解决这个上市障碍呢？我们看到李伟以壮士断腕的勇气，通过换股方式彻底退出思念食品，以换取千味央厨独立上市的机会。具体操作如下。

王鹏退出千味央厨。王鹏将其间接持有的千味央厨股权全部转让给李伟，并退出千味央厨董事会，且不再担任千味央厨及其控股股东集之城任何职务。

李伟退出思念食品。李伟将其间接持有的思念食品股权全部转让给思念食品管理层，并退出思念食品董事会，且不再担任思念食品任何职务。

股权转让完成后，王鹏不再直接或间接持有千味央厨股权，李伟不再直接或间接持有思念食品股权，从而彻底消除了千味央厨与思念食品之间的同业竞争问题。

第四阶段：上市期（2017～2021年）

2017年5月，扫清了同业竞争路障后的千味央厨，进入上市辅导期。

2018年年底，京东领投、绝味食品跟投，[一]千味央厨融资1亿元。该轮融资后，千味央厨投后估值达到10亿元。

2019年，千味央厨开启B轮融资，公司估值进一步提升至约20亿元。

2020年，千味央厨启动Pre-IPO融资，引入了新的财务投资者，同时老股东京东、绝味食品继续追加投资，融资总额超3亿元，为冲刺上市储备了资金。同年千味央厨申报上市，截至上市前，股权架构如图10-20所示。

㊀　京东和绝味食品分别通过宿迁涵邦投资管理有限公司和深圳网聚投资有限责任公司投资千味央厨。

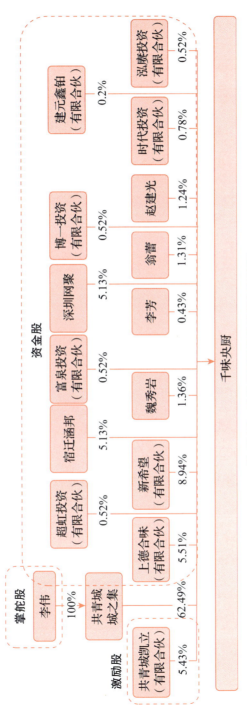

图 10-20 千味央厨第四阶段股权架构图

2021 年 9 月 6 日，千味央厨在深交所主板成功上市，成为 A 股首家餐饮供应链上市企业。

10.3.2　千味央厨案例点评

千味央厨通过"事业部→子公司→剥离体外→退老换新"四个步骤，成功将 B 端餐饮供应链业务从传统 C 端速冻食品业务中剥离出来，其核心经验包括：体内孵化验证商业模式，股权重构实现业务独立，股权退出解决同业竞争。这一案例为多元化集团如何分拆并独立运营优质资产提供了一个值得借鉴的范例。

10.4　完全体外

10.4.1　案例 23　顺丰集团[⊖]

1. 顺丰控股上市前的架构调整

2017 年 2 月，"顺丰快递"借壳上市成功，被借壳方"鼎泰新材"更名为"顺丰控股"（002352）。至此，国内快递行业龙头顺丰控股登陆 A 股。顺丰控股在借壳之前，用了两年多的时间对股权架构进行调整。图 10-21 为 2015 年之前顺丰控股的股权架构[⊖]。

2015 年 9 月，顺丰控股对股权架构进行调整，将旗下的顺丰电商和顺丰商业剥离，具体操作如下。

第一步：成立商贸控股[⊜]

2015 年 8 月，顺丰控股的 5 个股东明德控股、嘉强顺风、元禾顺风、

⊖　全称为"顺丰速运（集团）有限公司"，2015 年 7 月更名为"深圳明德控股发展有限公司"。
⊖　摘自鼎泰新材 2016 年 9 月 28 日公告《重大资产置换及发行股份购买资产并募集配套资金暨关联交易报告书（草案）（修订稿）》第 177 页。
⊜　全称为"顺丰控股集团商贸有限公司"。

招广投资、古玉秋创投资成立商贸控股。各股东对商贸控股的持股比例与对顺丰控股的持股比例相同。

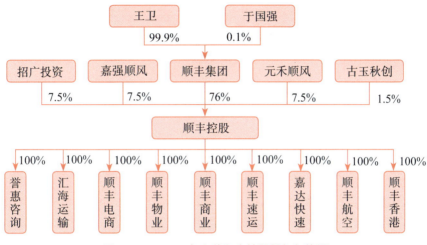

图 10-21 2015 年之前顺丰控股股权架构图

第二步：剥离顺丰电商和顺丰商业

2015 年 9 月 30 日，顺丰控股股东会做出决议，同意将顺丰电商、顺丰商业 100% 的股权分别以人民币 1 元的价格转让给商贸控股。

本次股权转让交易定价之所以只是象征性的 1 元，是参考了以下因素：截至 2015 年 6 月 30 日的经审计净资产值，顺丰控股对顺丰电商、顺丰商业进行现金增资后净资产的变化情况以及 2015 年 7 月 1 日至 2015 年 9 月 30 日的预计期间损益。

经过重组，商贸控股成为与顺丰控股平行的公司。顺丰控股作为上市主体，运营快递物流板块；商贸控股在上市公司体外，运营商业板块。重组后的顺丰集团股权架构如图 10-22 所示⊖。

⊖ 摘自鼎泰新材 2016 年 9 月 28 日公告《重大资产置换及发行股份购买资产并募集配套资金暨关联交易报告书（草案）(修订稿)》第 178 页。

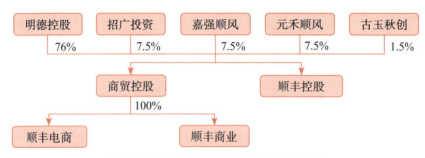

图 10-22 重组后的顺丰集团股权架构图

2.上市前调整架构的原因

从 2013 年开始,顺丰的创始人王卫开始进军电商领域。按照王卫的规划,顺丰在生鲜配送领域有着丰富的经验和日趋完善的冷链物流体系,先进入生鲜电商,再全面切入电商领域,并确立了顺丰优选负责线上销售(顺丰电商负责运营)、顺丰嘿客负责线下体验和流量引入(顺丰商业负责运营)的商业模式。但历时两年多的时间,王卫期待的物流和商流协同发展的规划并未实现,商业板块出现了巨亏的局面。表 10-3 和表 10-4 为 2013 年和 2014 年商业板块的财务数据[⊖]。

表 10-3 简要资产负债表 （单位：万元）

项目	2014 年年末	2013 年年末
资产总计	140 872.36	37 625.66
负债总计	222 533.27	57 871.82
所有者权益合计	−81 660.90	−20 246.16
归属于母公司所有者权益合计	−81 660.90	−20 246.16

表 10-4 简要利润表 （单位：万元）

项目	2014 年度	2013 年度
营业收入	104 037.74	34 372.65
利润总额	−81 713.83	−12 873.08
净利润	−61 414.74	−12 581.52
归属于母公司所有者的净利润	−61 414.74	−12 581.52

⊖ 摘自鼎泰新材 2016 年 9 月 28 日公告《重大资产置换及发行股份购买资产并募集配套资金暨关联交易报告书（草案）(修订稿)》第 179 页。

由表 10-3 和表 10-4 可见，顺丰集团的商业板块发展得并不顺利。仅 2013 年和 2014 年两年，亏损的总额就高达 7 亿多元，而亏损的原因主要是顺丰商业自 2014 年开始集中铺设线下门店。

在顺丰控股的公告中，我们看到其在上市前剥离商业板块的理由如下[⊖]。

（1）聚焦主业发展

生鲜电商行业商业模式和盈利模式尚未发展成熟，顺丰商业板块的经营模式也在摸索之中，其与顺丰控股快递业务的协同效应未能充分发挥。此外，商业板块经过两年多的发展之后，已具有一定规模，线下门店众多，员工人数近万人，其销售、采购和运营模式均与快递业务有着较大差异，对顺丰控股的经营管理造成一定压力。商业板块转让有利于顺丰控股聚焦于自身经营战略，更加专注于快递物流服务的主营业务，提高现有资产的运营质量，有利于保护全体股东利益。

（2）降低财务风险

随着生鲜电商市场的快速发展，行业参与者大量增加，竞争日趋激烈，顺丰商业板块仍然处于经营模式摸索期和投入期，其后续经营仍需要大量资金投入，未来发展的不确定性较大，商业板块留在顺丰控股合并报表范围内将增加顺丰控股的财务风险和资产负债率。剥离商业板块后，顺丰控股主要业务为经营模式成熟、盈利稳定的快递业务，各项盈利指标均大幅改善。

除了上述披露原因外，将亏损业务从上市主体剥离也有利于提升顺丰控股的估值。

10.4.2　顺丰集团案例点评

通过顺丰集团的案例，我们看到创新业务的孵化虽然是基于老业务的

⊖　见鼎泰新材 2016 年 6 月 15 日公告《重大资产置换及发行股份购买资产并募集配套资金暨关联交易报告书（草案）》第 136 页。

资源支撑，但也充满了创业的风险，有着很大的不确定性。本章中的科大讯飞孵化讯飞医疗属于成功案例，而顺丰集团孵化顺丰优选和顺丰嘿客则是失败案例。为了避免这次失败的创新尝试拖累上市公司业绩，顺丰控股不得不将其剥离至体外。

如果我们换个思维，创新业务的孵化，是不是一定要放在老业务公司体内投资呢？是否可以在初始设立的时候，就放在老业务公司体外呢？也就是说，创新业务公司的投资主体有两种选择：一种是拟上市公司／上市公司投资设立，即体内模式；另一种是在拟上市公司／上市公司体外设立，由实际控制人控股，即体外[⊖]模式。

比如顺丰集团案例中，顺丰优选和顺丰嘿客业务如果在顺丰控股体外孵化，不仅无须在借壳上市前进行剥离，而且创新业务孵化失败，也不会拖累拟上市公司业绩。如果新业务孵化成功，则可以后续再注入拟上市主体打包上市，或者独立上市。

除此之外，体外模式也适合上市公司做市值管理。比如，东航集团[⊜]为东方航空（600115）的控股股东，在东方航空遇到主营业务领域的新投资机会时，并没有由东方航空直接投资，而是由控股股东东航集团在上市公司体外先行投资，以避免给东方航空带来较大的资金压力和投资风险。在东航集团先行参与该新投资机会后，东航集团赋予东方航空购买选择权，即待被投资业务培育成熟后，东方航空有权决定在合适的时机要求东航集团将被投资业务的相关股票或股权转让给自己。这样，既能使东方航空规避参与相关新业务早期投资的风险，又能使东方航空享有相关新投资业务培育成熟后的购买选择权[⊜]。

⊖　本章中体内和体外中的"体"是指上市板块或拟上市板块。

⊜　全称为"中国东方航空集团有限公司"。

⊜　具体可以参见 2017 年 12 月 22 日《中国东方航空股份有限公司关于修订〈东方航空重组分立协议的补充协议〉部分条款的公告》第四部分。

笔者在此特别提示，也并非所有的新业务都适合做体外控股架构。因为新业务多是借助于成熟业务的资源发展起来的，所以新老业务间可能会存在一些关联交易和同业竞争关系，如果处理不慎，可能导致老业务上市受到一定的影响。因此，对于拟上市公司孵化新业务要综合考虑各个因素，具体情况具体分析。

第 11 章

复制型子公司

　　如果子公司的业务是对母公司成熟业务基本价值链的复制，我们就称此类子公司为"复制型子公司"。比如，贵阳的老凯俚酸汤鱼餐馆在当地经营得非常成功，已经具有区域品牌影响力，但其创始人不满足于老凯俚仅为地方品牌，于是启动扩张战略，通过开设新公司把酸汤鱼餐馆复制到全国各地。再比如河南的某房地产开发商，在河南开发地产掘到第一桶金后，在战略上判断房地产行业集中度会越来越高，资金和资源会在未来进一步向拥有规模和品牌的房地产开发企业倾斜，于是开始跨地域设立项目公司拿地开发。

　　对复制型子公司，我们用两个案例进行讲解，其中万科地产案例着重讲解项目跟投机制，喜家德案例着重讲解支撑连锁门店扩张的合伙人机制。

11.1　项目跟投机制

11.1.1　案例 24　万科地产[⊖]

2014 年，迈入"而立之年"的万科 A（000002）发布事业合伙人制度，事业合伙人制度包括事业合伙人持股计划和项目跟投制度两部分。

1. 事业合伙人持股计划

该计划的具体操作为：由万科员工投资组建盈安有限合伙[⊖]，通过证券公司的集合资产管理计划购入万科 A 股票（见图 11-1）。盈安有限合伙购买万科 A 股票的资金有部分会引入融资杠杆，这意味着，事业合伙人团队将承受比普通股东更大的投资风险。

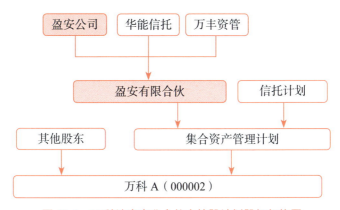

图 11-1　万科地产事业合伙人持股计划股权架构图

以下我们着重介绍万科的项目跟投机制。

2. 项目跟投制度

根据万科 A 的公告[⊜]，2014 年万科跟投制度的主要内容如表 11-1 所示。

⊖　万科地产，又简称"万科"，证券简称"万科 A"，全称为"万科企业股份有限公司"。

⊜　全称为"深圳盈安财务顾问企业（有限合伙）"。

⊜　摘自万科 A（000002）2014 年 3 月 29 日第十七届董事会第一次会议决议公告。

表 11-1   2014 年万科跟投制度主要内容

维度	具体内容
制度背景	作为事业合伙人制度的核心组成部分，旨在绑定员工与股东利益，解决股权分散下的"内部人控制"问题
跟投范围与人员	强制参与：一线公司管理层（区域及城市公司负责人）、项目管理人员必须跟投 自愿参与：其他员工可自主选择是否跟投 排除对象：董事、监事、高级管理人员不得参与
跟投比例与资金	初始跟投：员工跟投总额不超过项目资金峰值的 5% 追加跟投：公司额外提供 5% 份额，员工可在 18 个月内以央行基准利率配资受让，总跟投比例达 10% 杠杆机制：允许员工通过外部配资扩大投资，但需承担利息成本
收益分配机制	分配优先级：未设置门槛收益率，跟投人与公司按出资比例分配收益 风险承担：员工以出资额为限承担风险，亏损时不额外追索

2014 年，万科实施完毕事业合伙人制度后，股权架构如图 11-2 所示[⊖]。

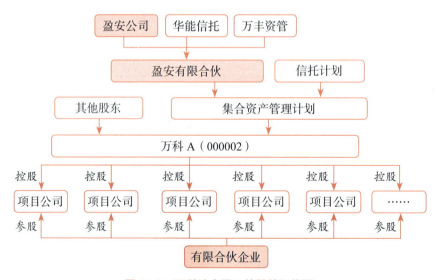

图 11-2   万科地产员工持股的架构图

从 2015 年起，万科顺势应时地对跟投制度进行了 6 次调整，共形成了 7 个版本，具体如表 11-2 所示。

⊖ 图中的有限合伙企业和盈安公司、盈安有限合伙为万科员工持股平台。

表 11-2 万科跟投制度一览表

时间	背景	核心规则	关键影响
2014年3月 1.0版	旨在通过"共创共担"激发一线员工积极性，缩短项目周期并提升效率	必须跟投人员为"一线公司管理层、项目管理人员"，初始跟投≤5%，18个月内可追加≤5%（合计≤10%）	项目周期缩短5个月，认购率提升4%，营销费率下降，2014年跟投项目毛利率提升6%
2015年3月 2.0版	优化区域投资布局，扩大激励范围	扩大了强制跟投范围，对不同类型的跟投人员安排相应的额外受让跟投，并将追加跟投比例上限由原5%提高到8%（合计13%）	员工可通过低息配资扩大投资，导致员工工作为少数股东分走更多利润，与股东利益产生直接矛盾
2017年1月 3.0版	股东权益保障需求升级，需解决跟投占比过高问题	取消追加跟投，总跟投比例降至10%。引入"门槛收益率"（10%）和"超额收益率"（25%），保障万科优先分配收益。设置劣后机制：IRR①≤10%时，万科优先分配；10%＜IRR≤25%时，跟投人按出资比例分配收益；IRR>25%时，跟投人可获1.2倍超额收益分配	强化股东利益保护，员工跟投认购金额下降，促使员工更谨慎地决策，项目拿地质量提升
2018年1月 4.0版	平衡股东利益与员工激励，并通过风险控制适配战略转型	新获取的住宅开发销售类项目均纳入跟投范围，旧改等其他项目不强制跟投；单一跟投人员权益比例上限为1%，万科持股低于50%的项目，跟投比例不超过万科权益的20%；跟投资金需在公司注资后40个工作日内到账，否则支付溢价利息	短期内，提升了项目效率与股东收益，但长期暴露出员工参与度下降、管理权集中等问题
2020年3月 5.0版	简化流程：适配战略转型（如物流、商业等新业务）；平衡股东与员工利益	对标万科实际融资成本（5.73%），门槛收益率调整为融资成本，超额收益率调整为融资成本的2.5倍；降低考核标准以激励高管；探索市场化退出机制	随着行业景气度下行，员工参与度持续下行，经营性资产受政策限价影响大，估值争议频发；规则复杂化退出流程且员工质疑"同股不同权"，导致激励公平性争议
2022年6月 6.0版	行业流动性危机加剧，需加速员工退出，并强化保交付责任	取消模拟清算退出（需满足交付率95%，成本结算率95%等条件）；取消特殊劣后机制，转向同股同权价分配；引入独立第三方评估价值，并动态调整	实行模拟清算退出，经营性资产还需满足开业满3年或NOI②超5%等条件，导致部分商业项目退出延迟6~12个月
2023年10月 7.0版	适配新业务模式，优化风险隔离，提升经营韧性	新增经营性资产估值约束（退出价≤第三方评估价），政策原始退出条款	风险隔离强化，应对行业下行；但经营性资产退出规则可能延缓回款，未来需在激励公平性与风险控制间进一步平衡

① IRR 是英文 internal rate of return 的缩写，中文意思为项目内部收益率。

② NOI 是英文 net operating income 的缩写，是商业地产投资中的一个关键财务指标，指的是地产所产生的总收入减去所有运营成本之后的净利润。

11.1.2　万科跟投机制点评

万科的跟投制度历经十年六次迭代，本质上是在员工激励、股东权益、风险控制之间寻求动态平衡的过程。在复制型子公司的运营模式下，跟投制度凭借"利益捆绑、风险共担"机制，在行业上行阶段极大地推动了区域化扩张的进程，同时在下行阶段构建起一定的风险缓冲体系。

1. 上行周期的扩张助推器

在行业处于上升期时，跟投制度通过以下三重机制，有力地促进了子公司的快速复制。

（1）人才裂变激励

万科推行的强制跟投机制，将区域负责人以及项目核心团队的个人财富与子公司业绩紧密相连。这种深度绑定的模式极大地激发了管理层主动开拓新市场的积极性。相关数据显示，在 2014 ～ 2016 年间，万科平均每年新增城市公司接近 20 家，项目开发周期缩短了 4 ～ 5 个月。这一激励模式不仅加快了组织的裂变速度，更重要的是让管理层与企业形成了利益高度一致的共同体。

（2）资源整合杠杆

万科允许员工进行配资跟投，初期杠杆率达到 1 ：2，这一举措极大地放大了管理团队的投资能力。以 2015 年为例，跟投项目的平均溢价率明显高于非跟投项目，从而推动万科当年新增土地储备量相较于上一年同比增长了 37%。该杠杆机制在土地市场竞争中发挥了关键作用，为企业的规模化扩张奠定了坚实的资源基础。

（3）决策效率提升

跟投团队被赋予了项目决策权，这一改变极大地缩短了审批流程。依据 2016 年的数据，跟投项目从获取土地到开盘的平均周期，相较于传统模式缩短了约 37 天，显著提升了企业对市场变化的响应速度。

2. 下行周期的风险减震器

自 2018 年万科喊出"活下去"的口号后，房地产行业便进入了深度调整期，市场环境越发复杂多变，不确定性因素显著增多。在这一背景下，万科敏锐察觉到传统跟投制度在抵御风险方面存在短板，进而在多个关键维度对跟投制度进行了调整，例如新增经营性资产估值约束、实行模拟清算退出、引入独立第三方评估股权价值并动态调整、降低考核标准以激励高管、取消特殊劣后机制转向同股同权分配等，以强化风险控制体系。

万科的实践表明，任何激励机制的设计，必须基于行业阶段、商业模式与组织文化的动态适配。在行业上升期，跟投制度可加速资源整合与业务扩张；在下行期，则需通过退出规则优化与责任绑定保障股东权益，以控制风险。但必须认识到，在行业下行的严峻形势下，跟投制度存在明显的局限性，无法仅凭自身力量让企业完全规避风险。例如，万科在 2024 年出现了巨额亏损，这表明单纯依靠跟投制度难以应对复杂多变的市场环境。未来，集团化企业在借鉴万科经验时，需在激励覆盖面（广度）、风险隔离度（深度）、分配公平性（精度）间建立动态平衡，方能穿越行业周期，实现可持续发展以及"共生共荣"。

11.2　连锁合伙机制

11.2.1　案例 25　喜家德

1. 野蛮成长的个体经营（2002 ～ 2012 年）

喜家德是中国知名水饺连锁品牌，专注于现包水饺 20 余年。2002 年，喜家德品牌的创始人高德福在黑龙江鹤岗开了第一家水饺店。2008 年，喜家德开设了在哈尔滨的第 10 家店，成为哈尔滨地区知名餐饮品牌。2009
年，喜家德进军吉林省，当年全国连锁店面数量达到 60 家。2010 年，喜家
德进一步拓展市场，进驻北京、辽宁和山东，全国连锁店面数量超过 100 家。

在这一阶段，喜家德的门店多为个体经营或区域合作模式，尚未形成
规模化的企业主体。

2. 内部合伙人机制（2012 ~ 2020 年）

（1）早期的"358"模式（2012 ~ 2015 年）

2012 年，喜家德管理总部——大连喜家德水饺餐饮管理有限公司⊖注
册成立。同年，喜家德水饺更换全新标识系统，品牌升级战略全面启动。
2012 年年底，全国连锁店面数量达到 230 家，覆盖了 8 个省份。在市场格
局初步形成后，高德福意识到，单纯依靠直营模式扩张面临诸多挑战，如
人才短缺、资金压力等。而加盟模式又极易导致品牌失控。为了突破这些
瓶颈，喜家德逐步构建起了"358 合伙人模式"。2012 年，喜家德在小范围
内试行"师徒制 + 利益共享"模式，初步尝试将门店店长与新店投资绑定，
形成了"虚拟分红股"⊖的雏形。经过 3 年实践，喜家德于 2015 年正式将这
一机制命名为"358 合伙人模式"，并在全国门店推广。

"358 合伙人模式"具体内容如下。

3% 分红激励（基础绩效层）

授予条件：店长在季度 / 年度考核中排名靠前，早期为考核排名前 50%
的店长，后来放宽比例。

⊖　该公司于 2018 年注销，大连总部更换为喜鼎餐饮管理有限公司。2023 年，高德福在苏州
　　注册"苏州赢众餐饮管理有限责任公司"，作为喜家德全球投资总部和供应链管理中心。
⊖　目前官方没有对虚拟股进行定义，本书的虚拟股是指授予激励对象的股权，不在市场监督
　　管理局登记，而是通过协议等方式进行确权。激励对象可据此享受分红权和股价增值收益，
　　但不具备所有权、表决权，且不可转让或出售。获得虚拟分红股的激励对象不享受股价增
　　值收益，仅享受分红收益。喜家德内部将虚拟分红股称为"干股"。

权益内容：无须出资即可获得所在门店 3% 的虚拟分红，分红周期为季度或年度结算。

战略目的：激活店长的"主人翁意识"，通过赛马机制筛选出具备培养潜力的骨干人才。

5% 跟投权（人才培养层）

授予条件：老店长（师傅）成功培养 1 名新店长（徒弟），并通过总部考核。

权益内容：老店长（师傅）可在新开门店中跟投出资 5%，享受分红。

战略目的：激励店长带徒弟，形成人才梯队，解决"教会徒弟饿死师傅"的痛点。

8% 跟投权（区域管理激励层）

授予条件：累计培养 5 名合格店长，并晋升为区域经理（需通过总部管理能力评估）。

权益内容：从第 6 家新店开始，跟投比例提升至 8%，同时需承担区域门店的运营督导责任。

战略目的：推动区域裂变，加速门店扩张。

这一阶段的内部合伙人机制探索，让喜家德在人才培养和门店扩张上取得了显著成效。通过内部合伙人机制（包括虚拟股激励和跟投机制），企业将员工利益与企业发展深度绑定，不仅解决了人才短缺问题，还为门店扩张提供了资金支持，推动品牌在全国范围内进一步拓展。

（2）升级的"35820"模式（2016 ～ 2020 年）

2015 ～ 2017 年，喜家德门店数量从 200 家增至 400 家，但曾经的"总部—店长"垂直管理模式面临瓶颈，总部对跨区域门店的运营响应效率明显下降。为了突破这一瓶颈，喜家德需要通过更高层级的激励机制绑定核心人才，进一步巩固直营模式优势。为此，喜家德对内部合伙人机制进行了升级。

新增片区投资权

在"358 合伙人模式"的基础上，又增加了片区投资权，升级为"35820 合伙人模式"。

授予条件：员工晋升至片区经理职位，且满足具备独立进行新店选址的能力以及门店经营能力等条件时，可获得片区投资权。

权益内容：可独立承担新店选址工作，并且针对所选新店跟投 20% 的股份。同时，主导该新店的精英团队组建与管理工作。

战略目的：通过赋予核心人才"内部创业"的机会，构建自驱型组织，激发员工的积极性与创造力，提升企业整体竞争力。

该阶段，喜家德除了新增跟投机制，还根据遇到的实际情况，从进入和退出等维度，对内部合伙人机制做了完善，例如，从进入维度，对于区域划分、区域经理职责、培养店长周期、投资额等方面做了更为细致的规定；从退出维度，明确了店长离职、考核不合格、违法违纪等情况下股份的处理方式。

虚拟股升级为工商股

在 2017 年之前，喜家德的跟投机制基本采用虚拟股模式。随着门店的快速扩张，参与跟投的员工数量不断增加。为了更好地为出资者确权，喜家德开始将员工对门店真金白银的出资，落实到工商登记上。为了配合虚拟股到工商股的升级，喜家德以区域为单位，成立了众多有限合伙企业，形成了有限合伙架构集群[⊖]。以下我们以北京的一家门店为例，看看喜家德合伙门店的股权架构布局（见图 11-3）[⊖]。

在该股权架构图中，高德福通过多层股权架构，掌握了门店运营主体北京玖雨金餐饮管理中心（有限合伙）的控制权；单庆维、刘冬雨为区域经

⊖ 高德福控制的企业多达数百家，其中大部分为以有限合伙企业形式运营的喜家德饺子店。

⊖ 关于有限合伙架构的优缺点，详见本书第 5 章 DeepSeek 案例。

理；卢伟为门店店长。

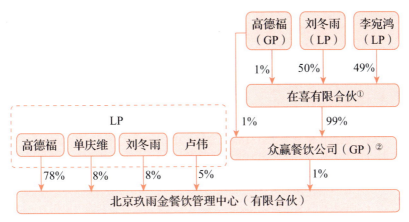

图 11-3 喜家德合伙门店的股权架构图

①全称为"上海在喜企业管理服务中心（有限合伙）"。
②全称为"上海众赢餐饮管理有限公司"。

3. 外部合伙人机制（2020 年至今）

2020 年，新冠疫情对餐饮行业造成了沉重打击，喜家德也未能幸免。疫情期间，门店现金流锐减，总部对新店的投资能力大幅下降。与此同时，现包水饺赛道的竞争也进入了白热化阶段。袁记云饺凭借"外带＋外卖"模式和加盟体系，快速抢占市场份额；熊大爷则通过资本加持，在门店数量和品牌影响力上不断攀升。这些竞争对手在产品创新、营销推广等方面各显神通，给喜家德带来了巨大的竞争压力。在此背景下，喜家德迫切需要探索新的发展路径，以外部跟投机制为核心的"城市合伙人模式"应运而生。

喜家德的城市合伙人分为两种类型：一类是运营合伙人，侧重于门店的日常运营管理，通过高效运营提升门店业绩；另一类是开发合伙人，专注于新店的选址开发工作，负责前端事务。两类合伙人均需是全职的，且要真金白银地对门店进行跟投。表 11-3 为两类合伙人的对比。

自启动外部合伙人模式以来，喜家德的门店扩张速度显著加快。截至2024 年年末，喜家德在全国拥有门店 835 家，覆盖中国 40 多个城市，形成以东北地区为核心、辐射全国重点区域的布局。

表 11-3　喜家德运营合伙人和开发合伙人对比

对比维度	运营合伙人	开发合伙人
核心职责	全面负责门店日常运营管理，包括人员调度、食材采购、服务质量把控、销售业绩提升等工作，确保门店高效稳定运营	主要聚焦于门店新址开发，负责商圈调研、店铺选址、租赁谈判以及新门店筹备开业的前期工作
跟投比例	跟投比例分为8%、16%、24%、32%四个阶梯，持股比例根据严格的能力考核结果确定	在单店的跟投比例为固定的5%
收益构成	按持股比例获得月度分红，分红金额为单店利润乘以其持股比例	按持股比例分红，同时可获得新店首年利润提成作为选址奖金
参与程度	需全职投入门店运营，并取得店长资格认证	需全职开展选址开发工作，但不参与门店运营
风险承担	按持股比例承担门店亏损	承担5%股权对应的亏损风险

喜家德从创立之初简单的个体经营模式，逐步发展为内部合伙人模式与外部合伙人模式相结合的合伙制模式。这种合伙制模式，由门店的各参与方共同出资、共同经营、共享收益、共担风险。它不仅解决了企业发展过程中的人才、资金和市场拓展等问题，更通过将员工、合伙人与企业的利益深度绑定，形成了强大的发展合力，推动喜家德从区域品牌逐步成长为全国知名的水饺连锁品牌。

11.2.2　连锁合伙机制点评

虽然合伙制在喜家德全国门店扩张中功不可没，但我们也要看到，以跟投机制为核心的合伙人机制要想取得成功，并非易事。以下是连锁门店合伙人设计中的几个关键点。

1. 内部价值链的交易定价

喜家德拥有"供应链—品牌—门店"的全价值链。其中，供应链的运营主体为喜庆日[⊖]，喜家德品牌的运营主体是喜鼎餐饮[⊜]，这两家公司的股权架构如图 11-4 所示。

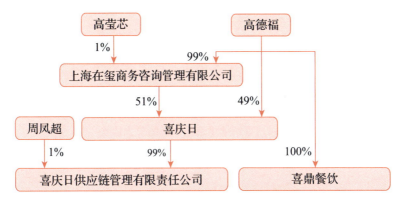

图 11-4　喜庆日和喜鼎餐饮股权架构图

喜家德的合伙人只是投资门店，供应链、品牌和门店的实际控制人均为高德福，但三者的股东结构并不相同。这也就不可避免地导致喜庆日和门店之间，以及喜鼎餐饮和门店之间存在关联交易（见图 11-5）。

图 11-5　供应链、品牌和门店的关联交易示意图

喜家德的合伙人模式之所以能够取得成功，与创始人高德福主导的价值链交易定价策略密切相关。这一策略在品牌授权和供应链交易两个核心环节体现得尤为明显。

———————
　　⊖　全称为"上海喜庆日供应链管理有限公司"。
　　⊜　全称为"喜鼎餐饮管理有限公司"。

（1）品牌授权

喜家德的商标品牌归属于喜鼎餐饮，由喜鼎餐饮运营，不收取门店的品牌授权使用费。

（2）供应链交易

喜家德的供应链体系包括中央厨房、冷链配送和生产工厂三大板块（见表 11-4）。

表 11-4　喜家德供应链体系的三大板块

板块	具体内容
中央厨房	在门店所在城市设立中央厨房，负责馅料、半成品的标准化生产，截至 2024 年年末已布局 35 家中央厨房
冷链配送	自建智能物流体系，通过全国 130 余辆冷链物流车配送，实时监控运输温度和路线
生产工厂	自建 2 家调料工厂（如沈阳综合调料工厂）和多个食品工厂，负责核心调味料、面粉等原料供应

喜家德通过自建的供应链体系向门店供应面粉、肉类、蔬菜、调味料、饺子盒、包装盒等产品。这些产品应该如何定价呢？如果定价高，利润将更多留在供应链体系，但会削弱合伙门店的吸引力；如果定价低，利润将更多留在门店体系，但会挤压供应链的发展空间。由于交易定价是喜家德的商业机密，无法从公开渠道查询，但从喜家德合伙制的成功，我们可以推测，高德福选择了低定价策略，让喜家德门店的合伙人能够实实在在分到红、赚到钱，而供应链则更多地向规模要利润。

相比之下，有很多连锁餐饮企业通过收取高额品牌授权使用费或高价供应原材料等方式，从门店抽取利润，导致门店利润微薄，合伙人投资门店后难以获得分红，动力不足，最终影响品牌的可持续发展。

2. 单体盈利模型是基石

托尔斯泰有句名言："幸福的家庭都是相似的，不幸的家庭各有各的不幸。"这句话也可以套用在复制型子公司的设计中：失败的复制型子公司各有各的理由，但成功快速复制子公司的集团都有一个共性——拥有经过市场验证的"单体盈利模型"。

单体盈利模型的核心在于通过精准定位、成本控制与标准化运营实现可持续盈利。该模型需提炼选址、产品组合、定价等核心指标，形成可复制的盈利公式。例如，通过优化菜单结构（爆款引流＋利润款支撑）提升客单价与复购率，同时依托中央厨房与冷链物流降低食材成本。单店投资回报率（ROI）达标是验证模型有效性的关键，只有跑通最小盈利单元，才能支撑规模化复制。若模型未经过市场验证直接扩张，可能导致资源错配与品牌价值损耗。因此，单体盈利模型不仅是单店生存的保障，更是复制型子公司从 0 到 1 000 的战略起点。

3. 跟投合伙人的退出机制

本章中的两个案例——万科地产和喜家德，虽然都是跟投，但底层逻辑却截然不同。万科高管跟投的是高周转的房地产项目公司，楼盘售罄、项目结束后就会清算注销；而喜家德合伙人跟投的饺子馆，一旦运营走向正轨，生命周期可以持续很久，甚至有潜力做成百年老店。如果跟投合伙人不再为饺子馆做贡献，而又没有有效的退出机制或动态调整机制，就会出现"趴在股权上睡大觉"的情况。因此，合理设计退出机制，也成为合伙制成功的关键，具体而言，跟投合伙人的退出可以有以下几种方式。

（a）创始人或其指定第三方回购。

（b）从门店撤资或者与门店其他合伙人协商转让份额。

（c）喜家德上市，合伙人将持有门店的权益置换为喜家德股票，以方便未来在股市减持套现退出。

4.搭建以终为始的集团架构

在股权架构设计中，喜家德通过有限合伙架构实现门店合伙人激励和创始人控制双重目的。具体而言，投资入股的合伙人作为 LP 持股门店。创始人高德福通过两种方式参与：一种是作为在喜有限合伙的 GP，通过 GP—在喜有限合伙—众赢餐饮公司—有限合伙（门店）的链条（股权架构见图 11-3），实现对门店的控制；另一种是直接作为 LP，享受有限合伙门店的分红。

但随着喜家德高速扩张，门店数突破 800 家，高德福个人投资的企业数量也水涨船高，多达几百家⊖。一方面，当有门店合伙人进入、调整、退出等工商事项发生时，会耗费创始人大量的精力；另一方面，如果喜家德未来计划上市，需要将数百家有限合伙企业注入上市主体，面临时间成本高、税负重的挑战。因此，如果喜家德进一步扩张，需要搭建集团架构，以匹配未来可能的资本运作和稳健运营。

⊖ 企查查 app 显示，截至 2025 年 3 月 25 日，喜家德创始人高德福个人投资的企业多达 812 家。

第 12 章

拆分型子公司

拆分型子公司是将成熟业务的价值链进行拆分，比如 W 公司的业务价值链为研发→生产→销售，W 公司成立全资子公司 A，将销售环节全部剥离至 A 公司运营。以下我们通过海底捞案例来理解拆分型子公司。

12.1 案例 26 海底捞[⊖]

海底捞品牌的创始人是张勇，1971 年出生于四川简阳，白手起家，以极致服务打造了火锅帝国。张勇商业帝国的股权架构是如何搭建的呢？

⊖ 本案例是根据海底捞（06862.HK）招股说明书、颐海国际（01579.HK）招股说明书、特海国际（09658.HK、HDL.US）以介绍方式港股上市文件、美股 F-1 表格登记声明内容整理。

12.1.1 初建海底捞

1994 年，海底捞的第一家餐馆在四川简阳成立。

2001 年，海底捞商标的承载主体"四川海底捞"[⊖]注册成立，股东共有 4 人：张勇、舒萍（夫妻）和施永宏、李海燕（夫妻），4 人的持股比例均为 25%。

2006 年，负责门店装修及翻修的"蜀韵东方"[⊜]注册成立。

2007 年，施永宏将持有的四川海底捞 18% 的股权转让给张勇。

2008 年，焦作市清风海底捞餐饮有限责任公司注册成立。

2009 年，负责投资持股的简阳市静远投资有限公司（以下简称"静远投资"）注册成立。随后，张勇等 4 人对四川海底捞的股权架构进行了调整，成为 4 名股东直接持股四川海底捞 50% 股权，通过静远投资间接持有四川海底捞 50% 股权，同时引入 6 名创业元老作为股东[⊜]。2009 年，杭州海底捞餐饮有限公司成立。随后苏州、上海、东莞、郑州、厦门、宁波、深圳、武汉等地分别成立了以海底捞命名的餐饮公司。

自 2012 年开始，海底捞进军境外市场，截至上市前，海底捞共在境外设立 22 家公司。

12.1.2 拆分调料业务

2014 年，海底捞的火锅餐厅门店数量突破 100 家。同年，海底捞开始启动拆分价值链行动。海底捞首先拆分的是餐饮价值链中的调料业务。

1. 拆分前的架构

在拆分前，海底捞餐厅的火锅底料产品的运营主体为"四川海底捞"的 6 家分公司（成都分公司、北京食品分公司、上海嘉定分公司、咸阳分

⊖ 全称为"四川海底捞餐饮股份有限公司"。

⊜ 全称为"北京蜀韵东方装饰工程有限公司"。

⊜ 6 名股东分别为杨利娟（0.1%）、冯伯英（0.1%）、苟轶群（0.1%）、袁华强（0.1%）、陈勇（0.06%）、杨宾（0.04%）。后来，冯伯英离开海底捞。

公司、郑州高新区分公司及北京销售分公司）及郑州蜀海[⊖]，其中郑州蜀海及海底捞成都分公司主要生产复合调味料，而其他 5 家分公司主要向海底捞餐厅及其他独立第三方经销商销售复合调味料。调料业务拆分前的股权架构如图 12-1 所示。

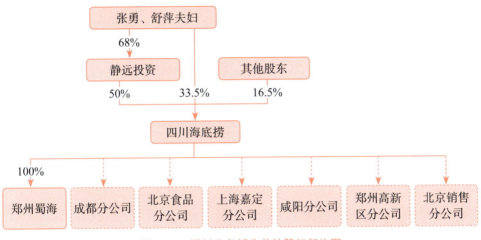

图 12-1　调料业务拆分前的股权架构图

2. 拆分的六步骤

第一步：2014 年 4 月，郑州蜀海成立全资子公司成都悦颐海[⊖]。

第二步：从 2014 年 9 月起，成都悦颐海通过与客户订立供应协议及接管销售人员，取代四川海底捞，接管其复合调味料销售业务。

第三步：2014 年 11 月，海底捞北京销售分公司改制为有限责任公司，并更名为颐海北京[⊜]。改制后，停止从事销售生鲜食品业务，此后从事销售复合调味料业务。

第四步：2014 年 12 月，注册成立颐海上海[⊕]。颐海上海与四川海底捞

⊖　全称为"郑州蜀海实业有限公司"。

⊖　全称为"成都悦颐海商贸有限公司"

⊜　全称为"颐海（北京）商贸有限责任公司"。

⊕　全称为"颐海（上海）食品有限公司"。

订立股权转让协议，颐海上海同意从四川海底捞收购郑州蜀海的全部股权。

第五步：2015 年 6 月，颐海上海成立全资子公司颐海霸州[⊖]。

第六步：海底捞成都
分公司向成都悦颐海转让
其生产复合调味料相关的
全部生产设施及存货。

调料业务拆分后的股
权架构如图 12-2 所示。

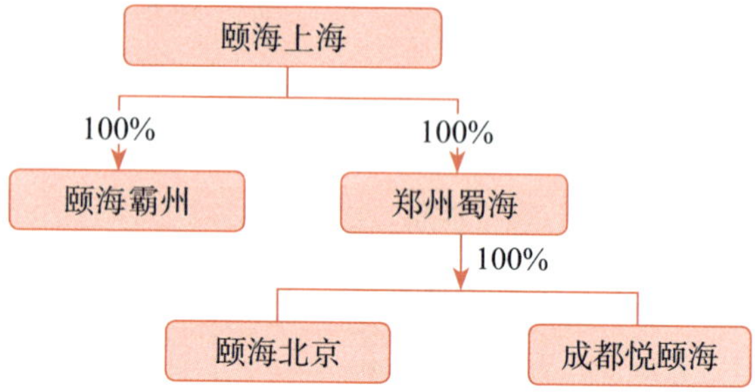

图 12-2　调料业务拆分后的股权架构图

3.调料业务上市

在将调料业务拆分后，注入境外架构，至此该业务板块境外上市的红筹
架构搭建完毕（见图 12-3）。2016 年 7 月 13 日，颐海国际在港交所主板上市。

12.1.3　拆分供应链管理

2014 年 6 月，蜀海（北京）供应链管理有限责任公司（以下简称"蜀
海供应链"）成立。截至 2018 年年底，蜀海供应链旗下共有 10 家全资子
公司（以下将蜀海供应链和 10 家子公司称为蜀海供应链板块）。蜀海供应
链板块提供整体供应链全托管服务，与海底捞餐厅的业务关系如图 12-4 所
示[⊜]。被拆分后，蜀海供应链发展十分迅速，如今已拥有遍布全国的现代化
冷链物流中心、食品加工中心、底料加工厂、蔬菜种植基地、羊肉加工基
地等。此外，蜀海供应链建立了从采购、储存、理货、出货到配送的全信
息化管理体系，为海底捞的扩展提供了高品质、高效率、高稳定性的供应
链体系基础。在拆分独立后，蜀海供应链的服务也由单一为海底捞提供服
务拓展为给数百家知名餐饮及便利店企业提供供应链服务。

⊖　全称为"颐海（霸州）食品有限公司"。

⊜　本业务架构图来源于上海申银万国证券研究所有限公司证券分析师马晓天研究报告《火锅
产业链公司究竟能长多大？——以海底捞集团旗下颐海国际（01579.HK）为例》，第 30 页。

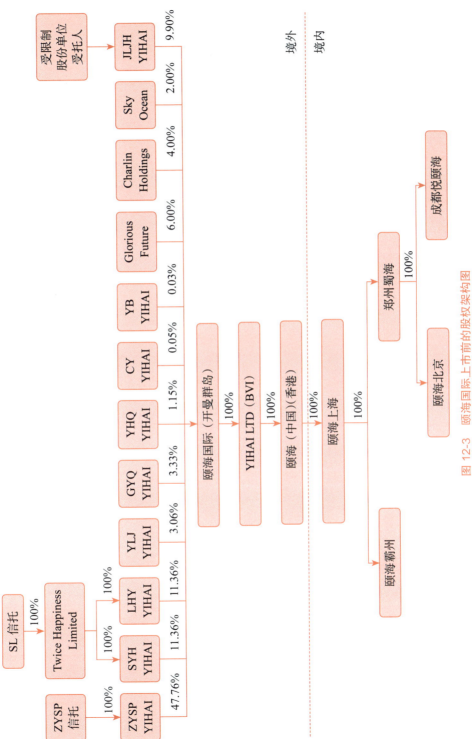

图 12-3　颐海国际上市前的股权架构图

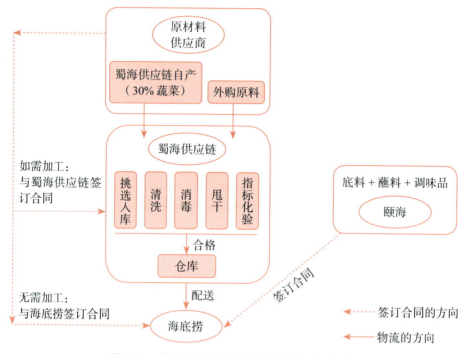

图 12-4 蜀海供应链和海底捞餐厅的业务关系图

截至 2018 年年底，蜀海供应链的主体股权架构如图 12-5 所示。

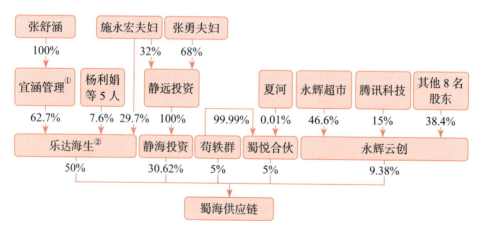

图 12-5 蜀海供应链主体股权架构图

① 全称为"北京宜涵管理咨询有限公司"，成立于 2017 年 2 月，公司执行董事和法定代表人为舒萍。该公司的唯一股东为张舒涵。

② 全称为"上海乐达海生企业管理咨询有限公司"，成立于 2017 年 5 月。

蜀海供应链板块通过大规模采购，降低原料成本；在全国多地自建仓储，提升货物周转效率；和大型第三方物流公司合作，强强联合，帮助客户降低运输成本。

12.1.4　拆分人力资源

2015 年 3 月，微海咨询[⊖]成立，海底捞将人力资源部招聘中心、员工培训中心业务剥离至该公司运营。微海咨询由仅为海底捞内部进行人才培养扩展到为全国中小规模餐饮企业、连锁经营服务业提供招聘、培训及咨询服务。该公司股权架构如图 12-6 所示。

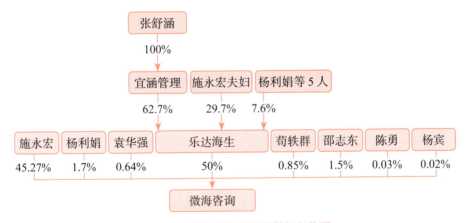

图 12-6　微海咨询的主体股权架构图

12.1.5　拆分信息技术

2017 年，海悦投资[⊜]（张勇实际控制）和用友网络（600588）共同合资成立红火台[⊜]。红火台的股权架构如图 12-7 所示。红火台是餐饮核心业务

⊖　全称为"北京微海管理咨询有限公司"。
⊜　全称为"上海海悦投资管理有限公司"。
⊜　全称为"红火台网络科技有限公司"。

SaaS 加企业 ERP 一体化服务提供商，为海底捞会员智能管理、中央化库存管理、企业综合运营等三大体系提供服务。2017 年 10 月，红火台的 HUO-SaaS 餐饮云产品正式上线，不仅为海底捞提供服务，也面向大众型餐饮企业，提供门店管理、会员管理、集团连锁以及财务管理等云服务。但很遗憾，2023 年红火台注销。其注销原因主要有：餐饮 SaaS 领域竞争激烈，对手产品迭代快、价格优、推广强，挤压其市场；技术发展迅速，红火台难以及时满足餐饮企业对智能化、个性化等的需求，产品竞争力下降；海底捞与用友网络的战略及业务发生调整，支持力度改变。虽然红火台未能长久运营，但合作经历在一定程度上推动了餐饮行业的信息化进程，双方也在这一过程中积累了宝贵的经验。

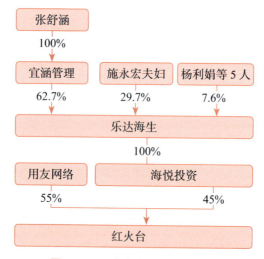

图 12-7　红火台主体股权架构图

海悦投资还与科大讯飞（002230）于 2017 年 8 月合资成立了讯飞至悦[⊖]，致力于人工智能在餐饮行业的应用以及硬件设施。讯飞至悦的主体股权架构如图 12-8 所示。

　　⊖　全称为"安徽讯飞至悦科技有限公司"。

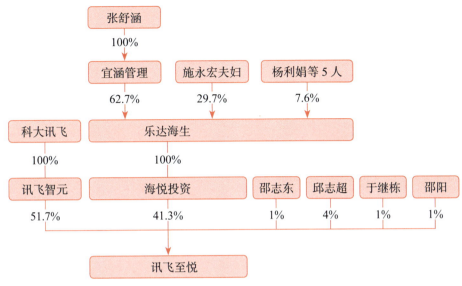

图 12-8 讯飞至悦主体股权架构图

12.1.6 火锅餐饮上市

火锅连锁餐饮是海底捞最核心的业务。2011 年，海底捞实行阿米巴经营模式后，门店数量快速扩张，2017 年门店数量已达 273 家，2014 ～ 2017 年营业收入复合增长率高达 34.6%。在海底捞将底料加工、物流配送、工程建设、门店运营、人力资源等多项价值链业务拆分后，张勇开始运作海底捞最核心的火锅餐饮业务在香港上市。图 12-9 为海底捞的火锅餐饮业务上市前的股权架构图。

海底捞火锅餐饮业务分成了五大板块，分别为海外餐饮、国内连锁火锅餐馆（主要在上海新派旗下）、互联网外卖（上海每客美餐旗下）、聚海祥顺、海雁贸易。

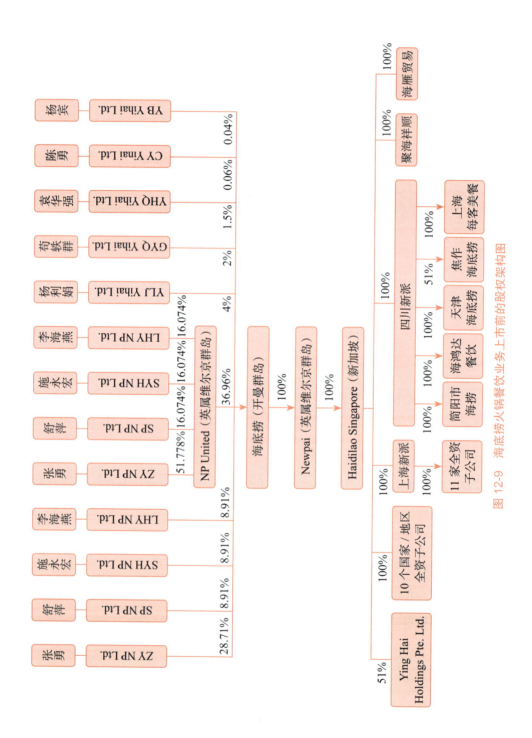

图 12-9 海底捞火锅餐饮业务上市前的股权架构图

12.1.7　拆分海外餐饮

2012 年，海底捞在新加坡开设了首家海外火锅餐厅，凭借出色的口味和周到的服务，海底捞海外餐饮发展也非常顺利。2021 年年末，海底捞的海外业务已遍及四大洲，共开设了 94 家火锅门店。根据弗若斯特沙利文的报告，2021 年，海底捞是国际市场第三大中式餐饮品牌，亦为国际市场上源自中国的最大中式餐饮品牌。

2022 年 5 月，特海国际在开曼群岛注册成立，海底捞集团通过重组的方式将海外餐饮业务剥离至特海国际运营。自此，海底捞集团将主要在大中华区域内开展业务，特海国际则负责开拓大中华区域以外的市场。因为两家公司之间有明确的地域划分，不构成竞争关系。

1. 特海国际港股上市

2022 年 12 月 30 日，重组完成仅 7 个月后，特海国际便以介绍方式在港交所主板上市，至此，海底捞的五大业务板块再度拆分，海外餐饮登陆资本市场。截至港股上市前，特海国际的股权架构如图 12-10 所示。

2. 特海国际美股上市

2024 年 4 月，特海国际向美国证券交易委员会公开提交 F-1 表格登记声明。2024 年 5 月 17 日，特海国际成功登陆纳斯达克，成为海底捞旗下第一家双重上市的公司。截至美股上市前，特海国际的股权架构如图 12-11 所示。

12.1.8　海底捞帝国全貌

截至 2024 年年底，海底捞集团完成了火锅餐饮行业全产业链的股权布局（见图 12-12）。在海底捞帝国中，已经有三个业务板块上市（颐海国际、海底捞、特海国际），其他业务是否也会登陆资本市场，我们拭目以待。

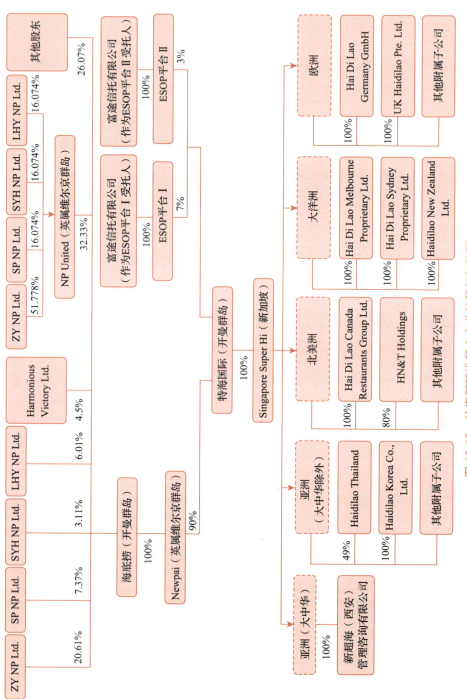

图 12-10 特海国际港股上市前的股权架构图

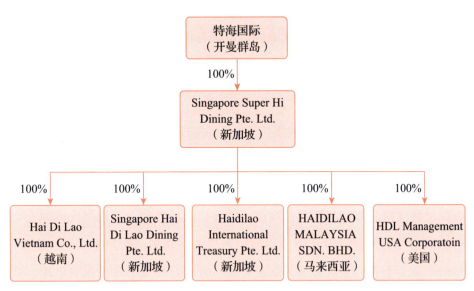

图 12-11　特海国际美股上市前的股权架构图

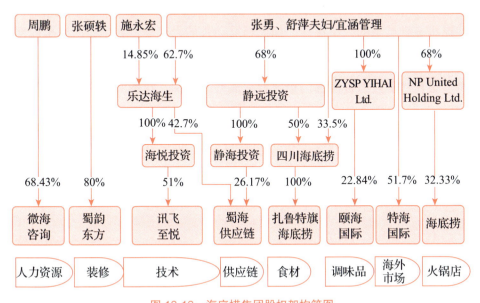

图 12-12　海底捞集团股权架构简图

12.2　拆分型子公司点评

为何要将一家公司价值链上的业务进行拆分呢？其实海底捞案例已经给了我们部分答案。

1. 降低管理成本

2014 年，已经有 20 年发展历史的海底捞开始出现"大企业病"，整个海底捞出现了严重的"三多一低"现象：部门多、人员多、费用多，效率却在逐渐降低。连锁火锅的发展在于不断地开新店，新店开设的关键在于店长，海底捞的复制扩张速度取决于储备店长的数量。所以海底捞的人力资源部门尤为重要，但这个核心部门不仅人员众多，而且中间层级众多，包括专员、主管、人力经理、高级经理、片区经理或总部的总管经理，众多的层级不仅影响效率，也造成招聘成本居高不下，急需一场组织变革。这场组织变革不仅包括薪酬结构、考核指标的调整，还包括淘汰一批员工和提拔一批员工的人事更迭。如此伤筋动骨的大变动，如果在海底捞内部完成，由于要改变海底捞整体的组织架构和薪酬体系，工作量会极大，耗时会很长。将人力资源部门单独拆解成微海咨询，在微海咨询内部进行改革则阻力小很多，可以打破固有薪酬体系，设计更灵活的组织管理架构。另外，拆解出微海咨询后，人力资源部门提供的服务与海底捞公司进行交易结算，微海咨询将自负盈亏，这相当于将人力资源部门从成本中心转换为利润中心，倒逼微海咨询提升内部组织效率。

2. 获得更大的业务空间

以海底捞为例，人力资源部门独立为微海咨询后，可以不断优化人力资源业务的商业模式，待商业模式成熟后，不仅可以为海底捞内部提供人才培养服务，还可以扩展到为全国中小规模餐饮企业、连锁经营服务业提供招聘、培训及咨询服务。

3. 便于资本运作

海底捞集团中第一家上市公司为颐海国际。如前所述，颐海国际先后经历了海底捞分公司→拆分为公司运营（客户仅为海底捞）→独立为公司（客户多元化）→香港上市。如果海底捞的调料业务没有被分拆，则永远不会有颐海国际上市。

4. 业务运营地的考虑

有时拆分业务设立子公司是由于业务运营地与母公司不在同一地的原因，需要在业务运营地招聘员工、缴纳社保等，设立公司会方便业务在当地的运营。

5. 估值溢价

资本市场对企业的估值，往往参考两方面因素：一是企业财务状况，如财务业绩、资产负债率等指标；二是所处行业的生命周期，如成长期、成熟期、衰退期。好的财务数据加上好的生命周期，才会有较高的估值水平。

海底捞 2023 年归母净利润 48.4 亿元，由于处在成熟期，估值为 14.4 倍市盈率，市值 698 亿元。而特海国际 2023 年归母净利润仅 1.8 亿元，但由于处在成长期，估值高达 37.5 倍市盈率，市值 67.5 亿元。

除了上述原因，设立拆分型子公司可以使股权激励效果更佳，也可以引入新的投资人，培育垂直行业资源整合能力。具体可以参考第 10 章创新型子公司。

在实务中，创新型子公司、复制型子公司和拆分型子公司并不是界限分明的，现实的情况可能会比较复杂，某家子公司可能既有对原有业务的部分复制，也有对原有价值链的拆分，同时还有创新。不管怎样，当一家公司的主营业务已进入成熟期，就可以在底层布局新的参股、控股公司或者全资子公司，以获得新的拓展空间。

┊ PART 4 ┊
第四部分

架 构 重 组

　　尽管很多企业家在创业之初已经进行过股权顶层规划，但公司的发展总会遭遇很多始料不及的情况。在现实世界里，几乎所有成功的公司都经历过股权架构的调整。对于股权架构调整前后，实际控制人没有发生变化的情形，我们称之为"重组"；如果实际控制人发生了变化，我们称之为"并购"。本部分主要讨论股权架构重组的话题。股东对公司进行股权架构重组可能是为了符合上市监管要求[⊖]，也可能是为了风险隔离、财富传承、分家析产、税收筹划、市值管理等需要。

　　在企业家心中，公司的终极归宿有 3 种情形：上市、家族传承、被并购[⊜]。在本部分，我们把企业简单分为 3 类：第一类为拟上市型。该类公司从创业之初，创始人目标就非常明确，公司未来要上市。围绕着上市的目标，企业根据不同的发展阶段做出不同的股权架构设计及调整。第二类为家族传承型。该类公司的创始人不考虑上市，这类公司的股权架构多是闭合型的，股权也多在家族内传承。第三类为被并购型。创始人原本计划上市，或者让子女接班，但随着公司规模越来越大，创始人年龄越来越大，而二代子女不愿意接班，于是把企业卖掉。接下来，我们将分别讨论这几类公司，对每类公司会从时间和空间两个维度来解析。从时间维度，我们将按一家公司从创立、扩张到上市（或者被并购、传承、注销）的时间轴标记重要的股权架构重组步骤。从空间维度，我们对每个关键的股权架构重组步骤进行法律、财税、商业、资本的四维剖析。

　　⊖ 最常见的是规范关联交易和解决同业竞争。
　　⊜ 包括管理层收购（management buy-out，MBO）。

第 13 章

拟境内上市型企业

我们以一家 A 股上市公司 X 为例，讨论其实际控制人张三在境内上市前进行的一系列股权架构调整。该公司在上市前共经历了 17 个阶段。

第一阶段：公司初始创立

这个阶段是公司的初创期，股权架构为张氏夫妻直接持股，注册资本 100 万元，全部实缴。张三持股 70%，张三之妻持股 30%（见图 13-1）。此时的 X 公司尚属于夫妻店，没有完整的治理结构。

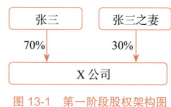

图 13-1　第一阶段股权架构图

第二阶段：引入创业伙伴

在这个阶段中，公司依然处于创业期，但张三找到了愿意与自己共担风险、共享利润的创业伙伴李四和王五。李四和王五以每注册资本 1 元的价格受让了张三妻子持有的股权，张三妻子退出公司。该阶段股权架构变化如图 13-2 所示。

图 13-2　第二阶段股权架构变化图

虽然有了创业伙伴，但由于张三拥有绝对的控股权，一股独大，加之股东们的公司治理意识淡薄，尚处于以信赖作为股权合作基础的阶段，所以公司章程形同虚设，公司未成立董事会，仅为了工商登记的需要，设立了一名执行董事。

第三阶段：创业伙伴退出

在创业过程中，王五由于与张三和李四理念不合，退出公司。经历过股权纠纷后，张三和李四意识到公司治理的重要意义，开始完善公司章程，并经过协商，由张三将王五的股权收回后作为股权激励池，留待激励员工（见图 13-3）。

1. 该步骤的具体操作

（1）设立有限合伙甲作为持股平台

该持股平台由张三作为普通合伙人（GP），持有合伙企业份额为 1%。公司的财务经理姜先生作为有限合伙人（LP），持有合伙企业份额为 99%。

姜经理为代持合伙企业份额（其认缴合伙企业份额的资金来源于张三赠与），待公司实施股权激励时，将其代持份额过户给激励对象。

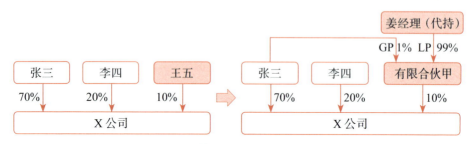

图 13-3　第三阶段股权架构变化图

（2）王五将其股权转让给有限合伙甲

王五与有限合伙甲签订《股权转让协议》，协议约定，王五将 X 公司 10% 的股权转让给有限合伙甲，每注册资本价格为 3 元。X 公司至工商局办理变更登记。

2. 该步骤的注意事项

（1）股权转让税收

本次股权转让行为涉及的税种包括个人所得税和印花税。

个人所得税。王五以 30 万元的价格转让其持有的 X 公司 10% 的股权，王五受让股权的成本为 10 万元，取得股权转让收益 20 万元。根据《个人所得税法》的规定，王五应按 20% 的税率缴纳个人所得税，即 20×20%=4（万元）。该个人所得税的纳税地点为 X 公司主管税务机关，由有限合伙甲在支付股权转让款时代扣代缴。[⊖]

印花税。根据税法规定[⊖]，股权转让协议属于产权转移书据，需要按协

⊖　见《国家税务总局关于发布〈股权转让所得个人所得税管理办法（试行）〉的公告》（国家税务总局公告 2014 年第 67 号）第五条、第六条、第十九条。

⊖　见《中华人民共和国印花税法》（主席令第八十九号）附表《印花税税目税率表》。

议所载股权转让价款的万分之五贴花。转让方王五和受让方有限合伙甲均
需缴纳印花税。

（2）股权代持行为

王五退出持股时，受让股权的主体是作为员工持股平台的有限合伙
甲。该员工持股平台为预留的股权，具体分成两部分："已经授予公司 3
名高管但尚未行权的期权"和"计划未来授予员工的股权"。我国《公司
法》秉承的是大陆法系的精神与原则，公司实行的是"认缴资本制"，公
司所有的股权/股份都必须得到股东的认缴，不允许存在未被股东认缴
的"无主"股权。因此，为员工期权计划预留出来的股权在员工还没有行
权时，需要有一个实体先代为持有，本案例中该代持人为公司财务经理姜
先生。

对于代持行为，我国现行法律认可股权代持合同的合法性。⊖但是，如
果公司拟在我国境内上市，则必须在向证监会申报资料前解除代持关系。⊜
在实务中，是否存在股权代持关系一向是证监会对 IPO 公司核查的重点。⊜

⊖ 《最高人民法院关于适用〈中华人民共和国公司法〉若干问题的规定（三）》（法释〔2020〕
18 号）第二十四条规定，有限责任公司的实际出资人与名义出资人订立合同，约定由实际
出资人出资并享有投资权益，以名义出资人为名义股东，实际出资人与名义股东对该合同
效力发生争议的，如无法律规定的无效情形，人民法院应当认定该合同有效。前款规定的
实际出资人与名义股东因投资权益的归属发生争议，实际出资人以其实际履行了出资义务
为由向名义股东主张权利的，人民法院应予支持。名义股东以公司股东名册记载、公司登
记机关登记为由否认实际出资人权利的，人民法院不予支持。实际出资人未经公司其他股
东半数以上同意，请求公司变更股东、签发出资证明书、记载于股东名册、记载于公司章
程并办理公司登记机关登记的，人民法院不予支持。
⊜ 《首次公开发行股票注册管理办法》（证监会令第 205 号）第十二条第（二）项中规定，"发
行人的股份权属清晰，不存在导致控制权可能变更的重大权属纠纷"，这是 IPO 发行条件中
对股权明晰性的要求，股权代持存在权属不清及不确定性的情况，不符合股权明晰性的要
求，因此 IPO 申报前应该予以清理。
⊜ 例如，河南蓝信科技股份有限公司的 IPO 被否的核心原因，就是控股股东以及其他重要股
东因为身份特殊不适合持股，因此历史上存在多次股权代持。此后股权代持问题一直没有
彻底解决甚至引起诉讼，这明显影响公司股权的清晰、稳定。

第四阶段：直接架构变混合架构

经过一段时间的发展，X公司的商业模式日渐成熟，公司运营步入正轨，张三和李四制定了公司五年在A股上市的资本规划。为了方便后续的资本运作，两人决定将部分自然人直接持股调整为通过控股公司间接持股⊖。股权架构变化如图13-4所示。

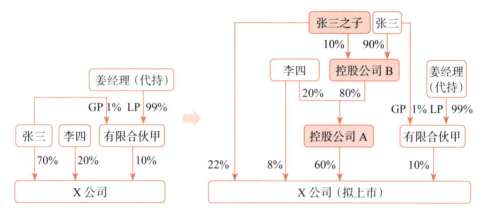

图 13-4 第四阶段股权架构变化图

1.该步骤的具体操作

第一步：张三家族（指张三和张三之子）设立控股公司B。

第二步：李四和控股公司B共同设立控股公司A。

第三步：张三和李四将持有X公司股权注入控股公司A。

2.该步骤的注意事项

（1）自然人平价转让股权的个人所得税

如果张三和李四将持有的部分X公司股权以成本价（1元/注册资本）转让给控股公司A（见图13-5），并未获得股权转让收益，是否需要缴纳个人所得税呢？

⊖ 关于调整的原因可以参考本书第1章"1.2 金字塔架构"和第6章"6.1 案例14 公牛集团"。

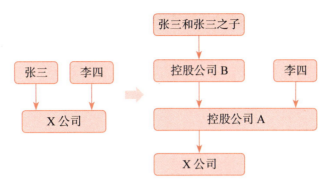

图 13-5　股权架构调整前后对比

　　答案为不一定。从 2009 年开始，国家税务总局开始重视资本交易中的个人所得税避税问题，几年内先后下发了一系列文件⊖。这些文件的思路一脉相承，对自然人平价或低价的股权转让行为给予严格监管。从 2019 年 1 月 1 日开始实施的《个人所得税法》更是增加了"先税务再工商"的反避税措施。⊜根据国家税务总局公告 2014 年第 67 号⊜（以下简称"67 号文"）的规定，如果在本次股权转让过程中，张三和李四申报的股权转让收入"明显偏低"且"无正当理由"，税务机关有权核定二人的股权转让收入。如果税务机关启动核定征收模式，二人可能在没有股权转让收益的情况下被征收个人所得税。那么何为股权转让收入"明显偏低"呢？67 号文规定⊗：

⊖　包括国税函〔2009〕285 号（现已废止）、国家税务总局公告 2010 年第 27 号（现已废止）、国税发〔2010〕54 号、国家税务总局公告 2011 年第 41 号、国税发〔2011〕50 号、国家税务总局公告 2014 年第 67 号等。

⊜　《个人所得税法》（主席令第 9 号）第十五条："……个人转让股权办理变更登记的，市场主体登记机关应当查验与该股权交易相关的个人所得税的完税凭证。"

⊜　《国家税务总局关于发布〈股权转让所得个人所得税管理办法（试行）〉的公告》（国家税务总局公告 2014 年第 67 号）。

⊗　见《国家税务总局关于发布〈股权转让所得个人所得税管理办法（试行）〉的公告》（国家税务总局公告 2014 年第 67 号）第十二条。

符合下列情形之一，视为股权转让收入明显偏低：

（一）申报的股权转让收入低于股权对应的净资产份额的。其中，被投资企业拥有土地使用权、房屋、房地产企业未销售房产、知识产权、探矿权、采矿权、股权等资产的，申报的股权转让收入低于股权对应的净资产公允价值份额的；

（二）申报的股权转让收入低于初始投资成本或低于取得该股权所支付的价款及相关税费的；

（三）申报的股权转让收入低于相同或类似条件下同一企业同一股东或其他股东股权转让收入的；

（四）申报的股权转让收入低于相同或类似条件下同类行业的企业股权转让收入的；

（五）不具合理性的无偿让渡股权或股份；

（六）主管税务机关认定的其他情形。

但股权转让收入"明显偏低"并非一定被核定收入，尚需满足第二个条件"无正当理由"，那么何为"正当理由"呢？67号文规定[⊖]：

符合下列条件之一的股权转让收入明显偏低，视为有正当理由：

（一）能出具有效文件，证明被投资企业因国家政策调整，生产经营受到重大影响，导致低价转让股权；

（二）继承或将股权转让给其能提供具有法律效力身份关系证明的配偶、父母、子女、祖父母、外祖父母、孙子女、外孙子女、兄弟姐妹以及对转让人承担直接抚养或者赡养义务的抚养人或者赡养人；

（三）相关法律、政府文件或企业章程规定，并有相关资料充分证明转

⊖ 见《国家税务总局关于发布〈股权转让所得个人所得税管理办法（试行）〉的公告》（国家税务总局公告2014年第67号）第十三条。

让价格合理且真实的本企业员工持有的不能对外转让股权的内部转让；

（四）股权转让双方能够提供有效证据证明其合理性的其他合理情形。

在本案例中，X 公司已经开始盈利，并有数百万元的未分配利润，此时公司每注册资本对应的净资产已为 6 元。张三和李四的股权转让价格低于股权对应的净资产份额，将被认定为"明显偏低"。而且二人将股权转让给控股公司 A，也不属于 67 号文中的"正当理由"，所以，二人即使是平价转让也有可能被税务机关核定征收个人所得税。

（2）将直接架构调整为间接架构的路径

张三和李四将原个人持有的 X 公司股权调整为通过控股公司 A 间接持股，除了股权转让，是否还有其他方案呢？答案是：有。

个人持股架构变为公司持股架构有 3 种路径：股权转让、无偿赠送、股权投资。表 13-1 为 3 种路径的比较。

在本案例中由于 X 公司评估增值较高，张三和李四应优先选择方案三：股权投资。

第五阶段：实施员工股权激励

在 X 公司创业之初，曾授予 3 名高管期权，等待期为 3 年。如今该期权已到行权期，3 名高管选择行权，行权价格为 3 元 / 注册资本。同时，X 公司又启动新一轮股权激励计划，共授予 20 名管理层和核心技术人员限制性股权[⊖]，授予的价格为 6 元 / 注册资本。上述员工均通过有限合伙甲间接

⊖　限制性股权是指激励对象按照股权激励计划规定的条件（在本案例中为收入和净利润考核指标），获得的本公司股权，但其转让权受到限制，直至满足特定条件后方可解除限制并享有完整的股东权利。

表 13-1　股权架构调整的 3 种路径对比

对比维度	方案一：股权转让	方案二：无偿赠送	方案三：股权投资
方案概述	二人将持有的 X 公司股权平价转让给控股公司 A	二人将持有的 X 公司股权无偿赠送给控股公司 A	二人将持有的 X 公司股权作为出资资产，投资到控股公司 A，增加 A 的注册资本
操作流程	①二人与控股公司 A 签订《股权转让协议》；②X 公司召开股东会；③二人到 X 公司主管税务机关开具完税凭证；④X 公司到主管市场监督管理局办理工商变更登记	①二人与控股公司 A 签订《股权赠与协议》；②X 公司召开股东会；③二人到 X 公司主管税务机关开具完税凭证；④X 公司到主管市场监督管理局办理工商变更登记	①对 X 公司股权进行评估，并出具评估报告；②张三、李四、控股公司 A 和 X 公司四方签订《增资协议》；③控股公司 A 到主管市场监督管理局办理增资登记；④张三、李四到税务机关申报并进行分期缴纳税备案；⑤X 公司到主管市场监督管理局办理工商变更登记
税务处理	如 X 公司已经盈利，可能被税务机关核定征收个人所得税	二人可能被核定征收个人所得税；控股公司 A 可能被税务机关以接受捐赠收入、征收企业所得税	X 公司股权的评估增值，应该缴纳个人所得税，但可以申请递延 5 年纳税的税收优惠
税政文件	国家税务总局公告 2014 年第 67 号	《个人所得税法》第八条；《企业所得税法实施条例》第二十一条	财税〔2015〕41 号；国家税务总局公告 2015 年第 20 号
方案点评	操作简便、用时短，但如果 X 公司净资产高于股东投资成本，可能被税务机关核定征个税	操作简便、用时短，但存在很高的税务风险	操作较复杂、耗时较长，但可以享受递延纳税的税收优惠
综合评价	不建议选择方案二。可综合比较方案一和方案三的税负成本和时间成本后，选择其中一种		

持股。同时，张三为了与合伙企业进行风险隔离，将普通合伙人更换为自己设立的有限公司 W（具体原因见第 5 章有限合伙架构），如图 13-6 所示。

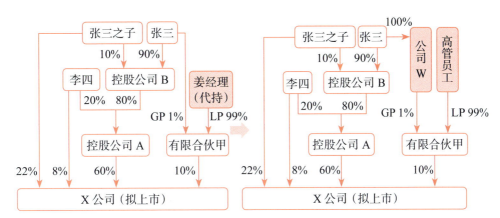

图 13-6　第五阶段股权架构变化图

针对本次股权激励，X 公司需关注以下要点。

1. 需判定是否构成股份支付

根据《企业会计准则第 11 号——股份支付》，股份支付是指企业为获取职工和其他方提供服务而授予权益工具或者承担以权益工具为基础确定的负债的交易。现有法律法规对股份支付的规定包括：

（a）**会计法规的规定**。《监管规则适用指引——会计类第 1 号》规定[一]，"企业集团（由母公司和其全部子公司构成）内发生股份支付交易的，接受服务企业应确认股份支付费用"。上述规定虽然是针对上市公司的，但其原理同样适用于非上市公司。

（b）**证监会的规定**。《证券期货法律适用意见第 17 号》发行人信息披露要求[二]："发行人应当在招股说明书中充分披露期权激励计划的有关信息：（1）期权激励计划的基本内容、制定计划履行的决策程序、目前的执行情

[一]　见《监管规则适用指引——会计类第 1 号》1-12 集团内股份支付。

[二]　见《证券期货法律适用意见第 17 号》（证监会公告〔2023〕14 号）第五条第（一）项第 2 目。

况；（2）期权行权价格的确定原则，以及和最近一年经审计的净资产或者评估值的差异与原因；（3）期权激励计划对公司经营状况、财务状况、控制权变化等方面的影响；（4）涉及股份支付费用的会计处理等。"中介机构核查要求⊖："保荐机构及申报会计师应当对下述事项进行核查并发表核查意见：（1）期权激励计划的制定和执行情况是否符合以上要求；（2）发行人是否在招股说明书中充分披露期权激励计划的有关信息；（3）股份支付相关权益工具公允价值的计量方法及结果是否合理；（4）发行人报告期内股份支付相关会计处理是否符合《企业会计准则》相关规定。"

《监管规则适用指引——发行类第 5 号》规定⊜："确定公允价值，应综合考虑以下因素：（1）入股时期，业绩基础与变动预期，市场环境变化；（2）行业特点，同行业并购重组市盈率、市净率水平；（3）股份支付实施或发生当年市盈率、市净率等指标；（4）熟悉情况并按公平原则自愿交易的各方最近达成的入股价格或股权转让价格，如近期合理的外部投资者入股价，但要避免采用难以证明公允性的外部投资者入股价；（5）采用恰当的估值技术确定公允价值，但要避免采取有争议的、结果显失公平的估值技术或公允价值确定方法，如明显增长预期下按照成本法评估的净资产或账面净资产。判断价格是否公允应考虑与某次交易价格是否一致，是否处于股权公允价值的合理区间范围内。"

（c）X 公司的判定。 根据上述规定，本次员工通过持股平台入股 X 公司，是否会被认定为股份支付，取决于如何认定 X 公司股权的"公允价值"。"公允价值"的认定比较复杂，在实践中，券商和会计师事务所主要根据《企业会计准则第 39 号——公允价值计量》《企业会计准则第 11 号——股份支付》《监管规则适用指引——发行类第 5 号》相关规定进行判断。在

⊖ 见《证券期货法律适用意见第 17 号》（证监会公告〔2023〕14 号）第五条第（一）项第 3 目。
⊜ 见《监管规则适用指引——发行类第 5 号》5-1 增资或转让股份形成的股份支付第二条。

本案例中，由于 X 公司距离 IPO 申报期较远，要求较为宽松，且最近各方
无达成的其他入股价格或股权转让价格，亦无合理的外部投资者入股价格，
所以可以将 X 公司净资产价格作为"公允价值"。

2. 被认定为股份支付的影响

（a）对 X 公司净利润的影响。 根据《企业会计准则》要求，一旦被认
定为股份支付，X 公司需对转让股权的公允价值扣除股东入股成本的差额
进行如下会计处理：

借：管理费用——工资薪金
　　贷：资本公积——其他资本公积

上述会计处理将减少 X 公司净利润。

（b）对员工个人所得税的影响。 如果被认定为股份支付，则本次入股
员工需缴纳个人所得税。

根据财税〔2016〕101 号文[○]，符合条件的股权激励经向主管税务机关
备案，可享受递延纳税税收优惠，即员工在取得股权激励时可暂不纳税，
递延至转让该股份时纳税。

享受递延纳税政策的非上市公司股权激励（包括股票期权、股权期权、
限制性股票和股权奖励，下同）须同时满足以下条件：

1. 属于境内居民企业的股权激励计划。

2. 股权激励计划经公司董事会、股东（大）会审议通过。未设股东
（大）会的国有单位，经上级主管部门审核批准。股权激励计划应列明激励
目的、对象、标的、有效期、各类价格的确定方法、激励对象获取权益的

[○]　见《财政部 国家税务总局关于完善股权激励和技术入股有关所得税政策的通知》（财税
〔2016〕101 号）。

条件、程序等。

3.激励标的应为境内居民企业的本公司股权。股权奖励的标的可以是技术成果投资入股到其他境内居民企业所取得的股权。激励标的股票（权）包括通过增发、大股东直接让渡以及法律法规允许的其他合理方式授予激励对象的股票（权）。

4.激励对象应为公司董事会或股东（大）会决定的技术骨干和高级管理人员，激励对象人数累计不得超过本公司最近6个月在职职工平均人数的30%。

5.股票（权）期权自授予日起应持有满3年，且自行权日起持有满1年；限制性股票自授予日起应持有满3年，且解禁后持有满1年；股权奖励自获得奖励之日起应持有满3年。上述时间条件须在股权激励计划中列明。

6.股票（权）期权自授予日至行权日的时间不得超过10年。

7.实施股权奖励的公司及其奖励股权标的公司所属行业均不属于《股权奖励税收优惠政策限制性行业目录》范围。公司所属行业按公司上一纳税年度主营业务收入占比最高的行业确定。

X公司股权激励对象因是通过有限合伙甲间接持股，实务中能否享受递延纳税政策目前存在争议。

（c）对X公司企业所得税的影响。根据国家税务总局公告2012年第18号文[⊖]的规定，对股权激励计划实行后立即可以行权的以现金结算的股份支付，上市公司可以根据实际行权时该股票的公允价格与激励对象实际行权支付价格的差额，计算当年上市公司工资薪金支出，依照税法规定进行税前扣除。X公司股权激励是间接持股模式，所形成的股份支付费用能

⊖　见《国家税务总局关于我国居民企业实行股权激励计划有关企业所得税处理问题的公告》（国家税务总局公告2012年第18号）及解读。

否在企业所得税前扣除，目前存在争议。

（d）股份支付确认的费用是否作为经常性损益。《公开发行证券的公司信息披露解释性公告第 1 号——非经常性损益（2023 年修订）》[⊖]关于非经常性损益的定义如下：非经常性损益是指与公司正常经营业务无直接关系，以及虽与正常经营业务相关，但由于其性质特殊和偶发性，影响报表使用人对公司经营业绩和盈利能力做出正常判断的各项交易和事项产生的损益。

《监管规则适用指引——发行类第 5 号》规定[⊖]：股份立即授予或转让完成且没有明确约定等待期等限制条件的，股份支付费用原则上应一次性计入发生当期，并作为偶发事项计入非经常性损益。设定等待期的股份支付，股份支付费用应采用恰当方法在等待期内分摊，并计入经常性损益。

本次 X 公司在 IPO 申报期内将股份支付一次性确认为费用，可以作为非经常性损益。

第六阶段：上下游资源方入股

为了与营销渠道建立更紧密的合作关系，最大程度地激发经销商动力，X 公司继内部员工股权激励后推出外部经销商持股计划，如图 13-7 所示。

在实践中，很多企业都倾向于在上市前引入上游供应商或者下游渠道商作为战略股东，以股权为纽带绑定产业链资源，实现协同发展并共同分享上市利益。但需要注意，如果处理不好，该上下游入股可能会形成上市障碍（在本书第 16 章安井食品并购新宏业中将会继续论述）。

⊖ 见《公开发行证券的公司信息披露解释性公告第 1 号——非经常性损益（2023 年修订）》（证监会公告〔2023〕65 号）第一条。

⊖ 见《监管规则适用指引——发行类第 5 号》5-1 增资或转让股份形成的股份支付第三条。

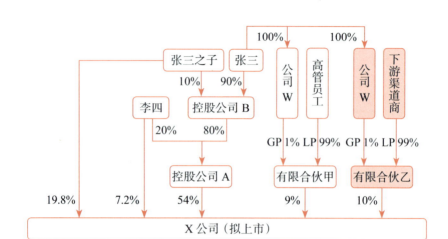

图 13-7　第六阶段股权架构图

注：图 13-7 ～图 13-19 中的 W 公司为同一家公司。

笔者提示，拟上市公司引入上下游作为股东需注意以下几点：

1. 控制上下游股东的持股比例在 5% 以内

虽然至今为止没有 IPO 相关法规规定，持有拟上市公司多少比例的股东会被界定为关联方，但在实践中通常会参考上市公司的规定[⊖]。我们建议，上下游股东的持股比例尽量控制在 5% 以内，比例越低越好。在本案例中，X 公司引入渠道商入股，由于不了解上市规则，导致渠道商的持股比例达

⊖ 《上海证券交易所股票上市规则》（上证发〔2024〕51 号）"6.3.3 上市公司的关联人包括关联法人（或者其他组织）和关联自然人。具有以下情形之一的法人（或者其他组织），为上市公司的关联法人（或者其他组织）：……（四）持有上市公司 5% 以上股份的法人（或者其他组织）及其一致行动人；具有以下情形之一的自然人，为上市公司的关联自然人：（一）直接或者间接持有上市公司 5% 以上股份的自然人……"《上海证券交易所科创板股票上市规则》（上证发〔2024〕52 号）"15.1……（十五）上市公司的关联人，指具有下列情形之一的自然人、法人或其他组织：……2. 直接或间接持有上市公司 5% 以上股份的自然人；……5. 直接持有上市公司 5% 以上股份的法人或其他组织；……8. 间接持有上市公司 5% 以上股份的法人或其他组织……"《深圳证券交易所股票上市规则》（深证上〔2024〕339 号）"6.3.3 上市公司的关联人包括关联法人（或者其他组织）和关联自然人。具有下列情形之一的法人或者其他组织，为上市公司的关联法人（或者其他组织）：……（三）持有上市公司 5% 以上股份的法人（或者其他组织）及其一致行动人；……具有下列情形之一的自然人，为上市公司的关联自然人：（一）直接或者间接持有上市公司 5% 以上股份的自然人……"

到了 10%，即使后续经过几轮股权稀释，依然远超 5%。

2. 上下游股东被认定为关联方

如果上下游股东被认定为关联方，则应注意如下事项：

（a）关联交易符合内部审议程序，包括董事会决议、股东会决议等。

（b）避免不恰当的利益输送，重点关注关联交易金额、占比、定价等。

（c）避免对关联方的重大依赖，重点关注商业模式依存程度、可替代性等。

（d）规范未来关联交易的具体安排。

第七阶段：引入第一轮投资人

在完成内外部股权激励后，X 公司扩张迅猛，净利润连续两年复合增长率超过 50%。公司接下来计划引入私募股权基金 PE1（见图 13-8）。经与 PE1 谈判，X 公司估值 3 亿元，释放 10% 的股权比例，融资金额为 3 000 万元人民币，其中 123.46 万元被 X 公司计入注册资本，2 876.54 万元被 X 公司计入资本公积——资本溢价科目。

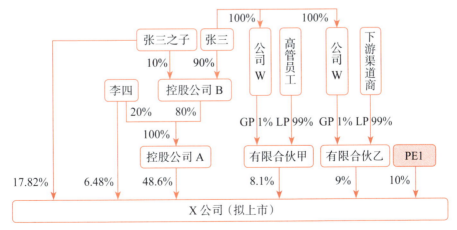

图 13-8　第七阶段股权架构图

引入私募股权基金过程中需关注以下核心要点。

1. 对赌条款

对赌的英文为 valuation adjustment mechanism，简称 VAM，直译为估值调整机制，是收购方（包括投资方）与出让方（包括融资方）在达成并购（或者融资）协议时，对于未来不确定的情况进行的一种估值调整约定。对赌条款最早在外资基金投资中应用，如今已经成为私募股权基金投资中国企业的标配条款。

在实践中，"对赌条款"里投资人与公司大股东可能是赌公司未来几年的业绩（如收入或者净利润），也可能是赌经营数据（如页面浏览量、独立访客量等），也可能是赌上市。以下为某公司与基金签订的对赌条款。

各方一致同意并承诺尽其最大努力，于 201× 年 ×× 月 ×× 日之前启动并完成公司的新三板挂牌及境内上市。如果公司股东会通过新三板挂牌及境内上市决定，各方应签订和 / 或促使第三方签订完成境内上市所需要的所有协议、董事会决议、股东会决议、承诺或其他文件，采取和 / 或促使第三方采取完成境内上市所需要的所有行动，包括但不限于向政府机关递交申请，取得依据法律完成境内上市所需要的所有政府批准。协议各方同意，作为 ××× 的股东，按照届时首次公开发行股票时相关监管部门的要求签署相应的限售承诺或协议。

如果企业对赌失败，大股东承担的责任一般包括支付投资方补偿款或者无偿给付投资方股份。以下投资条款是一个例子。

甲方承诺 201× 年度、201× 年度和 202× 年度净利润分别不低于 1 500 万元、2 500 万元和 3 500 万元。如果甲方 201× 年度、201× 年度和 202× 年度合计净利润低于 7 500 万元，乙方有权选择按照甲方 201× 年度、201× 年度和 202× 年度合计净利润的 5 倍 P/E（3.75 亿元除以 7 500

万元）重新计算公司估值，并由丙方进行股权补偿，即根据本次增资认购新股确定的 P/E 倍数（5 倍）和 201× 年度、201× 年度和 202× 年度实际净利润重新计算估值，据此调整股权比例。因承诺净利润与实际净利润造成的股权差额由丙方向投资方支付，用以调整相应股权比例。

常有企业向我咨询是否应该接受投资协议中的对赌条款，对于这个问题很难一概而论，需要综合企业融资紧迫程度、估值、对赌事项及责任、基金知名度等情况判定。在此提示以下几点。

第一，尽量避免对赌"某一时间节点公司会 IPO 上市"。企业能否顺利实现 IPO 上市，除了自身素质过硬，如业绩达标、规范性良好等，还会受很多不确定性因素，比如股市大环境的影响。比如截至 2024 年 12 月，A 股 IPO 共经历过九次暂停，每次暂停都与股市的大环境相关（见表 13-2）。自 2023 年 2 月实施全面注册制后，基本不会再全部一刀切暂停 IPO，但可能还会出现 IPO 动态收紧，控制首发进度，暂缓 IPO 等情况。当股市低迷时，为了避免新股上市带给股市更大的冲击，IPO 即使不暂停，审核力度也会加大，导致过会率低。由于 A 股上市并不完全取决于企业自身状况，受到太多宏观经济层面因素影响，对赌上市相当于押宝企业家无法掌控的事件。

表 13-2　A 股 IPO 九次暂停一览表

类别	暂停时段	暂停时长	市场情况
第一次暂停	1994 年 7 月 21 日～ 1994 年 12 月 7 日	5 个月	稳定股市
第二次暂停	1995 年 1 月 19 日～ 1995 年 6 月 9 日	5 个月	国债期货 327 事件
第三次暂停	1995 年 7 月 5 日～ 1996 年 1 月 3 日	6 个月	市场低迷
第四次暂停	2001 年 7 月 31 日～ 2001 年 11 月 2 日	3 个月	国有股减持政策
第五次暂停	2004 年 8 月 26 日～ 2005 年 1 月 23 日	5 个月	新股发行询价制度改革
第六次暂停	2005 年 5 月 25 日～ 2006 年 6 月 2 日	12 个月	股权分置改革
第七次暂停	2008 年 9 月 16 日～ 2009 年 6 月 29 日	9 个月	金融危机
第八次暂停	2012 年 11 月 16 日～ 2014 年 1 月 9 日	14 个月	市场低迷
第九次暂停	2015 年 7 月 4 日～ 2015 年 11 月 6 日	4 个月	市场低迷

第二，企业应未雨绸缪，提早进行资金规划。企业应避免在资金链面临断裂风险时再启动融资计划，一般应保证公司的资金能维持公司正常运营1年。

2. 回购条款

为了保护自身利益，投资人往往会约定企业对赌失败时触发回购条款，即大股东以约定的价格收购投资方的股份。回购价格多为投资方全部出资额加上按年利率 $X\%$ 计算的利息（复利或者单利）。在实务中，年利率多在 $6\% \sim 12\%$。以下为某私募股权基金与某公司签订的《增资协议》中的回购条款。

5.1 当出现以下情况时，投资方有权要求原股东回购投资方所持有的全部公司股份：

5.1.1 不论任何主观或客观原因，标的公司不能在201×年12月31日前实现首次公开发行股票并上市，该等原因包括但不限于标的公司经营业绩方面不具备上市条件，或由于公司历史沿革方面的不规范未能实现上市目标，或由于参与公司经营的原股东存在重大过错、经营失误等原因造成公司无法上市等；

5.1.2 在201×年12月31日之前的任何时间，原股东或公司明示放弃本协议项下的标的公司上市安排或工作；

5.1.3 当公司累计新增亏损达到投资方进入时以200×年12月31日为基准日公司当期净资产的20%时；

5.1.4 原股东或标的公司实质性违反本协议及附件的相关条款。

5.2 本协议项下的股份回购价格应按以下两者较高者确定：

5.2.1 按照本协议第三条规定的投资方的全部出资额及从实际缴纳出资日起至原股东或者公司实际支付回购价款之日按年利率10%计算的利息

（复利）；

5.2.2　回购时投资方所持有股份对应的公司经审计的净资产。

5.3　本协议项下的股份回购均应以现金形式进行，全部股份回购款应在投资方发出书面回购要求之日起 2 个月内全额支付给投资方。投资方之前从公司收到的所有股息和红利可作为购买价格的一部分予以扣除。

5.4　原股东在此共同连带保证：如果投资方中任何一方根据本协议第 5.1 条要求标的公司或原股东回购其持有的标的公司全部或者部分股份，或者根据本协议第 5.5 条要求转让其所持有的标的公司全部或者部分股份，原股东应促使标的公司的董事会、股东会同意该股份的回购或转让，在相应的董事会和股东会会议上投票同意，并签署一切必须签署的法律文件。

在签订回购条款时，需注意回购的触发条件是否很明确，比如以下回购条款就很模糊："如果公司的前景、业务或财务状况发生重大不利变化，投资方有权要求原股东回购投资方所持有的全部公司股份。购买价格等于原始购买价格加上已宣布但尚未支付的红利。"这个条款对公司非常有惩罚性，并且给予投资人基于主观判断的控制权，理性的企业家不应该接受。

3. 其他条款

除了上述条款外，引入 VC/PE 尚需关注表 13-3 中的条款。

表 13-3　投资常见条款一览表

投资条款名称	案例	条款内容示例①
董事委任权	江南布衣	VKC 有权委任 N&N Capital 董事会、本公司董事会及杭州江南布衣董事会一名董事
随售权	江南布衣	倘股东拟向第三方出售或转让任何股份，可交换票据持有人及 N&N Capital 有权按不逊于转让方发出的转让通告所载的条款及条件购买全部或部分该等股份

（续）

投资条款名称	案例	条款内容示例①
知情及查阅权	江南布衣	可交换票据持有人有权获得本集团各公司的财务及运营资料，以查阅本集团各公司的财产及记录并进行备份以及与高级员工讨论事务、财务及账目
拖售责任	美图公司	若持有多于50%发行在外普通股股东（拖售持有人）建议执行拖售（定义见下文），而于紧接该等拖售交易之前本公司的内涵估值（A）倘该等交易于2018年4月20日当日或之前完成，至少为50亿美元，或（B）倘该等交易于2018年4月20日之后并于2020年4月20日当日或之前完成，至少为60亿美元，根据拖售持有人之书面通知要求，除拖售持有人外的各股东应按要求执行以下事项：(i) 就其于直接或间接持有的本公司所有证券投票或出具书面同意书赞成该等建议拖售，并反对任何合理预期可能延迟或影响任何该等建议拖售进行的提案；(ii) 就建议拖售而言，避免在任何时候行使适用法律下的任何异议者权利或评估权；及(iii) 采取所有合理必要行动以促成建议拖售 [拖售]乃指(i) 售出、租出、转让或以其他方式处置本公司或任何集团公司所有或几乎所有资产；(ii) 转让或以独占方式售出集团公司所有或几乎所有知识产权；及(iii) 售出、转让或以其他方式处置本公司或任何集团公司已发行及发行在外的股本，而于紧接该等交易之前本公司的股东或该等集团公司的股东于紧随该等交易之后拥有存续公司不足百分之五十（50%）的投票权（仅为税收目的或仅为变更本公司住所而施行的交易除外），或(iv) 任何集团公司与或向其他任何业务实体兼并、改组或进行其他业务合并，而于紧接该等兼并、改组或业务合并之前该等集团公司的现有股东于续存实体中并无保有绝大多数投票权
清盘权利	美图公司	如本公司发生任何清盘、解散或清算（不论自愿与否），优先股股东有权较任何其他股东优先收取相当于其初始投资额加上所有已宣派但未支付的股息的金额
优先认购权	周黑鸭	天图投资者及IDG投资者拥有优先认股权，以该比例购买可能出售及发行的任何新证券
反摊薄条款	周黑鸭	倘任何新证券的建议发行价低于天图投资者及IDG投资者根据2012年投资协议支付的认购价，天图投资者及IDG投资者应有权获得补偿
禁售期	美团点评	直至(i) 本公司及编纂同意的有关时间；及(ii) 自编纂起180天及所有其他编纂90天（以较早者为准），本公司及任何股东概不得进行任何股份公开销售或分派（作为[编纂]的部分除外）

①条款内容均来源于各公司在香港上市时的招股说明书。

第八阶段：设立复制型控股子公司

引入私募基金资金后，X 公司开始全国性扩张，并成立复制型子公司 a，实施管理层跟投模式。高管跟投比例限定为 10%。第八阶段股权架构如图 13-9 所示。

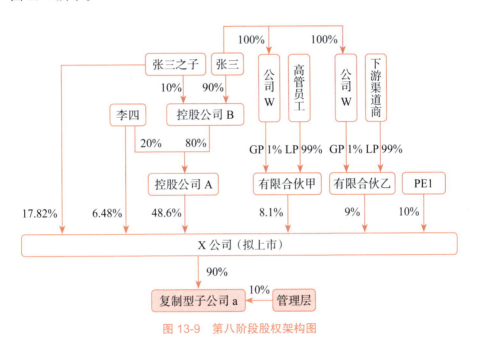

图 13-9　第八阶段股权架构图

第九阶段：设立拆分型全资子公司

自投资成立复制型子公司后，X 公司业务扩张迅猛，盈利能力强。受 W 地政府招商引资政策吸引，X 公司将价值链中的销售环节拆分，成立拆分型子公司 b 并在当地招聘员工，即 X 公司和 a 公司将产品销售给 b 公司，由 b 公司完成终端销售（见图 13-10）。

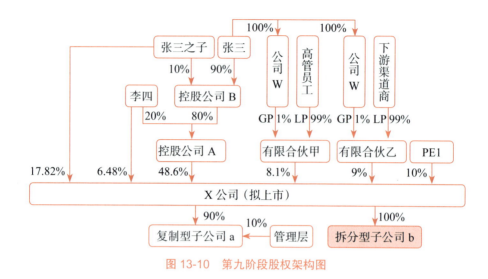

图 13-10   第九阶段股权架构图

第十阶段：体内设立创新型子公司

X 公司因为现金流充沛，于是又投资设立创新型子公司 c，希望利用公司现有营销渠道和品牌资源开发新业务。对该创新型子公司 c，X 公司持股比例为 70%，X 公司高管同时兼管 c 公司业务，管理层持股比例为 30%（见图 13-11）。

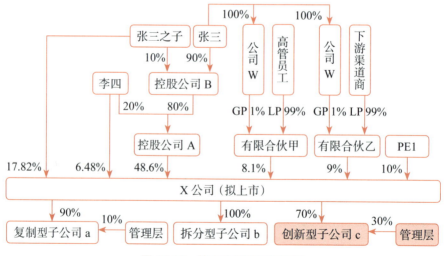

图 13-11   第十阶段股权架构图

创新型子公司 c 的业务开展不顺利，新业务并没有达到原来的利润预期，一直处于亏损状态。由于 c 公司的亏损，导致 X 公司的合并财务报表盈利能力受到影响，拉低了公司整体估值。

第十一阶段：体外设立创新型子公司

吸取了 c 公司股权架构的经验教训，当 X 公司再次进军新业务领域时，创始人张三和李四决定，由二人投资设立创新型子公司 d，即 d 公司在拟上市公司 X 体外先做孵化，待盈利时再注入 X 公司。张三和李四选择用控股公司 A 作为投资主体，持股比例为 75%；d 公司管理层持股比例为 25%，如图 13-12 所示。

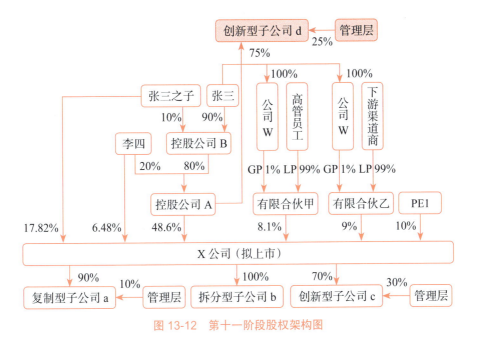

图 13-12 第十一阶段股权架构图

为何张三和李四没有用自然人作为 d 公司的投资主体，而是选择用二人控股的 A 公司做投资主体呢？主要的考量因素是税收。如果未来 d 公司孵化成功，将会被注入 X 上市主体。两种不同的投资主体在注入过程中将产生不同的税负。两种不同投资主体注入前后对比如图 13-13 所示。

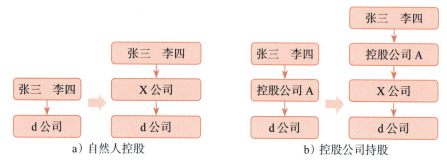

a）自然人控股　　　　　　　　b）控股公司持股

图 13-13　两种不同持股架构的注入方案比较

　　如果选择自然人直接持股，采用投资注入的方式（即自然人将持有的 d 公司股权投资至 X 公司，增加 X 公司注册资本），自然人将需要对 d 公司股权的评估增值缴纳个人所得税，虽然该个税可以向税务机关申请递延纳税，但递延纳税期仅为 5 年⊖。如果选择后者控股公司 A 持股（即 A 公司将持有的 d 公司股权投资至 X 公司，增加 X 公司注册资本），A 公司有两个方案可以选择。方案一，控股公司 A 将 d 公司股权的评估增值确认为应纳税所得额，但如果 A 公司当年有亏损，该股权评估增值可以补亏；方案二，A 公司可以向税务机关申请特殊性税务处理待遇，可以不确认评估增值所得，不缴纳该评估增值的企业所得税⊖。

第十二阶段：体外参股创新型子公司

　　张三经过考察，看好某新兴业务领域，拟投资设立创新型子公司 e，

⊖　见《财政部 国家税务总局关于个人非货币性资产投资有关个人所得税政策的通知》（财税〔2015〕41 号）。

⊖　见《财政部 国家税务总局关于企业重组业务企业所得税处理若干问题的通知》（财税〔2009〕59 号）。

但考虑到新业务属于运营驱动型，如果张三仅投入资金却控股，会导致管理团队动力不足，最终的股权架构确定为：控股公司 A 仅参股 e 公司 20% 的股权，e 公司管理层持股 e 公司 80% 的股权，如图 13-14 所示。

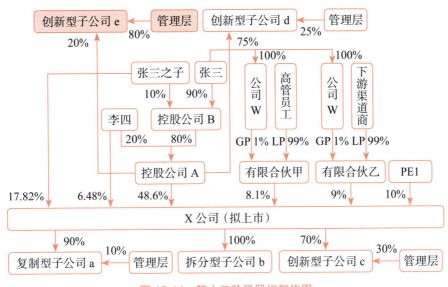

图 13-14　第十二阶段股权架构图

第十三阶段：子公司股权置换至母公司

X 公司重新确定了 3 年 A 股上市规划。考虑到创新型子公司 c 一直处于亏损状态，业务发展毫无起色，X 公司决定关闭该业务，并注销 c 公司。创新型子公司 d 也一直未能实现盈利，张三和李四决定将控股公司 A 持有的 d 公司股权向 d 公司的管理层出售。复制型子公司 a 的小股东（a 公司管理层）提出将持有的 a 公司股权置换至 X 公司层面，享受上市增值收益。

1. 股权置换操作方案

子公司小股东股权置换成母公司股权，在操作上可以分为以下 4 步。

第一步：对子公司进行估值。本案例中 a 公司估值为 0.25 亿元，a 公司管理层持股对应的估值为 0.25 × 10% = 0.025（亿元）。

第二步：对母公司进行估值。本案例中 X 公司估值为 4.75 亿元。

第三步：计算换股后持股比例。本案例中 a 公司管理层股权置换后，应持有 X 公司的股权比例为 0.025 ÷（4.75 + 0.025）= 0.5%。

第四步：确定股权置换的具体路径。

2. 常见的股权置换路径

常见的股权置换路径有 3 种，如表 13-4 所示。

表 13-4　常见的 3 种股权置换路径

置换路径	具体操作
股权转让	a 公司管理层将持有的 a 公司股权转让给 X 公司，张三之子将持有的 X 公司股权转让给 a 公司管理层
无偿赠送	a 公司管理层将持有的 a 公司股权赠送给 X 公司，张三之子将持有的 X 公司股权赠送给 a 公司管理层
股权投资	a 公司管理层将持有的 a 公司股权作为出资资产，对 X 公司进行出资，增加 X 公司注册资本

对于 3 种置换路径的比较可以参考表 13-4 中的内容。在本案例中，经过权衡后选择的置换路径为：①a 公司管理层将持有的 a 公司股权以净资产价格转让给 X 公司；②a 公司管理层和 W 公司共同设立有限合伙丙，对 X 公司增资。a 公司管理层对有限合伙丙持有的份额比例为 10%；W 公司对有限合伙丙持有的份额比例为 90%[⊖]。有限合伙丙对 X 公司增资，增资后对 X 公司的持股比例为 5%。之所以设置有限合伙丙作为持股平台，目的是方便股权管理，实现张三对 X 公司有更多的控制权。股权置换完毕后，X 公司的股权架构如图 13-15 所示。

⊖ 该部分份额是为后来的战略投资人预留的。

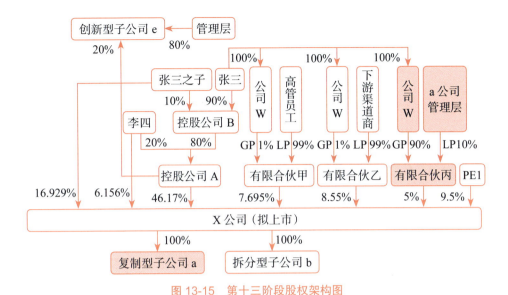

图 13-15　第十三阶段股权架构图

第十四阶段：并购体外参股公司

考虑到创新型子公司 e 的业务开展非常顺利，已经展现出较强的盈利能力，且 e 公司的业务与 X 公司的业务有一定的互补性，张三开始与 e 公司管理层（林某等 3 人）谈判，由 X 公司收购 e 公司 100% 股权，使其成为 X 公司的全资子公司。初始商定，e 公司估值为 2 500 万元。X 公司支付给林某等 3 名自然人股东的对价为部分现金（800 万元）和 X 公司的股权[⊖]（价值 1 200 万元[⊜]）。

本次交易需关注以下两个要点。

1. 交易中的税负

如果直接操作该换股方案，是否会涉及税收呢？

⊖　通过有限合伙丙间接持股。

⊜　以 X 公司估值 5 亿元确定。

（a）"股权换股权"有纳税义务吗？本次交易站在 X 公司的角度，属于收购行为，即 X 公司通过发行股份及支付现金购买林某等 3 人持有的 e 公司 80% 股权；该交易如果换位站在 e 公司管理层的角度，则是投资行为，即林某等 3 人将持有的 e 公司股权投资至 X 公司，增加了 X 公司的注册资本，同时换取了 X 公司向其定向增发的股份和支付的现金。图 13-16 为站在不同交易方角度的交易结构。

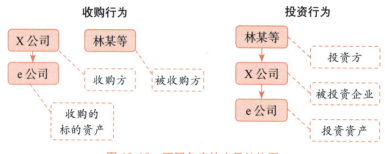

图 13-16　不同角度的交易结构图

在本次并购中，X 公司是收购方（或被投资企业），除印花税外，没有其他税种的纳税义务；e 公司作为收购的标的资产（或投资资产），只是股东发生变化，不存在纳税义务。林某等 3 人作为被收购方（或投资方），其取得的 X 公司的股权和现金是否存在个人所得税的纳税义务呢？对于现金部分，林某等 3 人应确认所得，毫无悬念，但对于换取 X 公司股权部分，林某等 3 人有纳税义务吗？

根据《个人所得税法》的规定，共有 9 类"个人所得"应缴纳个人所得税[一]，其中"财产转让所得"是指"个人转让有价证券、股权、合伙企业中的财产份额、不动产、机器设备、车船以及其他财产取得的所得。"[二]那么林某等 3 人用持有的 e 公司股权对外投资，该投资行为是否属于转让财

[一]　见《个人所得税法》（主席令第 9 号）第二条。

[二]　见《中华人民共和国个人所得税法实施条例》（国务院令第 707 号）第六条第（八）项。

产呢？根据《公司法》的规定，以非货币财产出资的，应当依法办理其财产权的转移手续[⊖]。在本次交易完成后，e 公司的股东由林某等 3 人变更为X 公司。e 公司股权的权属发生了转移，因此，投资属于转让的一种形式。对此，国家税务总局公告 2014 年第 67 号[⊜]和财税〔2015〕41 号[⊜]也给予了明确。

（b）个人所得税如何计算？ 财税〔2015〕41 号规定："个人以非货币性资产投资，应按评估后的公允价值确认非货币性资产转让收入。非货币性资产转让收入减除该资产原值及合理税费后的余额为应纳税所得额。"[⊝]

评估后的公允价值

根据《公司法》的规定，林某等 3 人将持有的 e 公司股权对外投资，应对股权价值进行评估。[⊕]资产评估事务所出具的评估报告显示，截至评估基准日，e 公司 100% 股权的评估值为 2 300 万元。交易各方以评估值为参考，最终协商确定 e 公司 100% 股权的交易价格为 2 500 万元。

在交易中，常会出现评估价和交易价不一致的情形。例如，2012 年康

⊖《公司法》第四十九条："股东应当按期足额缴纳公司章程规定的各自所认缴的出资额。股东以货币出资的，应当将货币出资足额存入有限责任公司在银行开设的账户；以非货币财产出资的，应当依法办理其财产权的转移手续。"

⊜《国家税务总局关于发布〈股权转让所得个人所得税管理办法（试行）〉的公告》（国家税务总局公告 2014 年第 67 号）第三条："本办法所称股权转让是指个人将股权转让给其他个人或法人的行为，包括以下情形：……（五）以股权对外投资或进行其他非货币性交易……"

⊜《财政部 国家税务总局关于个人非货币性资产投资有关个人所得税政策的通知》（财税〔2015〕41 号）第一条："个人以非货币性资产投资，属于个人转让非货币性资产和投资同时发生。对个人转让非货币性资产的所得，应按照'财产转让所得'项目，依法计算缴纳个人所得税。"

⊕ 见《财政部 国家税务总局关于个人非货币性资产投资有关个人所得税政策的通知》（财税〔2015〕41 号）第二条。

⊕《公司法》第四十八条："股东可以用货币出资，也可以用实物、知识产权、土地使用权、股权、债权等可以用货币估价并可以依法转让的非货币财产作价出资；但是，法律、行政法规规定不得作为出资的财产除外。对作为出资的非货币财产应当评估作价，核实财产，不得高估或者低估作价。法律、行政法规对评估作价有规定的，从其规定。"

恩贝（600572）收购伊泰药业 88% 的股权，伊泰药业 88% 的股权评估值为 7 822.27 万元，但康恩贝的收购价格为 20 000 万元，溢价 12 177.73 万元。对此康恩贝解释为：伊泰药业公司麝香通心滴丸等产品受原控股股东的战略调整和营销资源条件有限等影响，市场价值无法正常、有效体现。公司以 20 000 万元受让伊泰药业公司 88% 的股权，是基于审慎并经交易双方协商确定的价格，符合合理、公允的市场交易原则[⊖]。由此可见，评估价并不等同于交易价。那么财税〔2015〕41 号文中的"评估后的公允价值"应如何理解呢？笔者认为，如果交易双方是非关联关系，除非有证据证明交易价格不公允，否则应将交易价格认定为"评估后的公允价值"。对于关联交易，如果交易价格低于评估值，由投资方做出合理解释，如果有合理解释，可以将交易价格确认为公允价值，否则将评估值确认为公允价值。如果交易价格高于评估值，则将交易价格确认为公允价值。

资产原值

根据国家税务总局公告 2015 年第 20 号[⊜]的规定，非货币性资产原值为纳税人取得该项资产时实际发生的支出。国家税务总局公告 2014 年第 67 号则对股权原值的确认方法给予了详细规定[⊕]。另外，67 号文对个人多次取

⊖ 见康恩贝 2012 年 8 月 9 日《浙江康恩贝制药股份有限公司对外投资公告》。

⊜ 见《国家税务总局关于个人非货币性资产投资有关个人所得税征管问题的公告》（国家税务总局公告 2015 年第 20 号）。

⊕ 《国家税务总局关于发布〈股权转让所得个人所得税管理办法（试行）〉的公告》（国家税务总局公告 2014 年第 67 号）第十五条："个人转让股权的原值依照以下方法确认：（一）以现金出资方式取得的股权，按照实际支付的价款与取得股权直接相关的合理税费之和确认股权原值；（二）以非货币性资产出资方式取得的股权，按照税务机关认可或核定的投资入股时非货币性资产价格与取得股权直接相关的合理税费之和确认股权原值；（三）通过无偿让渡方式取得股权，具备本办法第十三条第二项所列情形的，按取得股权发生的合理税费与原持有人的股权原值之和确认股权原值；（四）被投资企业以资本公积、盈余公积、未分配利润转增股本，个人股东已依法缴纳个人所得税的，以转增额和相关税费之和确认其新转增股本的股权原值；（五）除以上情形外，由主管税务机关按照避免重复征收个人所得税的原则合理确认股权原值。"

得同一被投资企业股权的，转让部分股权时，采用"加权平均法"确定其股权原值。本案例中，林某等 3 人对 e 公司的投资成本为 500 万元。

合理税费

根据国家税务总局 2015 年第 20 号的规定，"合理税费"是指纳税人在非货币性资产投资过程中发生的与资产转移相关的税金及合理费用。在本次交易中，投资的资产为 e 公司股权，股权过户中的税费包括印花税、工商登记费用等。如果自然人对外投资的资产为房屋、土地使用权、无形资产等，其税金还可能包括增值税及附加、土地增值税等。

在本案例中，林某等 3 人将持有的 e 公司 80% 的股权作价 2 000 万元投资至 X 公司，其签订的《投资协议》是否需要按"产权转移书据"税目缴纳印花税？根据《印花税法》[一]规定，产权转移书据中包括股权转让书据（不包括应缴纳证券交易印花税的）。由于印花税政策缺乏对"股权转让"行为的解释，所以，股权投资是否属于上述文件中的股权转让在实务中莫衷一是，各地基层税务机关也存在不同的理解[二]。财政部 税务总局公告 2024 年第 14 号[三]规定，对企业改制书立的产权转移书据，免征印花税。但同时也明确，该公告所称企业改制，具体包括非公司制企业改制为有限责任公司或者股份有限公司，有限责任公司变更为股份有限公司，股份有限公司变更为有限责任公司[四]。因此，如果股权投资所立书据属于印花税征税范围，是不可以享受"改制"优惠待遇的。如果林某等 3 人缴纳了印花税，该税金可

[一] 见《中华人民共和国印花税法》（主席令第八十九号）附表《印花税税目税率表》。

[二]《财政部 国家税务总局关于以上市公司股权出资有关证券（股票）交易印花税政策问题的通知》（财税〔2010〕7 号）曾明确规定："投资人以其持有的上市公司股权进行出资而发生的股权转让行为，不属于证券（股票）交易印花税的征税范围，不征收证券（股票）交易印花税。"但对于非上市公司股权出资是否属于印花税征税范围，并无文件明确。

[三] 见《财政部 税务总局关于企业改制重组及事业单位改制有关印花税政策的公告》（财政部 税务总局公告 2024 年第 14 号）第三条第一款。

[四] 见《财政部 税务总局关于企业改制重组及事业单位改制有关印花税政策的公告》（财政部 税务总局公告 2024 年第 14 号）第四条第（一）项。

以在计算个人所得税时扣除，另外办理工商登记的相关费用，也允许扣除。

应纳税款计算

假设不考虑 X 公司并购案中的合理税费，林某等 3 人应缴纳的个人所得税金额为：（2 000-500）× 20% =300（万元）。

（c）是否有税收优惠？ 根据财税〔2015〕41 号的规定，个人以非货币性资产投资，应于非货币性资产转让、取得被投资企业股权时，确认非货币性资产转让收入的实现[一]。个人应在发生上述应税行为的次月 15 日内向主管税务机关申报纳税。[二]但考虑到个人用非货币性资产对外投资时，可能缺乏纳税必要资金，所以财税〔2015〕41 号给予了递延纳税的税收优惠，即纳税人一次性缴税有困难的，可合理确定分期缴纳计划并报主管税务机关备案后，自发生上述应税行为之日起不超过 5 个公历年度内（含）分期缴纳个人所得税。国家税务总局公告 2015 年第 20 号对分期纳税的程序给予了细化的规定。[三]上述法规并未要求税款均匀分摊至 5 个年度，而是允许纳税人自行制定纳税计划并报税务机关备案。因此，实务中纳税人可尽量争取税款递延至第五年。

但值得注意的是，财税〔2015〕41 号同时规定，个人以非货币性资产投资交易过程中取得现金补价的，现金部分应优先用于缴税；现金不足以缴纳的部分，可分期缴纳。[四]

[一] 见《财政部 国家税务总局关于个人非货币性资产投资有关个人所得税政策的通知》（财税〔2015〕41 号）第二条第二款。

[二] 见《财政部 国家税务总局关于个人非货币性资产投资有关个人所得税政策的通知》（财税〔2015〕41 号）第三条。

[三] 《国家税务总局关于个人非货币性资产投资有关个人所得税征管问题的公告》（国家税务总局公告 2015 年第 20 号）第八条："纳税人非货币性资产投资需要分期缴纳个人所得税的，应于取得被投资企业股权之日的次月 15 日内，自行制定缴税计划并向主管税务机关报送《非货币性资产投资分期缴纳个人所得税备案表》（见附件）、纳税人身份证明、投资协议、非货币性资产评估价格证明材料、能够证明非货币性资产原值及合理税费的相关资料。"

[四] 见《财政部 国家税务总局关于个人非货币性资产投资有关个人所得税政策的通知》（财税〔2015〕41 号）第四条。

在本案例中，由于林某等 3 人将持有的 e 公司 80% 股权投资至 X 公司，取得 800 万元现金补价，该 800 万元应优先支付个人所得税。由于现金部分足以支付税款，因此林某等 3 人无法享受递延纳税的税收优惠。

经过论证分析后，如果林某等 3 人采取投资方式将 e 公司 80% 的股权注入 X 公司，需要缴纳个人所得税，且没有任何税收优惠，而且由于 X 公司增加注册资本，法律程序十分烦琐。最后，经协商，采取了如下操作方案。

第一步：林某等 3 人将持有的 e 公司 80% 的股权作价 2 000 万元转让给 X 公司。X 公司代扣代缴林某等 3 名自然人股东 300 万元个人所得税后，支付税后股权转让款 1 700 万元。控股公司 A 将持有的 e 公司 20% 的股权作价 500 万元转让给 X 公司。

第二步：W 公司将其持有的有限合伙丙 48% 的份额转让给林某等 3 人，转让价格为 1 200 万元。

并购后的股权架构如图 13-17 所示。

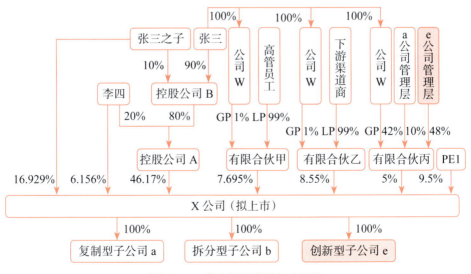

图 13-17　第十四阶段股权架构图

2.对申报 IPO 的影响

（1）同一控制下业务重组

根据证监会的法规，拟上市公司在报告期内存在对同一控制下相同、类似或相关业务进行重组的，需要根据重组对拟上市公司的资产总额、营业收入或利润总额的影响情况，判断是否需要规范运行一段时间后再进行 IPO 申报，具体如表 13-5 所示。

表 13-5　同一控制下业务重组规范运行时间表

收入/资产/利润任一指标①	需规范运行时间
$x^②\geqslant 100\%$	运行 1 个会计年度
$100\% > x \geqslant 50\%$	无时间限制，将被重组方纳入尽职调查范围并发表相关意见
$50\% > x \geqslant 20\%$	无时间限制，至少须包含重组完成后的最近一期资产负债表
$x < 20\%$	无时间限制，没有要求

① 被重组方重组前一个会计年度与重组前发行人存在关联交易的，资产总额、营业收入或利润总额按照扣除该等交易后的口径计算。

② x 为重组比例，重组比例＝被重组方重组前一个会计年度末的资产总额或前一个会计年度的营业收入或利润总额÷重组前发行人相应项目。

⊖ 《〈首次公开发行股票并上市管理办法〉第十二条发行人最近 3 年内主营业务没有发生重大变化的适用意见——证券期货法律适用意见第 3 号》（证监会公告〔2008〕22 号）第三条："发行人报告期内存在对同一公司控制权人下相同、类似或相关业务进行重组的，应关注重组对发行人资产总额、营业收入或利润总额的影响情况。发行人应根据影响情况按照以下要求执行：（一）被重组方重组前一个会计年度末的资产总额或前一个会计年度的营业收入或利润总额达到或超过重组前发行人相应项目 100% 的，为便于投资者了解重组后的整体运营情况，发行人重组后运行一个会计年度后方可申请发行。（二）被重组方重组前一个会计年度末的资产总额或前一个会计年度的营业收入或利润总额达到或超过重组前发行人相应项目 50%，但不超过 100% 的，保荐机构和发行人律师应按照相关法律法规对首次公开发行主体的要求，将被重组方纳入尽职调查范围并发表相关意见。发行申请文件还应按照《公开发行证券的公司信息披露内容与格式准则第 9 号——首次公开发行股票并上市申请文件》（证监发行字〔2006〕6 号）附录第四章和第八章的要求，提交会计师关于被重组方的有关文件以及与财务会计资料相关的其他文件。（三）被重组方重组前一个会计年度末的资产总额或前一个会计年度的营业收入或利润总额达到或超过重组前发行人相应项目 20% 的，申报财务报表至少须包含重组完成后的最近一期资产负债表。"

（2）非同一控制下业务重组

针对拟上市公司进行非同一控制下业务重组的，规范运行时间相关文件均已作废，尚无新法规对此做出规定，实务中券商一般仍参照之前规定进行审核，如表 13-6 所示。

表 13-6 非同一控制下业务重组规范运行时间表

资产／收入／利润任一指标	主板需规范运行时间[1]		创业板需规范运行时间
	业务相关[2]	业务不相关[3]	
$x > 100\%$	36 个月	36 个月	24 个月
$100\% \geqslant x > 50\%$	12 个月		
$50\% \geqslant x \geqslant 20\%$	1 个会计年度	24 个月	1 个会计年度
$x < 20\%$	无时间限制	无时间限制	无时间限制，提供最后 1 期报表

[1] 证监会对主板上市前进行非同一控制下相关业务的重组，态度为支持但不鼓励。

[2] 业务相关是指被重组进入拟上市公司的业务与拟上市公司重组前的业务具有相关性（相同、类似行业或同一产业链的上下游）。

[3] 证监会对主板上市前进行非同一控制下不相关业务的重组，态度为限制但不禁止。

在本案例中，由于 e 公司的资产总额、营业收入和利润总额均未达到 X 公司相应指标的 20%，因此不会对 IPO 申报的时间节点产生影响。

第十五阶段：引入第二轮投资人

并购 e 公司后，X 公司引入第二轮私募股权基金 PE2。引入第二轮 PE 后，X 公司的股权架构如图 13-18 所示。

在公司申报 IPO 前引入 PE，需关注突击入股的问题。

（a）"突击入股"的定义。"突击入股"主要是指在拟上市公司提交上市申报材料前一年内，有机构或者个人以低价获得该公司股份的情形。

（b）"突击入股"的后果。《监管规则适用指引——关于申请首发上市企业股东信息披露》规定[⊖]：发行人提交申请前 12 个月内新增股东的，应当在

⊖ 见《监管规则适用指引——关于申请首发上市企业股东信息披露》第三条。

招股说明书中充分披露新增股东的基本情况、入股原因、入股价格及定价依据，新股东与发行人其他股东、董事、监事、高级管理人员是否存在关联关系，新股东与本次发行的中介机构及其负责人、高级管理人员、经办人员是否存在关联关系，新增股东是否存在股份代持情形。上述新增股东应当承诺所持新增股份自取得之日起 36 个月内不得转让。

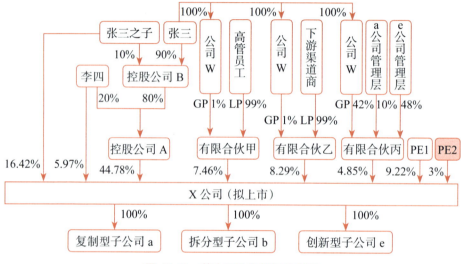

图 13-18　第十五阶段股权架构图

注：本书中存在持股比例个别数据汇总数存在尾差情况（加总后不是 100%），系持股比例数据四舍五入造成。

第十六阶段：股份制改造

引入第二轮 PE 后，X 公司开始进行股改，即将有限责任公司净资产折股，整体变更为股份有限公司。在股改过程中需关注以下要点。

1. 拟上市公司应如何确定股本

截至股改时点，X 公司的净资产为 24 651.32 万元，其中实收资本 1 339.74 万元，资本公积 7 573.58 万元，留存收益（含盈余公积和未分配利润）15 738 万元。

在实务中，常有企业家认为上市时股本越大，越能彰显公司实力，在股改时，尽可能将全部净资产折成股本。但股本真的越大越好吗？以下我们一起来讨论拟上市公司股改时确定股本有什么技巧。

（a）**股本会影响每股发行价**。我国 A 股 IPO 发行价格[⊖]的确定主要使用市盈率法，即每股发行价 = 发行后每股净收益 × 发行市盈率。对于发行市盈率，根据证监会的窗口指导意见，从 2012 年 11 月开始限制为 23 倍市盈率以下[⊜]。在发行市盈率被锁定的情况下，决定每股首发价格的因素是发行后每股净收益。发行后每股净收益 = 发行前一年经会计师事务所审计的、扣除非经常性损益前后孰低的净利润 / 发行后总股本。发行后总股本 = 发行前总股本 + 本次发行股份，本次公开发行的股份要达到公司股份总数的 25% 以上；公司股本总额超过 4 亿元的，公开发行股份的比例为 10% 以上[⊗]。由此可见，当拟上市公司净利润一定时，决定发行价格的核心因素为股本大小。

2023 年 2 月实行全面注册制后，取消了"23 倍市盈率以下"这一窗口指导意见，不再限制市盈率倍数。在注册制下，决定发行价格的核心因素已从"股本大小"扩展为"动态市盈率与股本共同作用"，且需结合具体定

⊖ 股票发行价格是指发行公司将股票出售给投资人时的价格。
⊜ 2019 年新开设的科创板没有发行市盈率的限制。
⊗ 《上海证券交易所股票上市规则》（上证发〔2024〕51 号）"3.1.1 境内发行人申请首次公开发行股票并在本所上市，应当符合下列条件：（一）符合《证券法》、中国证监会规定的发行条件；（二）发行后的股本总额不低于 5 000 万元；（三）公开发行的股份达到公司股份总数的 25% 以上；公司股本总额超过 4 亿元的，公开发行股份的比例为 10% 以上；……"《深圳证券交易所股票上市规则》（深证上〔2024〕339 号）亦有相同规定。
《上海证券交易所科创板股票上市规则》（上证发〔2024〕52 号）"2.1.1 发行人申请在本所科创板上市，应当符合下列条件：（一）符合中国证监会规定的发行条件；（二）发行后股本总额不低于人民币 3 000 万元；（三）公开发行的股份达到公司股份总数的 25% 以上；公司股本总额超过人民币 4 亿元的，公开发行股份的比例为 10% 以上；……"《深圳证券交易所创业板股票上市规则》（深证上〔2024〕340 号）亦有相同规定。

价方法和市场条件综合判断。

（b）股本不宜过大或过小。因为股本与每股发行价格成反比例线性关系，所以股本的大小会决定发行价格的高低。股本过小，会导致发行价格偏高，如果明显高于同行业公司，可能会影响新股的申购和公司在二级市场的初期表现。但股本过大也有弊端，可能会压缩公司上市后通过送股[⊖]、转股[⊜]等手段进行市值管理的空间。转股、送股的实质都是股东权益的内部结构调整，对净资产收益率没有影响，对公司的盈利能力也没有任何实质性影响。那么为什么通过转股、送股会达到市值管理的效果呢？这主要是因为小盘股在高送转[⊜]后，股数增加，股价变低，可能会吸引更多的股民投资，也就意味着打开了个股的涨升预期。所以很多上市公司会采取定增→转增→股价攀升→再定增→再转增等操作进行市值管理。如果上市前公司的初始股本设置过大，会限制公司后期通过转股、送股等方式进行股本扩张的管理空间。

2.净资产折股税负

在税收相关的法规里并没有净资产折股这个概念，因此在税务处理上，应将净资产折股分解为净资产中相应的科目（包括资本公积、盈余公积、未分配利润）转增注册资本或者股本。

表13-7为有限责任公司净资产中各科目转增时，居民个人股东和居民法人股东的税负一览表。

表13-8为上市公司（含新三板公司）净资产中各科目转增时，居民个人股东和居民法人股东的税负一览表。

⊖ 送股亦称"派股"，是上市公司将本年的利润留在公司里，发放股票作为红利。

⊜ 转股，是上市公司将资本公积金以股本的方式赠送给股东。

⊜ "高送转"，实际是指某只股票送红股或者转增股的比例很大，如10股送10股、10股转增10股、10股送5股转增5股等。一般来说，一次性送红股和转增股的总股数达到5股以上，即可视为高送转。上市公司一般在年报或中报中公布高送转方案。

表 13-7　有限责任公司转增股东税负表

会计科目	居民个人股东		居民法人股东	
	征税否	政策依据	征税否	政策依据
资本公积——资本溢价	征（中小高新企业有递延纳税优惠）	财税〔2015〕116 号；国家税务总局公告 2015 年第 80 号	否	国税函〔2010〕79 号
资本公积——其他资本公积	征（中小高新企业有递延纳税优惠）	国税发〔2010〕54 号；国家税务总局公告 2013 年第 23 号；财税〔2015〕116 号；国家税务总局公告 2015 年第 80 号	不明确（原则：转增环节征税，则计税基础增加；转增环节不征，计税基础不增加）	无
盈余公积	征（中小高新企业有递延纳税优惠）	国税函〔1998〕第 333 号；国税发〔1997〕第 198 号；国税发〔2000〕539 号；国税发〔2010〕54 号；国家税务总局公告 2013 年第 23 号；财税〔2015〕116 号；国家税务总局公告 2015 年第 80 号	否（留存收益为税后利润，相当于税后利润分红后，再投资增加注册资本）	根据原理
未分配利润	征（中小高新企业有递延纳税优惠）	国税发〔2010〕54 号；国家税务总局公告 2013 年第 23 号；财税〔2015〕116 号；国家税务总局公告 2015 年第 80 号	否（未分配利润为税后利润，相当于税后利润分红后，再投资增加注册资本）	根据原理

表 13-8　上市公司（含新三板公司）转增股东税负表

会计科目	居民个人股东		居民法人股东	
	征税否	政策依据	征税否	政策依据
资本公积——资本溢价	否	国税函〔1998〕198 号；国税函〔1997〕第 289 号	否	国税函〔2010〕79 号
资本公积——其他资本公积	征（根据持股时间有税收优惠）	国税发〔2010〕54 号；财税〔2015〕第 80 号；国家税务总局公告 2024 年第 8 号	不明确（原则：转增环节征税，则计税基础增加；转增环节不征，则计税基础不增加）	无
盈余公积	征（根据持股时间有税收优惠）	国税发〔2010〕54 号；财税〔2015〕第 80 号；国家税务总局公告 2024 年第 8 号	免税	《企业所得税法》第二十六条第（二）项（留存收益为税后利润，税后利润分红后，再投资增加注册资本）
未分配利润	征（根据持股时间有税收优惠）	国税发〔2010〕54 号；财税〔2015〕第 80 号；国家税务总局公告 2024 年第 8 号	免税	《企业所得税法》第二十六条第（二）项（同盈余公积）

第十七阶段：IPO 上市

X 公司在股改完成后，进入地方证监会辅导期，辅导期结束，向证监会申报 IPO，经过两年的排队等待期后，在创业板成功上市。上市后 X 公司的股权架构如图 13-19 所示。

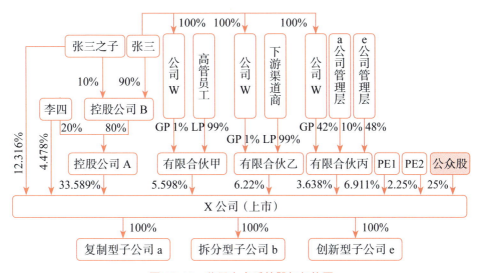

图 13-19　公司上市后的股权架构图

第 14 章

拟境外上市型企业

14.1 红筹上市

红筹上市是指中国公司主要运营资产和业务在中国境内,但以注册在境外离岸法域(如开曼、百慕大或英属维尔京群岛等地)的离岸公司名义在境外交易所(如港交所、纽约证券交易所等)挂牌交易的上市模式。

14.1.1 案例 27 周黑鸭[⊖]

1. 周黑鸭境内架构

(1)境内顶层架构

业务初创。2002 年,周富裕与妻子唐建芳(后文也称周太太)在武汉

⊖ 全称为"周黑鸭国际控股有限公司",后文也简称"周黑鸭国际",港交所主板上市,股票代码:01458.HK。

成立了首家"富裕怪味鸭店"。2004 年，成立了第二家店"周记黑鸭经营部"。2005 年，"周黑鸭"品牌商标注册成功。

良性发展。2006 年，周氏夫妻成立了周黑鸭食品[○]，2009 年该公司增资至 1 000 万元人民币，增资后的股权架构为周富裕持股 64%、唐建芳持股 36%。

引入天图。2010 年，周黑鸭引入专注于投资消费品领域的私募股权基金"天图资本"。"天图资本"以深圳天图与天图兴盛[○]作为投资主体，对周黑鸭食品增资共 5 800 万元（其中 112 万元增加周黑鸭食品注册资本，5 688 万元进入资本公积——资本溢价），分别持股周黑鸭食品 9% 和 1% 的股权。周黑鸭食品的估值为投后 5.8 亿元。天图资本倡导定位理论，支持企业走聚焦和专业化之路。引入投资人后，周黑鸭食品开始建设线上网络渠道。

引入家族亲属及创业元老持股。2011 年 7 月，周氏夫妻转让部分股权给家族多位亲戚及创业元老，9 月公司高管余雪勇通过增资持有周黑鸭食品 1.5% 的股权。

预留股权激励池。2012 年 6 月，由唐勇[○]作为普通合伙人和朱友华[○]作为有限合伙人设立合伙企业东方天富[○]。唐勇和朱友华持有东方天富的份额比例为 60% 和 40%。周氏夫妻及天图资本以相应净资产的价格各转让周黑鸭食品 1.5% 和 0.5% 的股权给东方天富。东方天富为员工持股平台，待未来确定股权激励对象后，由唐勇和朱友华进行份额转让。

引入 IDG。2012 年 6 月，周黑鸭食品引入国际知名私募股权基金 IDG[○]，

○ 全称为"武汉世纪周黑鸭食品有限公司"，2008 年 5 月更名为"湖北周黑鸭食品有限公司"，2013 年 3 月更名为"周黑鸭食品有限公司"，2014 年 6 月更名为"周黑鸭食品股份有限公司"。

○ 分别为深圳市天图投资管理股份有限公司和天津天图兴盛股权投资基金合伙企业（有限合伙）。本案例资料均来源于周黑鸭公告的全球发售资料。

○ 为唐建芳的弟弟。

○ 为唐建芳的姐夫。

○ 全称为"武汉东方天富投资管理中心（有限合伙）"。

○ IDG（IDG Capital）系通过新疆钧扬通泰股权投资有限合伙企业投资周黑鸭食品。

同时，天图资本追加投资。两家基金共投资 1.3 亿元，公司估值 17 亿元，
IDG 和天图资本新增的持股比例为 5.88% 和 1.76%。

并购整合。2012 年 11 月，为了整合家族成员的休闲卤制品业务，周
黑鸭食品按估值 8 228 万元收购周萍（周富裕姐姐）所有的卤制品加工业务
及门店。同年 12 月，周萍及周长江（周富裕兄长）以 2 017 万元及 776 万
元增资周黑鸭食品，持股比例为 5.2% 和 2%。至此，周黑鸭的境内顶层架
构[⊖]如图 14-1 所示。

图 14-1　周黑鸭上市重组前的境内顶层股权架构图

（2）境内底层架构

截至 2015 年 5 月（境内重组前），周黑鸭的境内底层架构如图 14-2
所示。

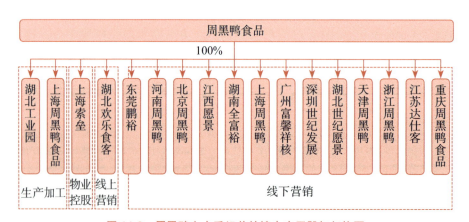

图 14-2　周黑鸭上市重组前的境内底层股权架构图

⊖ 摘自《周黑鸭国际控股有限公司全球发售》第 104 页。

2. 搭建境外架构

（a）设立第一层 BVI 公司。2015 年 4 月至 5 月设立 4 家 BVI 公司，分别为 BVI Holdco Ⅰ 公司（由唐建芳持股，未来周氏家族的权益将通过该公司综合至唐建芳名下）、BVI Holdco Ⅱ 公司（由唐建芳持股，该公司拟用于潜在未来员工激励计划）、BVI Holdco Ⅲ 公司（由周氏姊妹和周氏兄弟持股）、BVI Holdco Ⅳ 公司（由唐建芳持股 30.45%、朱于龙持股 19.283%、胡家庆持股 6.425%、郝立晓持股 4.499%、余雪勇持股 9.790%、杜汉武持股 6.425%、唐勇持股 6.425%、文勇持股 6.425%、周小红持股 4.499%、朱友华持股 2.246%、唐洪琼持股 2.246%、刘定成持股 1.287%[一]）。

（b）注册成立第二层开曼公司（周黑鸭国际）。2015 年 5 月 13 日，由第一层 4 家 BVI 公司及 Tiantu Investments（BVI 公司）、Rosy Result（BVI 公司）投资设立周黑鸭国际（开曼公司），该公司为上市主体。

（c）注册成立第三层 BVI 公司（周黑鸭有限公司）。2015 年 5 月，由周黑鸭国际（开曼公司）投资成立周黑鸭有限公司。

（d）注册成立第四层 HK 公司（周黑鸭香港公司）。2015 年 5 月，由周黑鸭有限公司投资成立周黑鸭香港公司。

上述架构的设置目的可以参考第 7 章龙湖地产案例部分内容。境外架构搭建完毕后，周黑鸭境外股权架构如图 14-3 所示。

3. 股权架构重组

（1）注册成立境内控股公司

2015 年 6 月 12 日，由周黑鸭食品在湖北投资设立周黑鸭管理[二]，该公司的定位为控股公司，由其持有境内所有附属公司股权。

[一]　主要是周氏家族的家庭成员及亲戚，以及周黑鸭的现任和前任员工。

[二]　全称为"湖北周黑鸭管理有限公司"。

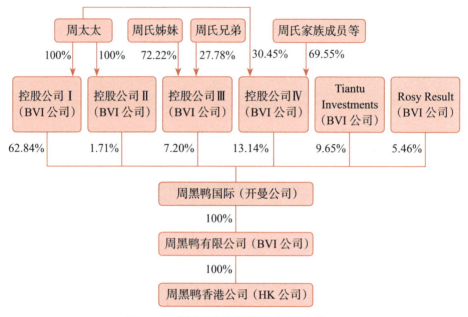

图 14-3　周黑鸭上市前的境外股权架构图

（2）将境内资产注入境内控股公司

在 2015 年 6 ～ 7 月，周黑鸭食品将持有的湖北世纪愿景、上海周黑鸭食品、河南周黑鸭、湖北工业园、东莞鹏裕、天津周黑鸭、浙江周黑鸭、江苏达仕客、重庆周黑鸭食品、广东工业园及湖南全富裕（包括上海索垒）的全部股权转让给周黑鸭管理。

（3）注册成立外商投资企业（WOFE）

2015 年 7 月，由周黑鸭香港公司在中国湖北投资成立周黑鸭发展（WOFE）[⊖]。

（4）将境内资产注入 WOFE

周黑鸭发展注册成立后，周黑鸭食品将持有的周黑鸭管理全部股权转让给该公司。至此，周黑鸭食品全部资产及业务均注入境外上市主体。境外红筹上市架构搭建完毕（见图 14-4）。

　⊖　全称为"湖北周黑鸭企业发展有限公司"。

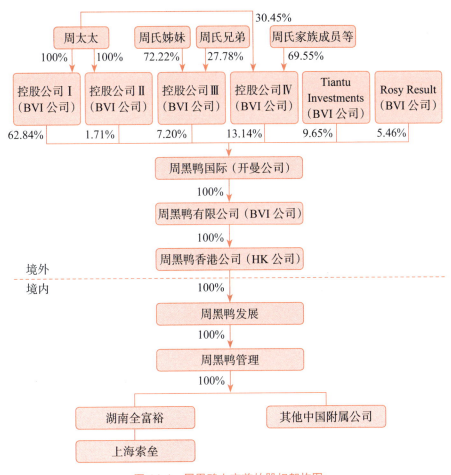

图14-4 周黑鸭上市前的股权架构图

4. 架构重组要点

（1）支付对价方式

在境外股权架构搭建完毕后，需将境内实体注入境外架构，即周黑鸭食品将持有的周黑鸭管理转让给周黑鸭发展，转让价格为1.226亿元。那么周黑鸭发展从哪里得来的资金支付给周黑鸭食品呢？分析发现，有以下3种来源。

用资本金支付。 境外架构的最终端股东唐建芳等注入资本金到周黑鸭

国际（开曼公司），再按周黑鸭国际（开曼公司）—周黑鸭有限公司（BVI
公司）—周黑鸭香港公司（HK公司）—周黑鸭发展（WOFE）的次序注资。
根据汇发〔2015〕13号[一]，外商投资企业资本金结汇所得人民币资金不得用
于境内股权投资，经相关主管部门批准，以股权投资为主要业务的外商投
资企业可以以其外汇资本金进行境内股权投资，因此周黑鸭发展获得外汇
资本金后可以收购周黑鸭管理股权。但周黑鸭尚未上市，创始人股东并未
获得投资收益，一下子筹措上亿元的资本金注入境外，再由境外公司注入
境内，存在一定的难度，不仅存在资金来源问题，也存在境内资金汇出、
境外资金汇入的外汇管制问题。在实务中，境外控股公司可以以完成收购
为条件进行私募，向境外投资者定向发行股份或发行可转换为境外公司普
通股的优先股，境外控股公司股东和新私募投资人在境外控股公司的持股
比例，由双方协商确定。

以过桥贷款资金支付。境外合格贷款机构向境外控股公司及其股东个
人提供境外贷款，用于支付收购境内公司的价款，境内股东在境内提供担
保，即内保外贷。关于内保外贷的规定可见汇发〔2014〕29号[二]。

股份支付。商务部令2012年第8号[三]允许境内外投资者以其持有的中
国境内企业的股权作为出资，设立及变更外商投资企业。商务部令2018年
第6号[四]将外商投资企业变更事项修改为备案制。商务部、国家市场监督管
理总局令2019年第2号[五]又将外商投资企业变更事项修改为信息报告制。

[一] 《国家外汇管理局关于进一步简化和改进直接投资外汇管理政策的通知》（汇发〔2015〕13
号）附件1《直接投资外汇业务操作指引》。

[二] 《国家外汇管理局关于发布〈跨境担保外汇管理规定〉的通知》（汇发〔2014〕29号）。

[三] 《商务部关于涉及外商投资企业股权出资的暂行规定》（商务部令2012年第8号）现已废止。
根据《外商投资法》和《公司法》规定，允许境内外投资者以其持有的中国境内企业的股
权作为出资。

[四] 《外商投资企业设立及变更备案管理暂行办法》（商务部令2018年第6号），现已废止。

[五] 《外商投资信息报告办法》（商务部、国家市场监督管理总局令2019年第2号）。

但在实务操作层面，却未见特殊目的公司跨境换股的成功案例，所以特殊目的公司股权可以作为并购的支付手段到目前为止仅存在于理论探讨层面。

（2）支付对价金额

周黑鸭食品将持有的周黑鸭管理 100% 的股权转让给周黑鸭发展（WOFE），应如何确定周黑鸭管理 100% 股权的对价呢？实务中有 4 种定价方式：①以周黑鸭管理的注册资本（即股东初始投入金额）确定；②以周黑鸭管理的净资产确定；③以周黑鸭管理股权的评估报告价格确定；④参考周黑鸭管理最近一轮投资人入股时的估值确定。由于该跨境重组将导致境内资产权属的跨境转移，在实务中，为了防止国内资产流失，各地外管局多会以从严口径，要求以第三种评估价或第四种最近一轮投资人入股的估值作为定价依据。

（3）跨境重组税负

周黑鸭食品与周黑鸭发展（WOFE）签订股权转让协议，将持有的周黑鸭管理 100% 的股权转让给周黑鸭发展，该行为涉及哪些税收呢？

企业所得税

周黑鸭食品应确认股权转让所得，并入当年的应纳税所得额。笔者提示，根据《企业所得税法》的规定，企业与其关联方之间的业务往来，不符合独立交易原则而减少企业或者其关联方应纳税收入或者所得额的，税务机关有权按照合理方法调整。[一]也就是说，即使周黑鸭食品与周黑鸭发展的最终顶层架构是相同的，该股权转让的目的并非套现，但由于周黑鸭管理被注入境外架构，可能涉及国家税款跨境流失，因此，税务机关有权对周黑鸭管理股权的交易价格进行纳税调整。

印花税

根据《印花税法》的规定，股权转让合同应按"产权转移书据"税目，按所载金额的万分之五贴花。

[一] 见《企业所得税法》第四十一条。

14.1.2　案例 28　正荣地产

正荣地产的创始人为欧宗荣。2018 年 1 月正荣地产在港交所上市。欧宗荣是如何搭建红筹架构的呢？

1. 谋划上市

2014 年，欧宗荣开始谋划正荣地产上市。2014 年 7 月，欧宗荣之子欧国伟在境外设立一系列离岸公司，公司架构如图 14-5 所示。

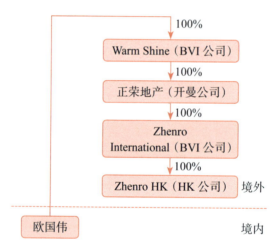

图 14-5　2014 年设立系列离岸公司架构图

2. 境内重组

2015 年 7 月，正荣集团成立正荣地产控股，并以该公司作为股东控股平台，对境内公司进行重组。经过两年的时间，正荣地产的境内重组工作完成，如图 14-6 所示。

3. 境外架构

2017 年 6 月 28 日，欧宗荣于英属维尔京群岛注册成立 RoYue 及 RoJing，欧国强于英属维尔京群岛注册成立 RoSheng。2017 年 7 月 13 日，RoYue、

RoJing 及 RoSheng 以象征性对价认购上市主体的股份。2017 年 7 月 28 日，Zhenro HK 于中国内地成立福州汇衡（WOFE）。股权架构如图 14-7 所示。

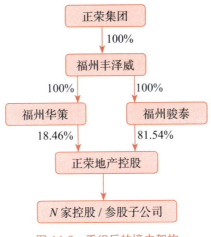

图 14-6　重组后的境内架构

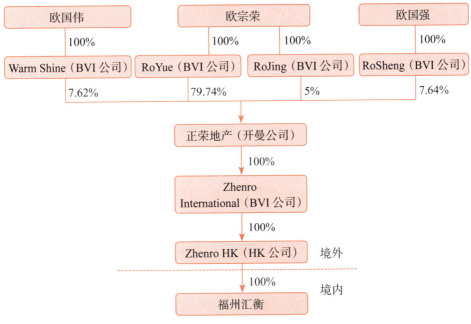

图 14-7　正荣地产的境外架构图

4. 资产注入

至此，正荣地产的境内和境外架构全部搭建完毕。接下来，正荣地产开始将境内资产注入境外离岸公司架构。该注入资产环节共分为以下几个步骤。

第一步：将福州丰泽威变成外商投资企业。

2017 年 8 月 10 日，明兆向正荣集团收购其持有的福州丰泽威 5% 的股权。明兆是一家香港公司，其股东为另外一家香港公司 Blooming Force。由此，福州丰泽威由内资企业变更为外商投资企业。

第二步：上市主体间接收购明兆 100% 股权。

2017 年 8 月 24 日，开曼的上市主体收购明兆的股东 Blooming Force 100% 股权。作为转让对价，上市主体向 Blooming Force 的股东华博的全资子公司 Sky Bridge 发行 2 500 股股份。

第三步：WOFE 公司收购福州丰泽威 95% 的股权。

2017 年 8 月 24 日，正荣集团将其持有的福州丰泽威 95% 的股权全部转让给福州汇衡（WOFE）。

至此，正荣地产的红筹架构全部搭建完毕，如图 14-8 所示。

14.2   VIE 上市

VIE 上市是指境内企业通过在境外设立特殊目的公司，并以协议控制（VIE 架构）的方式将境内运营实体的经济利益和控制权转移至境外特殊目的公司，进而实现境外上市的一种模式。在本书第 7 章境外股权架构中，我们曾对 VIE 架构进行过介绍。下面我们将以哔哩哔哩（09626.HK）为例，一起讨论其在香港上市前的架构重组。

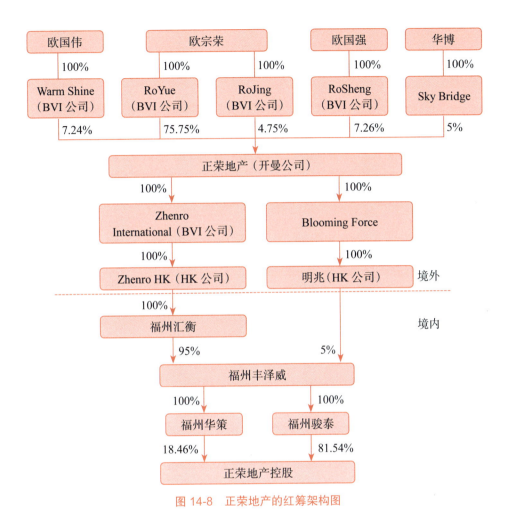

图 14-8　正荣地产的红筹架构图

案例 29　哔哩哔哩

哔哩哔哩全称为"哔哩哔哩股份有限公司"，于 2018 年 3 月在美国纳斯达克上市。2021 年公司在港交所二次上市。2022 年，公司发布公告，于港交所主板自愿转换为双重主要上市。哔哩哔哩上市前是如何搭建 VIE 架构的？为了完成 VIE 架构又是如何进行股权架构重组的呢？

---

1. 哔哩哔哩境内架构

哔哩哔哩在中国境内有两家核心公司，分别是幻电科技[⊖]和上海宽娱[⊜]。

（1）幻电科技

2009 年 6 月，徐逸创立 Bilibili 弹幕网，简称 B 站[⊜]。2011 年，猎豹移动联合创始人陈睿作为天使投资人投资了 B 站。B 站最初以个人网站的方式运营，直至 2013 年 5 月，徐逸才和曹汐作为股东正式注册主体公司"幻电科技"，用于运营 B 站。2014 年 3 月，韦倩和陈睿入股幻电科技。2014 年 9 月，李丰加入。2014 年 11 月，李旎加入。2017 年 12 月，李丰退出；2020 年 12 月，曹汐、韦倩也相继退出。

截至 2021 年 1 月 31 日，哔哩哔哩在香港上市前，幻电科技的股东为陈睿（持股比例为 52.3%）、徐逸（持股比例为 44.3%）、李旎（持股比例为 3.4%），股权架构如图 14-9 所示。

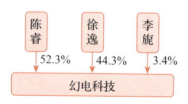

图 14-9　幻电科技股权架构图

（2）上海宽娱

上海宽娱成立于 2005 年 8 月，股东最初是朱树仁和李荼娟。2014 年 8 月，朱树仁、李荼娟将股权转让给了杜文彬、陈睿。2015 年 6 月，杜文彬退出，陈睿成为上海宽娱的唯一股东。

截至 2021 年 1 月 31 日，哔哩哔哩在香港上市前，上海宽娱的股权架

⊖　全称为"上海幻电信息科技有限公司"。

⊜　全称为"上海宽娱数码科技有限公司"。

⊜　B 站原名为 MikuFans 弹幕网，后更名为 B 站。

构如图 14-10 所示。

图 14-10 上海宽娱股权架构图

2. 搭建境外架构

2013 年 12 月 23 日，哔哩哔哩在开曼群岛注册成立，该公司定位为集团控股公司及未来境外上市主体。截至 2021 年 1 月 31 日，哔哩哔哩的股东为陈睿、徐逸、李旎、腾讯、淘宝和其他股东，如图 14-11 所示。

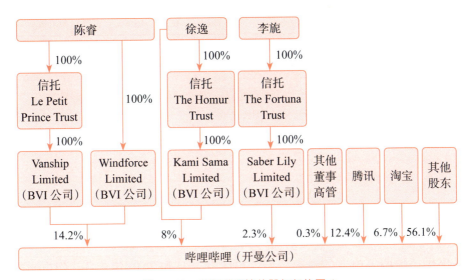

图 14-11 哔哩哔哩境外股权架构图 1

2014 年 2 月，哔哩哔哩在中国香港地区注册成立香港幻电[⊖]、哔哩哔哩香港[⊜]。

⊖ 全称为"香港幻电有限公司"。

⊜ 全称为"哔哩哔哩香港有限公司"。

2014 年 11 月，哔哩哔哩在日本注册成立 Bilibili Co., Ltd.

至此，哔哩哔哩的境外股权架构已经搭建完毕（见图 14-12）。

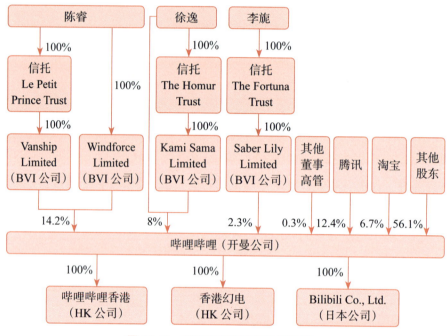

图 14-12   哔哩哔哩境外股权架构图 2

3. 股权架构重组

（1）幻电科技收购猫耳公司

2016 年 5 月，幻电科技开始投资猫耳公司[⊖]，该公司创建了猫耳 FM，是提供广播剧等内容的音频平台。2018 年 9 月和 2019 年 3 月，幻电科技为了扩展内容产品，先后收购了猫耳公司的多数股权。截至 2021 年 1 月 31 日，幻电科技持有猫耳公司股权比例为 66.47%（见图 14-13）。

⊖ 全称为"北京喵斯拉网络科技有限公司"。2022 年 1 月，幻电科技收购了蔡懋、邵博、王程澄三人持有的猫耳公司的股权，成为猫耳公司的唯一股东。本案例中的相关内容整理自企查查软件。

图 14-13　猫耳公司股权架构图

（2）上海宽娱收购上海超电

2019 年 5 月，上海宽娱签订一系列协议，收购上海超电[⊖]44.64% 股权。上海超电经营线下活动（如 Bilibili Macro Link 及 Bilibili World 等演唱会及展会），并运营一家与行业相关的公会（管理内容创作者）。2020 年 9 月，幻电科技收购了上海超电 2.77% 的股权。上述交易完成后，上海宽娱、幻电科技及哔哩哔哩的管理层[⊜]共持有上海超电的 100% 股权（见图 14-14）。

图 14-14　上海超电股权架构图

（3）上海幻电与幻电科技、上海宽娱签订 VIE 协议

2014 年 9 月，香港幻电在中国内地投资成立外商独资企业上海幻电[⊜]（WOFE）。2014 年 10 月及 12 月，上海幻电通过一系列 VIE 协议®控制了幻电科技。2014 年 11 月，又通过 VIE 协议取得对上海宽娱的控制权。幻电科技及上海宽娱成为哔哩哔哩的可变利益实体。2020 年 12 月 23 日各方签订现行有效的 VIE 协议，取代之前的若干合约。

⊖　全称为"上海超电文化传播有限公司"，本案例中的相关内容整理自企查查软件。

⊜　包括徐逸、陈睿、柴徐骏、李旎。

⊜　全称为"幻电科技（上海）有限公司"。

®　VIE，直译为可变利益实体。VIE 协议为一揽子协议，一般包括委托管理协议、股东委托投票代理协议、独家选择权协议、股权质押协议及独家购买协议。

至此，哔哩哔哩全部完成香港上市的股权架构搭建，如图 14-15 所示。

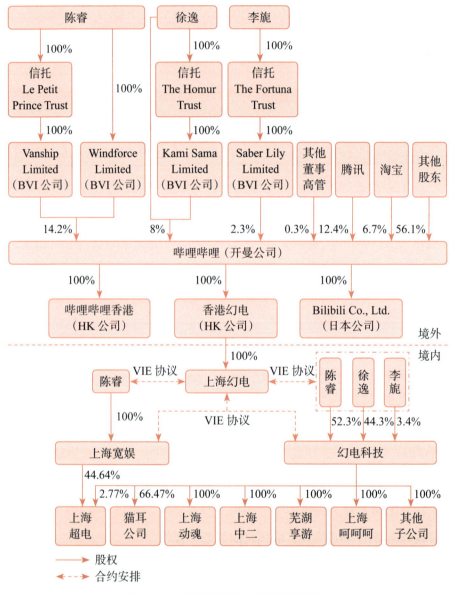

图 14-15 哔哩哔哩上市前股权架构图

2021 年 3 月，哔哩哔哩成功在港交所主板二次上市。

14.3　H 股上市

H 股上市是指注册于中国境内的股份有限公司，将其部分股份在港交所发行并上市交易，以港元计价，供投资者买卖的一种上市方式。

案例 30　锅圈

锅圈，作为国内餐饮供应链领域的知名企业，凭借其开创性的"一站式"火锅烧烤食材超市模式，在激烈的市场竞争中强势崛起，成为行业的佼佼者。其创始人杨明超，深耕餐饮行业多年，以敏锐的市场洞察力和卓越的商业才能，引领锅圈一路披荆斩棘，不断前行。

1. 创业背景（2005 ～ 2016 年）

2005 年，杨明超与吴东海、薛晖、孙爱香共同创办了"黑老婆餐饮"。黑老婆餐饮股权架构如图 14-16 所示，杨明超持有公司 30% 的股权。

图 14-16　2005 年黑老婆餐饮股权架构图

在杨明超等人的努力下，"黑老婆餐饮"成功打造出郑州首个规范化夜市美食广场——"黑老婆夜市"。该项目凭借统一的管理模式和丰富的美食品类，在短短 6 个月内，营业额便累计达到六七百万元。然而，当时公司的股权架构较为分散，缺乏明确的掌舵人，这使得决策制定流程烦琐、效率低下。在公司发展方向的把控上，也难以形成清晰且连贯的战略布局，从而在一定程度上阻碍了公司的稳健发展。2010 年，杨明超将所持 30% 股

　　㊀　全称为"郑州市黑老婆餐饮管理咨询有限公司"。

权转让给吴东海，退出了黑老婆餐饮。

2012 年，杨明超开启了第二次创业征程，推出"小板凳"吧式火锅。这一项目一度取得了巨大成功，门店数量最多时达到 1 000 家。但餐饮行业竞争残酷，由于"小板凳"商标无法注册，致使项目缺乏核心品牌壁垒，最终创业以失败告终。

2015 年 1 月，杨明超吸取以前创业的经验教训，注册成立"河南锅圈"[⊖]。此次，公司采用了更为合理的股权架构：杨明超持股 52%，孟先进持股 36%，李欣华持股 10%，刘亚威持股 2%。河南锅圈股权架构如图 14-17 所示。

图 14-17 2015 年河南锅圈股权架构图

与首次创业不同，这一次杨明超凭借 52% 的持股比例，在公司决策中拥有了主导权。河南锅圈起初主要承担"小板凳"火锅的食材采购任务，借此切入上游供应链行业，为后续发展奠定坚实基础。

2. 公司扩张（2017 ～ 2019 年）

2017 年，第一家锅圈火锅烧烤食材超市在郑州正式开业。锅圈创新性地将自身定位为"一站式"火锅烧烤食材超市，其独特的商业模式一经推出，便迅速赢得市场青睐。

2018 年年初，锅圈零售门店数量突破 100 家。同年 8 月，河南锅圈的注册资本增至 1 000 万元，股权架构维持不变。2019 年年初，零售门店数

⊖ 全称为"河南锅圈供应链管理有限公司"，2018 年 8 月前曾用名"河南锅圈商贸有限公司"。

量突破 500 家，业务呈现出爆发式扩张态势。

2019 年 7 月，为提升供应链效率、满足人才需求，并实现从区域品牌向全国性品牌的跨越，锅圈总部从河南迁至上海，成立锅圈[⊖]。随后，杨明超进行了一系列股权架构重组，重组前后的股权架构如图 14-18 所示。

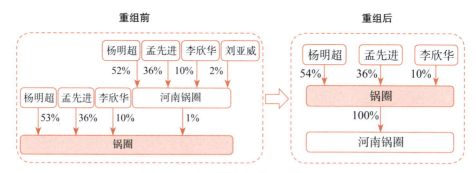

图 14-18　锅圈股权架构重组前后对比

随后，锅圈开始引入外部资本以推动自身发展。2019 年 8 月，锅圈成功完成天使轮融资，投资方为不惑创投。不惑创投作为国内少数几家专注于供应链赛道的投资机构之一，凭借敏锐的市场洞察力，精准捕捉到火锅食材供应链领域的发展机遇，果断投资锅圈。这笔投资不仅为锅圈注入了充足资金，助力其完善供应链体系、拓展市场布局，更为锅圈引入了先进管理理念与行业资源，推动其开启高速发展的新征程。

2019 年 8 月，杨明超还作为普通合伙人（GP），设立了"锅小圈企管"[⊜]和"锅小圈科技"[⊜]两个有限合伙企业，作为股权激励持股平台。该阶段的股权架构如图 14-19 所示。

⊖　全称为"锅圈供应链（上海）有限公司"，2023 年 2 月更名为"锅圈食品（上海）股份有限公司"。

⊜　全称为"上海锅小圈企业管理中心（有限合伙）"。

⊜　全称为"上海锅小圈农业科技服务中心（有限合伙）"，2021 年 8 月前曾用名"河南锅小圈科技服务中心（有限合伙）"。

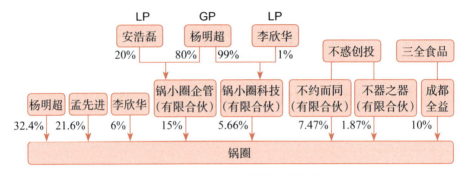

图 14-19   2019 年锅圈股权架构图

3. 融资扩张（2020 ~ 2021 年）

2020 年 8 月，锅圈完成 A 轮融资，投资方包括嘉御资本、IDG 资本、不惑创投，融资金额高达 2.53 亿元，投后估值约 13.5 亿元。嘉御资本和 IDG 资本的加入，进一步优化了锅圈的股权架构，同时为公司带来丰富的行业资源和先进的管理理念，推动锅圈在市场竞争中不断升级。

2020 年 12 月，锅圈完成 B 轮融资，由启承资本领投，IDG 资本、光源资本、嘉御资本联合投资，融资金额为 3.88 亿元，投后估值约 35 亿元。启承资本、光源资本等投资方的加入，进一步丰富了锅圈的股东资源，为公司冲刺上市注入强劲动力。

2021 年 8 月，锅圈完成 C-1 轮融资，投资方有招银国际资本、天图投资、茅台建信基金、启承资本、物美科技等，融资金额约 18.57 亿元，投后估值约 116 亿元。茅台建信基金的加入，为锅圈带来了强大的资本实力和有力的品牌背书，提升了锅圈在行业内的影响力和竞争力。

4. 并购扩张（2021 ~ 2022 年）

完成 C-1 轮融资后，杨明超的持股比例降至仅 18.7%，这使得他极易丧失对锅圈的控制权。为集中控制权，2021 年 11 月至 12 月，杨明超与另外两位创始人孟先进和李欣华对股权架构进行了如下调整：

第一步，三位创始人共同设立锅圈实业，即锅圈实业（上海）有限公司。

第二步，三位创始人分别将各自持有的锅圈的股权，转让给锅圈实业。

第三步，三位创始人签署了一致行动人协议。

股权架构调整完毕后，杨明超通过锅圈实业，拥有了对锅圈 33.64% 的话语权[⊖]。该阶段的股权架构如图 14-20 所示。

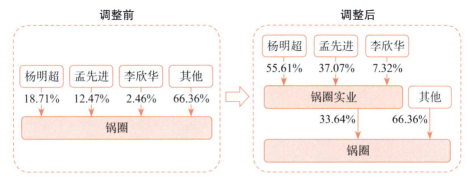

图 14-20　2021 年调整前后锅圈股权架构图

2022 年 11 月，锅圈为布局上游产业链，以换股方式收购了上游供应商"澄明食品"[⊜]74.8% 的股权。并购后，原澄明食品控股股东杨童雨通过"春雨霏霏"[⊜]间接持有锅圈 1.87% 的股权。

5. 上市选择（2022 ～ 2023 年）

2022 年，锅圈正式步入上市快车道。

（1）A 股与港股的选择

在 2022 年之前，锅圈将目光聚焦于境内资本市场，计划在 A 股上市，并为此搭建了境内架构。彼时，A 股市场凭借庞大的投资者群体以及较高

⊖　关于个人持股架构和公司持股架构的区别，见本书第 1 章胖东来集团案例。
⊜　全称为"鹿邑县澄明食品有限公司"。
⊜　全称为"春雨霏霏（上海）实业有限公司"。

的估值水平，对国内企业具有巨大吸引力。对于迅速崛起的锅圈而言，A股上市似乎是顺理成章的选择。公司期望借助本土市场优势，进一步提升品牌知名度，并募集大量资金用于业务拓展。

然而，自 2022 年起，证监会对以连锁模式扩张的食品行业的上市审核逐渐收紧。这一政策调整给锅圈的上市计划带来严峻挑战。如果继续坚持 A 股上市路径，不仅上市进程可能被无限期延迟，而且不确定性也将大幅增加。于是，锅圈重新审视上市策略，将上市地点转向香港市场。

（2）H 股架构与红筹架构的选择

确定赴港上市后，锅圈又面临 H 股架构与红筹架构的艰难抉择。

前面讲过，H 股上市是指注册于中国境内的股份有限公司，将其部分股份在港交所发行并上市交易，以港元计价，供投资者买卖的一种上市方式。红筹上市则是指中国公司主要运营资产和业务在中国境内，但间接以注册在境外的离岸公司名义，在境外交易所（主要是港交所等）挂牌上市。表 14-1 为两者的多维度对比。

几经权衡后，为了能够尽快登陆资本市场，锅圈选择了保留境内架构，采用 H 股上市。为什么锅圈做出如此决策呢？主要是以下原因。

税务和时间成本。如果选择红筹上市，锅圈需要拆除境内架构，重新搭建境外架构。这不仅会产生高昂的税务成本，还需要耗费大量时间。相比之下，尽管 H 股上市需要经过中国证监会的前置审批，但锅圈作为食品零售企业，不属于敏感行业，审批流程相对可控。采用 H 股上市，能够更直接地满足其快速扩张后的资金需求。

股东结构与监管适配性。锅圈的股东包括茅台建信基金等具有国资背景的投资者。H 股架构允许境内股东直接持股，无需红筹模式下复杂的境外股权穿透审查。

战略协同与回归 A 股预期。H 股架构为未来实施"A+H"双平台布局预留了空间。锅圈深度绑定内地农业基地，H 股上市可以强化其与境内政策、金融机构的协同效应，为后续回归 A 股奠定坚实基础。

表 14-1 H 股模式与红筹模式的多维度对比

对比维度	H 股模式	红筹模式
注册地	注册于中国内地，上市于香港	注册于境外离岸法域，上市于香港（中资控股境外公司）
上市主体资格	需境内企业改制为股份有限公司，符合中国证监会及港交所要求	需搭建境外控股架构，通过股权或协议控制境内运营实体
监管审批	需中国证监会与港交所双重审批	需港交所审批；无需中国证监会审批，但需提交备案
原有股东套现	原有股东套现受境内法规限制，程序较为烦琐	大股东在上市 6 个月后，可出售招股章程中所列载、由其实际拥有的股份，套现相对容易
再融资流程	增发需中国证监会逐案审批	增发无需中国证监会审批，仅需港交所及股东会批准
股权架构调整	如初始股权架构设立在境内，无需股权架构重组，节省税务和时间成本	如初始股权架构设立在境内，需搭建境外架构，税务和时间成本高
全流通试点	仅部分 H 股企业纳入试点（需个案审批）	已实现全流通（无需额外审批）
国际化程度	受境内法律约束较强，资本运作灵活性较低	适用境外法律，便于引入国际投资者及跨境并购

6. 成功上市（2023 年至今）

2023 年 2 月，锅圈进行改制，变更为股份有限公司，全力为上市做最后的冲刺准备。

2023 年 11 月 2 日，锅圈正式在港交所主板挂牌上市。锅圈上市后的股权架构如图 14-21 所示。

2024 年 11 月 11 日，锅圈发布公告[一]，宣布公司已获得港交所的上市批准，允许将 1 135 万股境内未上市股份转为 H 股（"H 股全流通"），这一转

[一] 见锅圈公告《内幕消息 就建议实施 H 股全流通获联交所上市批准》。

换于 2024 年 11 月 7 日获批。此次 H 股全流通，进一步优化了锅圈的股权架构，提高了股票的流动性，提升了公司在资本市场的吸引力。

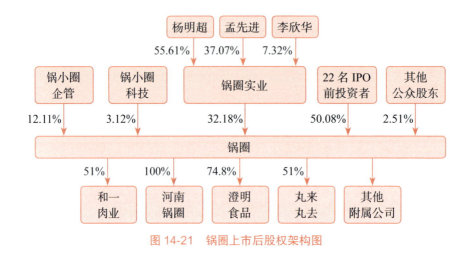

图 14-21　锅圈上市后股权架构图

第 15 章

家族传承型企业

15.1　夫妻股权

15.1.1　离婚之痛：案例 31　三六零

2023 年 4 月 5 日，三六零（601360）的一则公告将董事长周鸿祎推上了风口浪尖，该公告[⊖]称：

> 根据周鸿祎先生与胡欢女士签订的《离婚协议书》，周鸿祎先生拟将其直接持有的公司 446 585 200 股股份（约占公司总股份的 6.25%）分割至胡欢女士名下。……本次权益变动不会导致公司控股股东、实际控制人发生

⊖　见《三六零安全科技股份有限公司关于股东权益变动的提示性公告》(编号：2023-008 号)。

变化，不涉及公司控制权变更。

周鸿祎与妻子胡欢在方正集团工作时曾经是同事[⊖]，两人是众多创业夫妻档中的一对，他们有着同富贵共患难的过去，但即便如此，也未能阻止他们后来的劳燕分飞。据三六零公告的权益变动报告书，胡欢在本次权益变动前未持有公司股份，变动后将持有公司 446 585 200 股股份，持股比例约为 6.25%。根据 2023 年 4 月 4 日三六零收盘价 19.98 元 / 股计算，离婚后，胡欢分得 89.23 亿元。对三六零来说，比较幸运的是，本次权益变动后，周鸿祎与其一致行动人奇信志成[⊜]合计持有三六零股份数量为 3 671 440 546 股，持股比例仍高于 51%。财产分割没有导致三六零实际控制人发生变化，因此未对公司运营产生影响。

原土豆网[⊜]却因创始人王微的离婚而元气大伤。2010 年 11 月 9 日，土豆网向美国证券交易委员会（SEC）递交了纳斯达克上市申请，经历 5 轮融资的土豆网有望赶在竞争对手优酷之前登陆纳斯达克。但就在土豆网递交申请的第二天，王微前妻杨蕾将王微告上法庭，要求分割土豆网的股权。法院就杨蕾之前提出的离婚财产分割诉讼采取行动，冻结了王微名下 3 家公司的股权，其中包括土豆网 95% 的股份，土豆网上市计划因此搁浅。后来王微与杨蕾达成和解，王微付给杨蕾 700 万美元（其时约合 4 552 万元人民币）补偿款。2011 年 8 月，因离婚纠纷导致上市进程被搁置半年有余的土豆网终于在纳斯达克上市，但不幸遇上美国资本市场低谷，上市首日就下跌 12%，市值仅 7.1 亿美元。2012 年 3 月，优酷吞并土豆网，双方合并为"优酷土豆股份有限公司"，土豆网则退市。

由此可见，企业家的婚姻，除了考虑感情外，还要考虑婚姻状况对企

⊖ 见：周鸿祎，范海涛 . 颠覆者：周鸿祎自传 [M]. 北京：北京联合出版公司，2017.
⊜ 全称为"天津奇信志成科技有限公司"，其股东为周鸿祎及 36 家投资人，为三六零控股股东，与周鸿祎互为一致行动人。
⊜ 全称为"上海全土豆网络科技有限公司"。

业"江山"稳固性的影响。夫妻一旦分手,可不是"从哪里来,回哪里去"这么简单,而是要"携多少分割的财产"分手的问题,并且,这些财产往往和企业的股权架构直接关联在一起,而企业的股权架构又影响着企业的发展稳定,影响成百上千名员工的劳动就业,甚至决定企业的生死存亡,可谓牵一发而动全身。

1. 案例解析

我们以一个案例来解读夫妻离婚时股权的处理。

王朝和父亲于 2010 年共同投资成立王朝影视有限公司(以下简称"王朝影视"),王朝持股比例为 90%,出资 900 万元。2012 年王朝娶妻薛氏。2015 年,王朝影视增资 1 000 万元,其中王朝增资 900 万元,增资后王朝仍持股 90% 的股份。2023 年,王朝影视引入私募股权投资基金"黑杉资本",投资时公司估值 5 亿元。2024 年,王朝与薛氏离婚。王薛婚姻经历的股权变更过程如图 15-1 所示。

图 15-1　王薛婚姻经历的股权变更过程图

离婚时,王朝的股权应该如何分割呢?本案例中王朝的股权分为婚后取得和婚前取得。

(1)婚后股权

登记的持股比例≠分割财产比例

王朝在婚姻关系存续期间对王朝影视增资取得的股权,无论是否登记在薛氏名下，均属于夫妻共同财产[⊖]。在离婚时，这些股权由王朝和薛氏协商处理。协商时，薛氏可以选择分割财产后取得王朝影视股权，也可以选择让王朝给付相当于特定比例股权价值的价款。如果协商不成，则可诉讼至法院，原则上，法官会均等分割。如果是非上市股份有限公司股份，按市价分配有困难的，则由法官依据数量按比例分配[⊜]。如果是有限责任公司的股权，另一方不是该公司股东的，则主要依据夫妻双方的协商及其他股东是否放弃优先购买权进行处理。①夫妻双方协商一致将股权部分或者全部转让给该股东的配偶，其他股东过半数同意，并且其他股东均明确表示放弃优先购买权的，该股东的配偶可以成为该公司股东；②夫妻双方就股权转让份额和转让价格等事项协商一致后，其他股东半数以上不同意转让，但愿意以同等条件购买该股权的，人民法院可以对转让出资所得财产进行分割。其他股东半数以上不同意转让，也不愿意以同等条件购买该股权的，视为其同意转让，该股东的配偶可以成为该公司股东。[⊜]

分割股权需履行《公司法》中的程序

如果薛氏在离婚析产时想得到股权，根据法律规定，股权并不能自动过户至其名下，而是要履行《公司法》中的程序。第一步，先对王朝影视进行估值，确定分割股权的价格。第二步，告知其他股东王朝的父亲和黑

⊖ 见《中华人民共和国民法典》（简称《民法典》）第一千零六十二条："夫妻在婚姻关系存续期间所得的下列财产，为夫妻的共同财产，归夫妻共同所有：（一）工资、奖金、劳务报酬；（二）生产、经营、投资的收益；（三）知识产权的收益；（四）继承或者受赠的财产，但是本法第一千零六十三条第三项规定的除外；（五）其他应当归共同所有的财产。夫妻对共同财产，有平等的处理权。"第一千零八十七条："离婚时，夫妻的共同财产由双方协议处理；协议不成的，由人民法院根据财产的具体情况，按照照顾子女、女方和无过错方权益的原则判决。对夫或者妻在家庭土地承包经营中享有的权益等，应当依法予以保护。"

⊜ 见《最高人民法院关于适用〈中华人民共和国民法典〉婚姻家庭编的解释（一）》第七十二条。

⊜ 见《最高人民法院关于适用〈中华人民共和国民法典〉婚姻家庭编的解释（一）》第七十三条。

杉资本，征求该两名股东意见，并根据其意见分以下几种情况进行处理，如表 15-1 所示。

表 15-1　薛氏分割股权处理情况表

王朝的父亲		黑杉资本		处理方式
同意否	优先购买权	同意否	优先购买权	
是	放弃	是	放弃	薛氏享有股权
是	放弃	否	不放弃	薛氏分得股权转让价款
是	放弃	否	放弃	薛氏享有股权
否	不放弃	是	放弃	薛氏分得股权转让价款
否	放弃	是	放弃	薛氏享有股权
否	放弃	否	放弃	薛氏享有股权
否	不放弃	否	不放弃	薛氏分得股权转让价款

对上述分割还需注意以下两点：

（a）"放弃优先购买权"的规定。

根据《公司法》的规定[一]，如果王朝的父亲和黑杉资本在接到书面通知之日起 30 日内未答复，视为放弃优先购买权。

（b）上述程序仅适用于有限责任公司。

以上程序仅适用于王朝影视是有限责任公司时，如果王朝影视已经完成股改上市，不必履行上述程序，而应该遵守上市公司对股票转让的规定，比如离婚析产分得的股票如在限售期内仍需遵守限售规定等。

（2）婚前股权

王朝在婚前取得的王朝影视的股权，是否属于夫妻共同财产呢？根据法律规定[二]，应区分为自然增值、孳息和投资收益，根据情况而定。如果属

　　[一]　见《公司法》第八十四条。

　　[二]　见《最高人民法院关于适用〈中华人民共和国民法典〉婚姻家庭编的解释（一）》（法释〔2020〕22 号）第二十五条："婚姻关系存续期间，下列财产属于民法典第一千零六十二条规定的'其他应当归共同所有的财产'：（一）一方以个人财产投资取得的收益；……"第二十六条："夫妻一方个人财产在婚后产生的收益，除孳息和自然增值外，应认定为夫妻共同财产。"

于个人投资在夫妻关系存续期间取得的投资收益，为夫妻共同财产；如果属于个人投资在婚后产生的自然增值和孳息，则为个人财产。比如王朝在婚后取得的王朝影视的分红，属于投资收益，应进行离婚析产。再如王朝婚前将资金借给他人，婚后收取的利息属于孳息，无须分割。那么王朝影视在离婚时估值已经达到 5 亿元，对应王朝婚前投资部分的股权增值属于投资收益还是自然增值呢？是否应该进行分割呢？对此现有法规未给予清晰界定。按照《辞海》上的解释，投资即为企业或个人以获得未来收益为目的，投放一定量的货币或实物，以经营某项事业的行为。自然增值，字面意思为不需要人为操作而自然增加的价值量，此过程排除夫妻一方或双方人为因素对财产价值产生的影响，财产增值纯属外在的市场因素造成的，非主观意愿所控制。因此，可以判断出资一方是否对股权进行主动管理，如果投资者进行了主动管理，则属于投资收益；如果投资者没有进行主动管理，既未参与公司运作，又没有付出劳动，可以考虑该收益属于个人财产。

2. 离婚税收

由离婚析产导致的财产权属变更是否需要王朝和薛氏纳税呢？离婚析产税负情况如表 15-2 所示。

3. 要点提示

我们祝愿每一对夫妻都能百年好合、白头偕老。但基于未雨绸缪考虑，避免夫妻离婚给公司治理和股东利益造成不利影响，企业家应尽量提前进行顶层设计，既要确保配偶方的合法权益得到保障，又要保护好公司的人合性，保证公司稳定经营。对此，笔者给予如下建议。

表 15-2　离婚析产税负情况表

税种	分割房屋		分割股权	
	征否	政策依据	征否	政策依据
个人所得税	不征	国税发〔2009〕121 号①	不征	不属于征税范围
增值税	免征	财税〔2016〕36 号②	不征	不属于征税范围
土地增值税	不征	财法字〔1995〕6 号、财税字〔1995〕48 号③	不征	不属于征税范围
契税	免征	财政部 税务总局公告 2021 年第 29 号④	不征	不属于征税范围

① 《国家税务总局关于明确个人所得税若干政策执行问题的通知》（国税发〔2009〕121 号）第四条规定："……（一）通过离婚析产的方式分割房屋产权是夫妻双方对共同共有财产的处置，个人因离婚办理房屋产权过户手续，不征收个人所得税。……"

② 《财政部 国家税务总局关于全面推开营业税改征增值税试点的通知》（财税〔2016〕36 号）附件 3《营业税改征增值税试点过渡政策的规定》："一、下列项目免征增值税……（三十六）涉及家庭财产分割的个人无偿转让不动产、土地使用权。家庭财产分割，包括下列情形：离婚财产分割；无偿赠与配偶、父母、子女、祖父母、外祖父母、孙子女、外孙子女、兄弟姐妹；无偿赠与对其承担直接抚养或者赡养义务的抚养人或者赡养人；房屋产权所有人死亡，法定继承人、遗嘱继承人或者受遗赠人依法取得房屋产权。……"

③ 《中华人民共和国土地增值税暂行条例实施细则》（财法字〔1995〕6 号）"第二条 条例第二条所称的转让国有土地使用权、地上的建筑物及其附着物并取得收入，是指以出售或者其他方式有偿转让房地产的行为。不包括以继承、赠与方式无偿转让房地产的行为。"
《财政部 国家税务总局关于土地增值税一些具体问题规定的通知》（财税字〔1995〕48 号）第四条规定："……细则所称的'赠与'是指如下情况：（一）房产所有人、土地使用权所有人将房屋产权、土地使用权赠与直系亲属或承担直接赡养义务人的。（二）房产所有人、土地使用权所有人通过中国境内非营利的社会团体、国家机关将房屋产权、土地使用权赠与教育、民政和其他社会福利、公益事业的。……"

④ 《关于契税法实施后有关优惠政策衔接问题的公告》（财政部 税务总局公告 2021 年第 29 号）："一、夫妻因离婚分割共同财产发生土地、房屋权属变更的，免征契税。"

（1）配偶股东登记

根据《公司法》的规定，只有一个股东的公司，股东不能证明公司财产独立于股东自己的财产的，应当对公司债务承担连带责任。⊖因此在实务

⊖　见《公司法》第二十三条。

中，很多企业家为了避免公司成为只有一个股东的有限责任公司，会考虑是否将配偶列为股东。那么把配偶列为股东和不列为股东，对离婚时分家析产是否有影响呢？答案是，不会影响分割财产比例，但会影响分割流程。例如，王朝和薛氏离婚案例，不管薛氏是否为工商登记的股东，只要是婚姻关系存续期间一方取得的股权，均是夫妻共同财产，在离婚析产时会均等分割。[⊖]但薛氏是否为股东，在公司有其他股东的情况下，对分割流程会产生不同影响。如果薛氏不是公司股东，则其他股东拥有优先购买权；但如果薛氏已经是公司股东，则其他股东没有优先购买权[⊜]。简而言之，配偶成为股东，在未来离婚析产时，配偶更容易获得公司股权。

（2）财产分割协议

我国《民法典》[⊜]赋予了夫妻双方在婚前或者婚姻关系存续期间对财产权属进行约定的权利。也就是说，企业家可以与配偶在婚前签订婚前财产

⊖ 除了均分，法院一般还会考虑其他因素，比如补偿因素（《民法典》第一千零八十八条），离婚时抚育子女和照料老人付出较多的一方有权要求补偿；经济帮助因素（《民法典》第一千零九十条），离婚时生活困难的一方可要求适当的经济帮助；离婚损害赔偿因素（《民法典》第一千零九十一条），一方存在重婚、与他人同居、实施家庭暴力、虐待遗弃家庭成员等重大过错，无过错方有权请求损害赔偿；主观过错因素（《民法典》第一千零九十二条），隐藏、转移、变卖、毁损、挥霍夫妻共同财产，或者伪造夫妻共同债务企图侵占另一方财产的，少分或者不分。

⊜ 见《公司法》第八十四条："有限责任公司的股东之间可以相互转让其全部或者部分股权。股东向股东以外的人转让股权的，应当将股权转让的数量、价格、支付方式和期限等事项书面通知其他股东，其他股东在同等条件下有优先购买权。股东自接到书面通知之日起三十日内未答复的，视为放弃优先购买权。两个以上股东行使优先购买权的，协商确定各自的购买比例；协商不成的，按照转让时各自的出资比例行使优先购买权。公司章程对股权转让另有规定的，从其规定。"

⊜ 见《民法典》第一千零六十五条："男女双方可以约定婚姻关系存续期间所得的财产以及婚前财产归各自所有、共同所有或者部分各自所有、部分共同所有。约定应当采用书面形式。没有约定或者约定不明确的，适用本法第一千零六十二条、第一千零六十三条的规定。夫妻对婚姻关系存续期间所得的财产以及婚前财产的约定，对双方具有法律约束力。夫妻对婚姻关系存续期间所得的财产约定归各自所有，夫或者妻一方对外所负的债务，相对人知道该约定的，以夫或者妻一方的个人财产清偿。"

协议，约定婚前财产的增值归一方所有；结婚后也可以签夫妻财产分别所有的协议，约定婚姻存续期间的婚前财产增值归一方所有。在注册公司或取得股权时，也可以在工商登记时提交财产分割的书面声明或者协议。另外，就算没有约定，夫妻一方的个人财产，也不因为步入婚姻而转化为夫妻共同财产，除非当事人另有约定[⊖]。

（3）信托工具

企业家可以采用家族信托、慈善基金、离岸公司等家族传承工具将婚前财产隔离，如默多克家族采用的信托；也可以将婚后财产在离婚前进行预分配，如龙湖地产创始人吴亚军的信托[⊜]。与签订婚前财产协议相比，婚前做家族信托的优势在于，其可以由财富所有者单方设立；而且可以在家族信托的设立过程中，排除子女配偶的收益权[⊜]。

（4）多层股权架构

股权是一种复合型权利，不仅是重要的财产权利，还包括使公司稳定、高效和持续运转的治理权利。尤其在有限责任公司中，各位股东往往因各自特定的技术、才能、社会资源等因素获得股东地位，股东之间存有一定的利益分配或权力制衡的因素，这种人合性使得股权架构的稳定对公司运营来说极为重要。如果因离婚析产导致配偶方进入公司，可能使公司股东、决策层产生矛盾和分歧，甚至引发公司僵局。因此，企业家应提前做好股权架构的顶层设计，在本书第二部分曾介绍过有限合伙架构和公司持股架构，企业家可以通过多层股权架构的设计，最终实现股权分割但控制权并未分割的效果。

⊖ 见《民法典》第一千零六十三条："下列财产为夫妻一方的个人财产：（一）一方的婚前财产；（二）一方因受到人身损害获得的赔偿或者补偿；（三）遗嘱或者赠与合同中确定只归一方的财产；（四）一方专用的生活用品；（五）其他应当归一方的财产。"

⊜ 见本书第 7 章龙湖地产案例。

⊜ 见本书第 8 章家族信托架构。

（5）公司章程

公司章程对股东、董事、监事及经理等高级管理人员均具有法律约束力。作为创始人的股东为维持股东之间关系的稳定，保持公司的健康发展，如果是有限责任公司，可在公司章程中约定以下条款："如因股东离婚析产，导致股权作为被分割财产，股东配偶不能成为公司股东。"⊖同时，为了保证该章程条款的合法有效性，最好让配偶再出具声明。

（6）反悔权利

法律赋予了夫或妻在财产分割上反悔的权利，即夫妻双方协议离婚后就财产分割问题反悔，请求撤销财产分割协议的，人民法院应当受理。人民法院审理后，未发现订立财产分割协议时存在欺诈、胁迫等情形的，应当依法驳回当事人的诉讼请求⊜。

（7）期权分割

证监会发布的《上市公司股权激励管理办法（2018年修正）》第二十八条规定："股票期权是指上市公司授予激励对象在未来一定期限内以预先确定的条件购买本公司一定数量股份的权利。"激励对象可以其获授的股票期权在规定的期间内以预先确定的价格和条件购买上市公司一定数量的股份，也可以放弃该种权利。近年来，期权在我国的运用越来越普遍，许多非上市公司也选择这一方式对员工进行激励。离婚时，期权是否需要分割呢？根据现有司法解释及法院判例，可参考表15-3的处理方式。

表 15-3　期权分割处理原则一览表

行权条件	行权否	处理原则
已成就	实际已行权	共同财产，可以分割
已成就	可行权但怠于行权	可行权且价值锁定的部分，直接分割
未成就	未行权	法院一般回避，告知行权之后再进行分割

⊖ 见《公司法》第八十四条。

⊜ 见《最高人民法院关于适用〈中华人民共和国民法典〉婚姻家庭编的解释（一）》（法释〔2020〕22号）第七十条。

15.1.2　债务之痛：案例 32　小马奔腾

1. 对赌之债

小马奔腾[⊖]成立于 1994 年，创始人为李明。小马奔腾曾是业内具有很高声誉的影视文化公司，曾出品过《花木兰》《无人区》《黄金大劫案》《历史的天空》《甜蜜蜜》《我的兄弟叫顺溜》《我是特种兵》等众多影视作品。2014 年 1 月，小马奔腾创始人李明因心肌梗死突然去世，享年 47 岁。然而，在李明去世后，其遗孀金燕却被卷入一场始料未及的诉讼纠纷。

（1）对赌

2011 年 3 月，小马奔腾股东李明、李莉和李萍[⊜]与建银投资[⊜]签订《增资及转股协议》，约定建银投资以受让股权和直接增资两种方式成为小马奔腾的股东，占股 15%。同日，小马奔腾以及作为公司实际控制人的李明、李莉和李萍与建银投资签订了《投资补充协议》，该补充协议约定，若小马奔腾未能在 2013 年 12 月 31 日之前实现合格上市，则建银投资有权在 2013 年 12 月 31 日后的任何时间，在符合当时法律要求的情况下，要求李明、李莉和李萍共同或任一方一次性收购其所持小马奔腾的股权，且不得以任何理由拒绝。

（2）赌败

小马奔腾未能在 2013 年年底实现上市，更始料不及的是仅在对赌协议到期后的第二天，小马奔腾的创始人及灵魂人物李明就去世了。

（3）诉讼

2014 年 11 月，建银投资根据《投资补充协议》中约定的仲裁条款提

⊖　全称为"北京小马奔腾文化传媒股份有限公司"，其原名为"北京新雷明顿广告有限公司"。
⊜　李莉和李萍为李明之姐姐和妹妹。
⊜　全称为"建银文化产业股权投资基金（天津）有限公司"。

起仲裁，要求李莉、李萍、金燕、李自在⊖以及李明的父母根据约定，履行股份回购义务，一次性收购其持有的小马奔腾的全部股份⊜。

2014 年 12 月，建银投资向北京市第二中级人民法院申请冻结李萍、李莉、李明持有的小马奔腾及小马奔腾股东小马欢腾⊜的股权。

2015 年 2 月，金燕及其女儿李自在请求北京市第二中级人民法院确认《投资补充协议》中约定的仲裁条款无效，该诉讼请求被法院驳回。⊗

2017 年 4 月，北京市第一中级人民法院依建银投资的申请，对金燕名下 2 亿元的财产采取保全措施⊕。

（4）一审

2017 年 9 月，法院判定李明生前对赌之债为李明、金燕夫妻共同债务，金燕有义务偿还。

2017 年 9 月，北京市第三中级人民法院在京东司法拍卖网上对李莉、李萍持有的小马奔腾、小马欢腾股权进行了拍卖。其中，小马奔腾 9.6% 的股权成交价为 3 647 万元人民币，小马奔腾控股公司小马欢腾 66.67% 的股权成交价为 1.19 亿元。⊗

（5）二审

2017 年 12 月，金燕向北京市高级人民法院提起上诉。

2019 年 10 月，北京市高级人民法院驳回金燕的上诉请求，维持一审判决。金燕需为亡夫李明因对赌协议形成的债务承担清偿责任。⊕

⊖ 系李明与金燕之女。

⊜ 根据金燕等与建银文化产业股权投资基金（天津）有限公司申请确认仲裁协议效力一审民事判决书（北京市第二中级人民法院民事裁定书（2015）二中民特字第 00437 号）整理。

⊜ 全称为"北京小马欢腾投资有限公司"，股东为李萍、李明和李莉。

⊗ 见北京市第二中级人民法院民事裁定书（2015）二中民特字第 00437 号，来源于中国裁判文书网。

⊕ 见北京市第一中级人民法院民事裁定书（2016）京 01 民初 481 号之二。

⊗ 资料来源于京东拍卖网。

⊕ 见北京市高级人民法院民事判决书（2018）京民终 18 号。

（6）再审

2020 年 12 月，金燕不服二审判决，向最高人民法院申请再审。

最高人民法院认为二审判决并无不当，驳回金燕的再审申请。[⊖]

2. 妻子为何要替丈夫还债

为什么从中级人民法院到高级人民法院再到最高人民法院，均裁判金燕要承担亡夫对赌之债呢？

（1）我国夫妻之债的法律规定

对于夫妻之债的认定，我国立法经历了"用途论""推定论""折中论"3 个阶段。

第一阶段：用途论。它适用《中华人民共和国婚姻法》[⊖]第四十一条的规定：离婚时，原为夫妻共同生活所负的债务，应当共同偿还。该规定主要以债务发生的用途来确定债务的性质，但在债权人主张夫妻共同债务的案件中，应当如何判断该债务是否用于"夫妻共同生活"，以及由谁承担该举证责任，《婚姻法》并未明示。《婚姻法》实施后的一段时期，法院通常对于"共同生活"的解释口径较为狭窄，并且一般将是否用于"夫妻共同生活"的举证责任加诸债权人，导致债权人的债权往往落空，甚至出现夫妻双方恶意串通逃避债务，损害债权人利益的行为。

第二阶段：推定论。它适用《婚姻法司法解释二》[⊜]第二十四条的规定：债权人就婚姻关系存续期间夫妻一方以个人名义所负债务主张权利的，应当按夫妻共同债务处理，除非夫妻一方能证明债权人与债务人明确约定为个人债务，或者夫妻实行分别财产制且债权人明知的。由于实践中可以适

⊖　见中华人民共和国最高人民法院民事裁定书（2020）最高法民申 2195 号。

⊖　现已由《民法典》婚姻家庭编替代。

⊜　全称为《最高人民法院关于适用〈中华人民共和国婚姻法〉若干问题的解释（二）》，现已由《最高人民法院关于适用〈中华人民共和国民法典〉婚姻家庭编的解释（一）》替代。

用上述两种除外情形的案件很罕见，事实上导致只要是发生于夫妻关系存续期间的债务一律被认定为夫妻共同债务。在小马奔腾案例中，法院就是以该思路支持了建银投资主张夫妻共同债务的诉讼请求。这一判断标准虽然简单，且有利于对债权人的保护，但又因实践中出现很多夫妻举债一方与债权人恶意串通损害配偶利益的情形而被诟病。

第三阶段：折中论。由于用途论和推定论的观点均过于极端化，导致在债权人利益保护和夫妻内部善意非举债方的利益保护上往往顾此失彼，难以两全。最高人民法院于 2018 年 1 月出台了《关于审理涉及夫妻债务纠纷案件适用法律有关问题的解释》。该司法解释明确了夫妻共同债务形成时的"共债共签"原则，即夫妻双方共同签字、夫妻一方事后追认以及以其他共同意思表示形式（如电话、短信、微信、邮件等）所负的债务，均属于夫妻共同债务。2021 年开始实施的《民法典》第一千零六十四条延续了该解释的规定。立法者确立"共债共签"原则的目的是更好地保障夫妻一方的知情权、同意权，优先考虑到对意思自治基本原则和公民基本权利的维护。同时立法者在保证公平的情况下兼顾了效率，另外规定了将"为家庭日常生活需要"作为判定夫妻共同债务的重要标准。一方面，对于夫妻一方为家庭日常生活需要而产生的对外负债，不论是否基于夫妻双方的共同意思表示，都应先推定为夫妻共同债务，以保证交易效率；另一方面，对于夫妻一方明显超出为家庭日常生活需要而产生的大数额举债，则应先推定为不属于夫妻共同债务，以避免未举债一方在不知情的情况下"被负债"，体现了公平原则。

结合现有的法律规定，我们可以将夫妻之债的司法认定原则总结如图 15-2[一]所示。

⊖ 根据《民法典》《最高人民法院关于适用〈中华人民共和国民法典〉婚姻家庭编的解释（一）》整理。

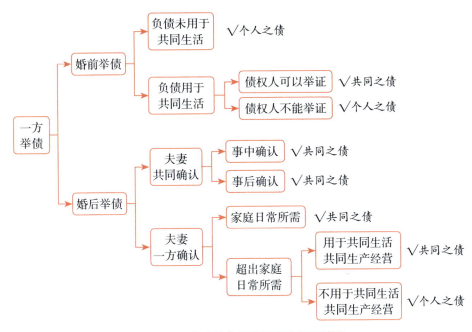

图 15-2　夫妻债务划分司法认定原则图

（2）金燕背负亡夫之债的原因

在最高人民法院的民事裁定书中，我们看到如下内容：

金燕主张支付股权收购款不是金燕与李明夫妻关系存续期间的债务，依据不足。关于案涉债务是否用于夫妻共同生产经营的问题。小马奔腾公司的前身新雷明顿公司设立于 2007 年，金燕既是法定代表人，又是股东。此后，金燕深度参与了该公司的一系列生产经营和投资行为。对此，二审判决在查明的一系列事实基础上已予以充分论述。2014 年 1 月 27 日，小马奔腾公司的法定代表人变更为金燕，其在股东大会上的简历载明："1995年开始，作为新雷明顿和小马奔腾公司创始人之一，早期参与公司的创建和经营，后作为李明董事长的智囊，为决策献计献策"。金燕亦通过另案诉讼确认了包括公司股权在内的所有经营收益为夫妻共同财产。二审判决综合全部案件情况，认定案涉债务为夫妻共同债务，并无不当。

由此可见，在小马奔腾案例中，金燕之所以要承担亡夫李明生前的对赌之债，是因为虽然债务是李明生前个人之债，但却有证据证明该债务用于了夫妻共同生产经营。

3. 小马奔腾案例启发

小马奔腾案例的判决结果，对企业家群体和婚姻家庭领域都具有极为深刻的警示意义。

（1）对赌协议的风险穿透性

对赌协议虽以公司经营为目标，但若创始人签署时未明确债务归属或未实现家庭财产与企业资产的隔离，其风险可能穿透至家庭。本案中李明未将债务与家庭财产切割，导致配偶因"共同生产经营"被追责。企业家需在融资时通过协议约定债务范围，或设立家族信托等工具隔离风险。

（2）"共债共签"的实践必要性

本案例中，金燕因深度参与公司经营且享有经营收益，被法院认定为"共同生产经营"的受益者，债务自然绑定"共担风险"。因此，配偶若未参与企业经营，应避免在相关文件上签字、挂名职务、接受公司分红，以降低连带责任风险。

15.2 兄弟股权

15.2.1 兄弟反目：案例33 龙文化[⊖]

2006 年，同胞兄弟龙大和龙二各出资 500 万元，成立龙文化传媒有限公司（以下简称"龙文化"），注册资金为 1 000 万元，后增资到 15 000 万元，龙大、龙二各占公司股份的 50%。龙大负责外部资源整合，龙二负责

⊖ 本案例为虚构，公司名、人名及事项均为杜撰，如有雷同，纯属巧合。

内部运营管理，在兄弟二人齐心协力的经营下，龙文化业务发展十分迅猛。2022年，龙文化在上海市浦东新区购买了8 000平方米土地的使用权及一栋办公楼，准备打造以"龙"为主题的动漫城。但当业务蒸蒸日上之时，龙大和龙二的经营理念发生了分歧，经过多次争吵后，兄弟两人在2024年协商"分家"。

15.2.2 分家方案

龙大和龙二如何进行"分家"呢？有以下3套方案。

1. 转股方案

在本方案下，龙大和龙二中的一方彻底退出龙文化，退出方将持有的龙文化股权全部转让给经营方，经营方支付退出方股权转让款。经协商，龙二愿意退出，将股权全部转让给龙大。但双方因对龙文化估值无法达成一致，最终导致本方案未能实施。

2. 分立方案

在本方案下，龙文化进行存续分立，分立成两家公司。龙文化将继续存续，龙动漫城业务留在龙文化运营，除龙动漫城业务外的影视业务相关资产、负债及人员转移至新设的公司，新公司名为龙娱乐有限公司（以下简称"龙娱乐"）。经协商，龙大继续运营龙文化，龙二则运营龙娱乐。具体的分立方案如下。

（a）**基本原则**。本次分立的审计基准日为2024年6月30日。基准日资产、业务主要基于属地原则、历史形成原因进行划分，负债随资产、业务归属进行划分。

基准日前相关期间的损益原则上根据资产归属进行划分，费用按分立后两家公司对应期间的备考营业收入比例划分。

龙文化的或有负债/或有资产按其历史形成原因进行划分,不能确定归属的或有负债/或有资产,原则上平均分配。

(b)**分立前后的注册资本情况**。如表 15-4 所示。

表 15-4　分立前后的注册资本情况

公司名称	分立前注册资本(万元)	分立后注册资本(万元)	分立后的股东情况
龙文化	15 000	6 000	龙大持股 100%
龙娱乐	—	9 000	龙二持股 100%

(c)**财产分割情况**。以 2024 年 6 月 30 日为基准日,经过分割和调整,龙文化和龙娱乐各自的资产总额、负债总额和净资产总额分别如表 15-5 所示。

表 15-5　龙文化和龙娱乐各自的资产总额、负债总额和净资产总额

项目	分立前		分立后			
	龙文化(万元)	比例	龙文化(万元)	比例	龙娱乐(万元)	比例
资产总额	91 714.55	100%	33 881.07	36.94%	57 833.48	63.06%
负债总额	10 313.04	100%	10 000.04	96.97%	313.00	3.03%
净资产总额	81 401.51	100%	23 881.03	29.34%	57 520.48	70.66%

(d)**债权债务分割**。龙文化分立前产生的与龙动漫城业务、资产相关债权债务继续归属于龙文化,龙娱乐根据相关法律规定对龙文化分立前产生的债务承担连带责任[⊖],但龙文化在分立前与债权人就债务清偿达成的书面协议另有约定的除外。龙文化分立前产生的与影视业务、资产相关的债权、债务归属于龙娱乐。

(e)**分立期间新增资产、负债的处置**。分立期间(即分立基准日的次日至龙娱乐工商登记完成之日),若龙文化相应资产、负债项目发生增减,不

⊖　见《公司法》第二百二十三条:"公司分立前的债务由分立后的公司承担连带责任。但是,公司在分立前与债权人就债务清偿达成的书面协议另有约定的除外。"

对分立方案产生影响。龙文化及龙娱乐在分立完成后按以下原则确认归属并进行相应的会计账务调整：分立期间新增的动漫业务资产、负债归属于龙文化；其余所有新增资产、负债等全部归属于龙娱乐。

（f）分立税负。 在本次分立过程中，各方是否有纳税义务呢？下面分别详细讲述。

①龙文化。

企业所得税。 根据《财政部 国家税务总局关于企业重组业务企业所得税处理若干问题的通知》（财税〔2009〕59 号）的规定，龙文化应对分立出去的资产按公允价值确认资产转让所得或损失。由于本次重组后分立企业（龙娱乐）的股东（龙二持股 100%）未按原持股比例（龙大持股 50%，龙二持股 50%）取得分立企业（龙娱乐）的股权，所以无法享受特殊性税务处理的税收优惠。

增值税。 根据《财政部 国家税务总局关于全面推开营业税改征增值税试点的通知》（财税〔2016〕36 号）和《国家税务总局关于纳税人资产重组有关增值税问题的公告》（国家税务总局 2011 年第 13 号公告）的规定，由于本次分立属于将部分实物资产以及与其相关联的债权、负债和劳动力一并转让给龙娱乐，其中涉及的不动产、土地使用权、货物转让行为，不属于增值税征税范围，不征收增值税。

土地增值税。 根据《财政部 税务总局关于继续实施企业改制重组有关土地增值税政策的公告》（财政部 税务总局公告 2023 年第 51 号）的规定，企业分设为两个或两个以上与原企业投资主体相同的企业，对原企业将房地产转移、变更到分立后的企业，暂不征收土地增值税。由于龙文化分立前后，投资主体发生变化（由原来的龙大和龙二各持股 50%，改变为龙大持股龙文化 100%、龙二持股龙娱乐 100%），因此，在本次分立中房屋、土地的过户需要缴纳土地增值税。

　　印花税。根据《财政部 税务总局关于企业改制重组及事业单位改制有关印花税政策的公告》（财政部 税务总局公告 2024 年第 14 号）的规定，新启用营业账簿记载的实收资本（股本）、资本公积合计金额，原已缴纳印花税的部分不再缴纳印花税，未缴纳印花税的部分和以后新增加的部分应当按规定缴纳印花税。对企业分立过程中书立的产权转移书据，免征印花税。

　　②龙娱乐。

　　企业所得税。根据《财政部 国家税务总局关于企业重组业务企业所得税处理若干问题的通知》（财税〔2009〕59 号）的规定，龙娱乐应按公允价值确认接受资产的计税基础。

　　增值税。因龙文化在分立后继续存续，龙文化分立给龙娱乐相关资产的进项税留抵税额不能结转至龙娱乐抵扣[⊖]，但可以在龙文化继续抵扣[⊜]；且龙文化分立给龙娱乐的资产属于整体转让（部分实物资产以及与其相关联的债权、负债和劳动力一并转让），不属于增值税征税范围[⊜]，龙文化不缴纳增值税，龙娱乐也没有进项税额可以抵扣。

　　土地增值税。如果被分立公司龙文化以评估价作为转让收入缴纳了土地增值税，则龙娱乐未来转让房屋、土地计算土地增值税时，其允许扣除的土地成本是该土地的评估价。

　　契税。根据《财政部 税务总局关于继续实施企业、事业单位改制重组有关契税政策的公告》（财政部 税务总局公告 2023 年第 49 号）的规定，公司依照法律规定、合同约定分立为两个或两个以上与原公司投资主体相同

⊖ 见《国家税务总局关于纳税人资产重组增值税留抵税额处理有关问题的公告》（国家税务总局公告 2012 年第 55 号）第一条。

⊜ 见《财政部 国家税务总局关于全面推开营业税改征增值税试点的通知》（财税〔2016〕36 号）附件 1：《营业税改征增值税试点实施办法》第二十七条。

⊜ 见《财政部 国家税务总局关于全面推开营业税改征增值税试点的通知》（财税〔2016〕36 号）附件 2：《营业税改征增值税试点有关事项的规定》"一、（二）5."内容。

的公司，对分立后公司承受原公司土地、房屋权属，免征契税。由于龙文化分立前后，投资主体发生了变化，因此，在本次分立中房屋、土地的过户，龙娱乐需要缴纳契税。

印花税。同龙文化。

③**龙大和龙二。**

在本次分立中，龙大和龙二仅是将龙文化一分为二，并未套现，是否需要缴纳个人所得税呢？国家税务总局并未对分立中的个人所得税出台政策给予明确。《海南省地方税务局关于印发企业重组中分立业务所得税税收风险特征的通知》（琼地税函〔2014〕467号）明确企业分立重组中，一般拆分为股东收回投资和再投资两个税收行为，对涉及个人股东权益变动或变更的，应按照个人所得税法的股息、利息、红利所得或财产转让所得规定计征税款。在实践中，如果分立前后发生股东权益变化，则可能被税务机关追征个人所得税，笔者也曾在实务中遇到过因为分立征收自然人股东个人所得税的案例。

通过上述涉税分析，龙大、龙二发现，兄弟两人"分家"，需要为该重组行为负担土地增值税、企业所得税、契税等，税收负担沉重，这是因为分立前后龙文化和龙娱乐的股东结构发生了变化。因此，两人对分立方案进行了修改，采取了第三种"分家"方案。

3. 先分立后转股方案

该方案将"分家"的过程拆分为两个步骤。

步骤一：同上述分立方案基本相同，唯一的差别是分立后龙文化和龙娱乐的股权架构与分立前相同，即龙大持股50%，龙二持股50%。这样在分立过程中，龙文化可以享受企业所得税、土地增值税、契税等税收优惠。

步骤二：分立完成一年后，龙大将持有的龙娱乐50%的股权以1元/

注册资本的价格转让给龙二，龙二将持有的龙文化 50% 的股权以 1 元 / 注
册资本的价格转让给龙大。根据《国家税务总局关于发布〈股权转让所得
个人所得税管理办法（试行）〉的公告》（国家税务总局公告 2014 年第 67
号），虽然龙大和龙二均平价转股，股权转让价格明显偏低，但由于龙大和
龙二为直系亲属，上述转股行为不会被税务机关核定征收个人所得税。

15.3 子女股权

传承之痛：案例 34 富贵鸟

富贵鸟品牌创立于 1991 年，创始人为四兄弟林和平、林和狮、林国强
及林荣河[一]。

巅峰时期的富贵鸟曾跻身国内第三大品牌商务休闲鞋产品制造商、第
六大品牌鞋产品制造商，被誉为"县城男鞋扛把子"。2011 ～ 2013 年，富
贵鸟的归属净利润分别同比增长 113.79%、27.47% 和 37.13%。2013 年，
富贵鸟在香港 H 股上市。

富贵鸟在香港 IPO 上市后的股权架构如图 15-3 所示[二]。

图 15-3 富贵鸟 IPO 上市后股权架构图

[一] 林和平与林和狮为兄弟，与林国强及林荣河为堂兄弟。

[二] 见富贵鸟公告全球发售招股说明书第 95 页。

但是上市后的富贵鸟渐渐跌落"神坛"，不仅在 2017 年净利润逐步下滑至亏损，更是在创始人之一林国强去世后，爆出其子女放弃继承权的新闻。创业难，守业更难！为什么富贵鸟走向了衰落呢？

1. 股权架构之殇

从股权架构来看，导致富贵鸟治理层面行权不畅的原因主要有以下两个。

（1）股权架构分散，四人共同控股模式存在不稳定因素

根据富贵鸟的《公司章程》，股东大会是公司最高决策机构，股东大会做出普通决议，应当由出席股东大会的股东所持表决权的 1/2 以上通过。股东大会做出特别决议，应当由出席股东大会的股东所持表决权的 2/3 以上通过。[一]

从股权架构分析，富贵鸟在上市后，单一最高持股股东为富贵鸟集团（持股比例为 62.1%）。富贵鸟集团共有 4 名股东，持股比例分别为 32.5%、22.5%、22.5%、22.5%。由于任一股东都没有单独的决策权，从而形成了 4 人共同控股的模式。富贵鸟的招股说明书显示，在富贵鸟上市时，林和狮、林国强及林荣河均为非执行董事，仅提供战略性意见，并不参与公司业务运营的日常管理。只有林和平一人作为执行董事兼董事会主席，负责整体策略、规划及业务发展。[二]4 名创始人股东多年形成的默契使富贵鸟的治理结构在那时非常平稳，这个阶段也是富贵鸟发展的巅峰时期。在富贵鸟上市后不久，先是林荣河成为执行董事[三]，随后林和狮、林国强成为执行董事[四]。3 名股东为何由原来的非执行董事成为执行董事，背后的原因我们

一　见富贵鸟的《公司章程》第七十八条。
二　见富贵鸟公告全球发售招股说明书第 166 页。
三　见富贵鸟 2014 年 4 月 2 日发布公告：董事名单与其角色和职能。
四　见富贵鸟 2014 年 8 月 26 日发布公告：董事名单与其角色和职能。

无法得知，但共同控股人的内部平衡极易因为以下两个原因被打破。

公司业务转型。从 2014 年开始，电商势头崛起，传统渠道受到全面冲击。由于富贵鸟的营销模式主要是线下为主（截至 2013 年年底，富贵鸟共有 262 家直营门店、3 097 家加盟店），亟待与时俱进，对产品、营销模式、经营模式等进行变革。然而，面对来势汹汹的互联网营销，对原有模式驾轻就熟的管理团队可能遇到各种挑战，转型并不顺利。从财务数据来看，富贵鸟正是从 2014 年开始增速放缓的。当业务增速下降，公司进入发展的瓶颈期，经营和战略均面临着大的调整，原有股权架构上的共同控制会随着经营层面的调整发生微妙的失衡。

二代接班。创始人股东往往是公司的灵魂，即使其不再下沉至日常运营层面，也会有定海神针的魅力。但是当二代接班时，年轻一代的价值观可能与老一辈截然不同。当股权架构又是共同体时，就会出现二代在经营上已接班，但未必接班决策权，从而导致治理结构的扭曲。

（2）富贵鸟股权均衡设置，最大创始人股东林和平单方控制权不足

进一步分析，在富贵鸟股权架构层面，林和平仅通过一人公司和兴贸易持有富贵鸟 3.75% 的股份，他甚至无法根据《公司法》及《公司章程》的规定，单方要求召开临时股东大会⊖。因此，林和平对于富贵鸟的控制和管理，必须通过富贵鸟集团实现。但从富贵鸟集团的股权架构而言，林和平仅持股 32.5%，对富贵鸟集团并无实际控制权。其他创始人股东均持股 22.5%，存在股权均衡设置情形。在该等持股比例模式下，富贵鸟集团的内部治理和对富贵鸟的管理，至少需要两个或三个股东达成一致意见，任何

⊖ 见富贵鸟的《公司章程》：单独或合计持有在该拟举行的会议上有表决权的股份百分之十以上（含百分之十）的股东，可以签署一份或者数份同样格式内容的书面要求，提请董事会召集临时股东大会或者类别股东会议，并阐明会议的议题。董事会在收到签署的书面要求后应尽快召集临时股东大会或者类别股东会议。签署持股数按股东提出书面要求日计算。

一方均无单方决定权，这时的股权控制极易进入僵局。作为富贵鸟的核心灵魂人物，林和平在富贵鸟的持股比例过少，控制权极有可能受到现有股东或者外来股东的挑战，从而导致公司经营的不稳定。后来富贵鸟发生过多次人事更迭，甚至爆出内讧，也与此股权架构有极大的关系。

2. 始于聚焦，衰于多元

富贵鸟的崛起源自林和平战略上的聚焦。1984 年，富贵鸟集团的前身——石狮市旅游纪念品厂创立。这个旅游纪念品厂以 4 万元起家，连同既当老板又当工人的 19 个堂兄弟，也不过几十个劳动力，生产人造革的凉鞋和拖鞋，每双鞋大约卖几元钱。由于经营、管理制度不灵活，分工也不明确，在磕磕碰碰中坚持了 5 年，多数人对这个厂的前景不看好，纷纷退股。最终持股的只剩下以林和平为首的 4 个堂兄弟。1989 年是富贵鸟发展史上一个重要的分水岭。这一年，旅游纪念品厂进行了重组，4 个股东组成新的董事会，推选林和平当厂长，把公司的经营战略转向真皮休闲鞋，并开始注册"富贵鸟"商标。专心做鞋、做好鞋，让富贵鸟荣获了"中国真皮鞋王"的美誉。

但富贵鸟上市之后，开始偏离专注做鞋的主业。2015 年 4 月 22 日，富贵鸟 2014 年公司债券（简称"14 富贵鸟"）发行，总额为 8 亿元人民币，票面利率为 6.3%，期限为 5 年。2015 年 10 月，富贵鸟入股叮咚钱包，股份占比高达 80%。叮咚钱包运营主体是深圳中融资本投资有限公司，成立于 2013 年 8 月 20 日，注册资本为 5 000 万元人民币，资产端涵盖供应链金融、消费金融、汽车金融、资管产品、境外基金等。除了入股叮咚钱包，2015 年年初，富贵鸟还与深圳中融资本投资有限公司（也就是叮咚钱包的主营公司）达成协议，以千万美元战略投资互联网交易平台"共赢社"。共赢社专注于为自然人提供小额借贷。公司战略由聚焦转向多元化发展，如果富贵鸟的业绩没有如预期般上升，势必会引发原有股东共同体的裂痕及人事上的频繁调整，进而更加损害经营。

15.4   家族传承，路在何方

中国民营企业家的财富积累始于改革开放后中国经济的腾飞。对于如何实现财富传承，中国企业家并没有太多可以参考、借鉴的经验，尽管国外不乏相关案例，但由于法律环境等不同，无法直接拿来就用。企业家在处理离婚、传承等类似家庭问题时，主要依赖于情感或家长的个人权威，不太愿意接受太多外力的帮助或参与。依靠个人威信来处理家族事宜毕竟存在太多的偶然性和不可复制性，而且，感情的影响总是有太多的不确定性，富人一旦面临夫妻反目、兄弟成仇的境地，他们相较于普通人而言，处理经济纠纷时升级到法律诉讼就在所难免。其实，防患于未然，增强法律意识，提前对股权架构进行安排，才是企业家平衡家庭和企业的优选之道。

第16章

被并购型企业

16.1 案例35 安井食品并购新宏业

1. 新宏业

2017年，湖北省洪湖市诞生了一家新公司——新宏业[⊖]。洪湖市是四湖（长湖、三湖、白露湖、洪湖）诸水汇归之地，被誉为"水产之都"。新宏业依托洪湖市丰富优质的水产品资源，专注于水产食品加工。

之所以称之为"新宏业"，是因为新宏业的前身是"老宏业"。老宏业由宏业水产[⊜]及其子公司宏业生物[⊜]组成。老宏业成立于2005年，早期以鱼

⊖ 全称为"洪湖市新宏业食品有限公司"。
⊜ 全称为"洪湖市宏业水产食品有限公司"。
⊜ 全称为"洪湖市宏业生物科技股份有限公司"。

糜加工为主营业务。2011 年，老宏业成为速冻食品龙头企业——安井食品（603345）[⊖]的核心供应商。2014 年，老宏业的鱼糜年加工能力达到 2 万吨，成为淡水鱼糜制品行业的龙头企业。

2. 安井食品

安井食品成立于 2001 年，一直在速冻食品行业里深耕两大细分领域，分别是速冻火锅料和速冻面点。安井食品于 2017 年 2 月在上交所主板上市。安井食品虽然已经成为上市公司，但依然面临行业竞争的压力。

（1）速冻火锅料

火锅料业务为安井食品贡献收入比重约为 73%（根据其 2017 年年度报告数据）。2012 ～ 2013 年由于火锅料行业杀入众多企业集中新建工厂，2014 年产能集中释放引起了一轮价格战，火锅料行业从增量时代进入存量时代，行业进入存量洗牌阶段，增速总体放缓。这导致安井食品市场占有率不断增大的同时，公司的利润率并没有提升。

（2）速冻面点

速冻面点业务约占安井食品营业收入的 27%（根据其 2017 年年度报告数据）。在 2014 年火锅料行业洗牌、受到价格冲击时，速冻面点业务发挥了良好的缓冲作用。但不同于火锅料行业（安井食品已经在此行业占据龙头地位），速冻面点行业已经形成以三全食品、湾仔码头和思念食品为首的三大巨头，这三大巨头的市场占有率约为 70%。这表明速冻面点行业集中度高，市场格局稳定，安井食品在该领域获得竞争优势的难度较大。

安井食品在上市后亟须进一步扩大自身竞争优势，并寻找下一个利润增长点。2017 年，安井食品继续强化"餐饮流通为主、商超为辅"的差异化渠道模式，并借助餐饮渠道的冷链运输网络进行新品类开发，切入中国

⊖　全称为"安井食品集团股份有限公司"。

餐饮行业市场规模最大的单品类——小龙虾，将其作为公司上市以来寻求更大成长突破的尝试。

洪湖是小龙虾产业的核心产区，被誉为"中国小龙虾第一名城"，是小龙虾产业链布局的兵家必争之地。位于洪湖的老宏业一直是安井食品冷冻鱼糜产品的第一大供应商，双方有着深厚的合作基础。在安井食品开拓小龙虾赛道后，双方迅速增加了小龙虾新品合作。安井食品负责品牌与渠道推广，老宏业负责在原有生产线的基础上试生产小龙虾产品。得益于小龙虾市场以及冷冻食品行业的快速发展，2017 年以来，老宏业的业绩稳步增长。

安井食品以贴牌模式入局小龙虾市场，并在市场试错过程中，充分验证了进军该领域的战略决策正确性。此后，安井食品积极谋划与老宏业构建紧密合作关系，力求将其纳入自身产业链版图。在安井食品的主导推动下，双方开展了长达 4 年的资本运作，涵盖资产重组、股权合作，最终实现控股并购。

16.2　资产重组

老宏业的第一大股东为卢超，第二大股东为肖华兵。虽然肖华兵并非公司的最大股东，但他却是宏业水产和宏业生物的法定代表人，并担任两家公司的执行董事和总经理，是老宏业的实际操盘手。老宏业的股权架构如图 16-1 所示。

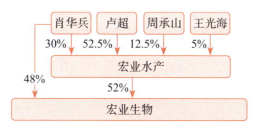

图 16-1　老宏业 2017 年的股权架构图

老宏业 2005 年成立，至 2017 年已运营 12 载。在长期发展过程中，积累了不少历史遗留问题。公司的大股东虽为卢超，实际运营者却是肖华兵，这导致股东结构失衡，亟待调整。借助与安井食品股权合作的契机，肖华兵顺势重新组建了新公司——新宏业。新宏业的股东为肖华兵（持股比例为 60%）和卢德俊[⊖]（持股比例为 40%），股权架构如图 16-2 所示。

图 16-2　新宏业 2017 年成立时的股权架构图

新宏业成立后，承接了老宏业的两家公司——宏业水产和宏业生物的经营性资产、员工和业务，并成为与安井食品深度合作的新主体。在资质转移完毕之后，老宏业体系下的宏业水产和宏业生物陆续注销[⊜]。通过资产重组，老宏业的资产、人员和业务，全部被整合到了新宏业，控股股东也由卢超变成了肖华兵。

16.3　股权合作

1. 安井食品参股新宏业

2018 年 1 月，安井食品以 7 980 万元的价格收购肖华兵和卢德俊持有的新宏业 19% 的股权（其中肖华兵转让 9.5%，卢德俊转让 9.5%）。该交易完成后，新宏业的股权架构变化如图 16-3[⊜]所示。

⊖ 从公开信息中未查询到卢德俊和老宏业大股东卢超的关系。根据安井食品的公告《关于受让洪湖市新宏业食品有限公司部分股权暨对外投资的公告》，老宏业的实际控制人为肖华兵和卢德俊。由此推断，卢超可能为卢德俊代持老宏业股权，或者卢德俊代卢超享受其在新宏业的权益。

⊜ 宏业生物于 2020 年 12 月注销，宏业水产于 2021 年 1 月注销。

⊜ 根据安井食品《关于受让洪湖市新宏业食品有限公司部分股权暨对外投资的公告》第 3 页"（二）标的公司的股权结构情况"整理。

图 16-3　安井食品参股前后新宏业的股权架构图

在安井食品参股后，安井食品既是新宏业的大客户，也是新宏业的股东。双方在价值链上的交易合作，也因为股权关系而变得更加紧密（见表 16-1）。

表 16-1　新宏业和安井食品在价值链上承担的功能

公司	承担的功能	具体内容
新宏业	上游供应链整合者	负责小龙虾养殖基地管理、原材料采购及初级加工，构建"养殖—捕捞—预处理"垂直产业链条
	标准化生产中枢	依托速冻技术优势，完成小龙虾去头、剥壳、调味等工业化加工，形成标准化虾仁、虾尾产品
	副产品开发主体	对加工剩余物进行二次利用，生产鱼排粉、虾壳粉等高附加值副产品，提升资源利用率
安井食品	全国渠道网络整合	依托自身全国性销售网络（如经销商体系）和电商资源（如京东生鲜），负责小龙虾产品的市场推广与渠道分销
	品牌打造全域溢价	通过品牌联名（"洪湖诱惑"）提升产品溢价力，实现从原材料到终端品牌的价值升级
	预付采购保障稳定	通过预付采购款模式锁定原材料供应，保障新宏业订单稳定性
	技术支撑跨区拓销	安井食品向新宏业输出速冻锁鲜技术体系，协助开发适配冷链运输的虾仁产品，将货架期延长至12 个月，突破区域性销售限制

2. 股权合作点评

对于安井食品和新宏业的股权合作，有以下要点值得关注。

（1）安井食品为什么先参股

安井食品最初选择参股而非直接控股并购新宏业，且参股比例只有

19%，该种布局有什么奥秘呢？

降低财务与运营风险。根据《企业会计准则》的规定，投资方对被投资企业的持股比例低于50%且没有实际控制权，不需要合并财务报表。从新宏业的角度，在安井食品参股后，由于不需要上市公司合并财务报表，所以无须严格按照上市公司的标准进行规范，保留了一定的财税管理处理空间。从安井食品角度，参股方式既能锁定原材料供应，又能避免初期大规模投入带来的资金压力。

快速切入新业务领域。新宏业的小龙虾产品与安井食品的速冻食品终端消费群体高度重合。参股后，安井食品可直接利用自身销售渠道快速拓展市场，无须独立建厂或研发，显著缩短业务落地周期。

分阶段验证协同效应。股东拥有接近20%的持股比例，不仅拥有优先购买权，而且可以通过《公司章程》设置后继投资人的进入门槛，从而起到抢占"股权卡位"的作用。此外，这个持股比例也不是特别高，不至于使创始人团队的股权被稀释到丧失运营动力的程度。如果初步参股可以验证新宏业在原材料供应、代工能力等方面的协同价值，安井食品可以在业务整合成熟后再通过控股实现全面资源整合，降低并购后的管理风险。

强化供应链控制力。如果股东对公司的参股比例接近20%，通常会在被投资公司的董事会拥有一个席位或可以派驻监事（安井食品委派了财务总监唐奕作为新宏业的监事），这样可以近距离观察这家公司。一方面，新宏业为安井食品的核心供应商，参股后可通过股权纽带提升原材料供应的稳定性，形成"上下游联动"的成本优势，增加业务合作黏性；另一方面，可以伺机寻找机会，对参股企业进行并购。

这一策略体现了安井食品"稳扎稳打"的并购逻辑：先通过小比例参股建立合作基础，再根据业务协同效果分步推进控股，最终实现供应链强化与市场扩张的双重目标。

（2）上下游参股需要注意哪些事项

在本案例中，新宏业的股东肖华兵和卢德俊，通过与安井食品的股权合作，不仅顺利套现，还为新宏业的发展注入了资金和资源，使其高速发展。但实务中，并不是每家被上下游参股的公司都能如此幸运。上下游合作中，被投资公司需关注以下被参股风险。

产业链上下游的参股可能导致"关联交易"。

根据上市法规[一]，拟上市公司不应存在严重影响独立性或者显失公平的关联交易。在实践中，如果股东对拟上市公司的持股比例超过 5%，则将被认定为"关联方"[二]。在将上下游股东界定为"关联方"后，其与拟上市公司的交易会受到非常严格的核查，如关联交易的定价程序、决策程序、金额占比、披露程序等，以确定是否存在通过关联交易操纵利润的现象，而且要核查拟上市公司报告期的营业收入或净利润对关联方是否存在重大依赖。

新宏业是安井食品鱼糜类原材料的第一大供应商，2017 年新宏业生产的小龙虾也主要销售给安井食品。如果新宏业后续没有被安井食品并购，而是想独立申报 IPO，这些关联交易将成为新宏业的绊脚石。

参股方一旦发展相同业务会导致"同业竞争"。

"同业竞争"是指公司与关联方从事的业务相同或相似，双方构成或

[一]　见《首次公开发行股票注册管理办法》第十二条。

[二]　《上海证券交易所股票上市规则》（2024 年修订）6.3.3："上市公司的关联人包括关联法人（或者其他组织）和关联自然人。具有以下情形之一的法人（或者其他组织），为上市公司的关联法人（或者其他组织）：……（四）持有上市公司 5% 以上股份的法人（或者其他组织）及其一致行动人；具有以下情形之一的自然人，为上市公司的关联自然人：（一）直接或者间接持有上市公司 5% 以上股份的自然人；……"《深圳证券交易所股票上市规则》（2024 年修订）6.3.3："上市公司的关联人包括关联法人（或者其他组织）和关联自然人。具有下列情形之一的法人或者其他组织，为上市公司的关联法人（或者其他组织）：……（三）持有上市公司 5% 以上股份的法人（或者其他组织）及其一致行动人；……具有下列情形之一的自然人，为上市公司的关联自然人：（一）直接或者间接持有上市公司 5% 以上股份的自然人；……"

可能构成直接或间接的竞争关系。同业竞争被称为 IPO 红线。根据上市规则[⊖]，申请 IPO 的拟上市公司应资产完整，业务及人员、财务、机构独立，与控股股东、实际控制人及其控制的其他企业间不存在对拟上市公司构成重大不利影响的同业竞争。相关部门在审核实践中曾经将同业竞争的审核主体扩大至持股 5% 以上的非控股股东（特别是第二、三大股东）及其一致行动人[⊜]。2023 年证监会发布的《证券期货法律适用意见第 17 号》则将核查范围确定为控股股东、实际控制人及其近亲属全资或者控股的企业[⊜]。

　　2017 年 10 月 26 日，安井食品发布公告，斥资 6 亿元，在潜江市投资建设华中生产基地，该基地生产速冻火锅料、速冻面点、调味小龙虾和淡水鱼浆等产品[⊛]。由此可见，安井食品已经布局小龙虾产业链中的生产环节，与新宏业的小龙虾生产业务开始重叠。与上述关联交易原理相同，如果新宏业想独立申报 IPO，这会形成障碍。

　　资本运作受制于人。

　　不论是产业链的上游企业入股下游企业还是下游企业入股上游企业，

⊖ 见《首次公开发行股票注册管理办法》第十二条。

⊜ 可参考历年证监会对保荐代表人的培训资料。例如，根据 2011 年第 4 期保荐代表人培训记录，与第二大股东从事相同业务也构成同业竞争。同业竞争除关注控股股东、实际控制人，还应关注对发行人影响较大的主要股东。不能简单以细分行业、产品、市场不同来回避同业竞争，要综合判断是否会产生利益冲突：①直接冲突；②商业机会，董、监、高以及控股股东也不能利用控股机会侵占发行人的商业机会；③是否用同样的采购、销售渠道，是否采用同样的商标、商号。关于主要股东，上市规则中讲的是 5% 以上的股东，这里关键关注两点：①股东对发行人是否存在重大影响；②是否对发行人独立性构成重大不利影响。如存在上述两点，则界定为同业竞争。2017 年保荐代表人培训中的要求略为宽松，将竞争方限定为控股股东、实际控制人。第二、三大股东不作为合规性的要求，关注其对业务的影响，作为信息披露。

⊜ 见《〈首次公开发行股票注册管理办法〉第十二条、第十三条、第三十一条、第四十四条、第四十五条和〈公开发行证券的公司信息披露内容与格式准则第 57 号——招股说明书〉第七条有关规定的适用意见——证券期货法律适用意见第 17 号》(中国证券监督管理委员会公告〔2023〕14 号)第一条："关于《首次公开发行股票注册管理办法》第十二条'构成重大不利影响的同业竞争'的理解与适用……（二）核查范围。中介机构应当针对发行人控股股东、实际控制人及其近亲属全资或者控股的企业进行核查……"

⊛ 见安井食品《关于对外投资建设华中生产基地项目的公告》。

均可分为"强"投资"弱"和"弱"投资"强"两种情况。"强"是指在上下游交易时具有更强话语权的一方,"弱"则相反。在本案例中,新宏业是安井食品的上游供应商,安井食品在速冻火锅料行业的龙头地位、大额的采购量使其对新宏业具有较强的议价能力。同时,安井食品作为上市公司,具有产融互动的资本能力。所以,安井食品入股新宏业属于典型的"强"投资"弱"。如果是"强"入股"弱"的情形,股权关系会进一步强化双方交易中"强"方对"弱"方业务的控制力。在安井食品披露的对外投资合同主要内容[○]中,我们看到有如下对赌条款:

> 乙方(指新宏业原股东)及标的公司(以下简称"承诺方")承诺,标的公司 2018 年度、2019 年度和 2020 年度(以下简称"业绩承诺期")的净利润分别不低于 3 500 万元、3 600 万元、3 700 万元(以下简称"承诺净利润")。

如果新宏业的业务主要依赖于安井食品,则上述业绩承诺能否实现与安井食品的业务合作具有很高的关联度。因此,对于接受了上下游投资的公司,应尽量通过《公司章程》保持自己业务的独立性,慎重签订对赌协议。

16.4　控股并购

1. 安井食品并购新宏业

2021 年 6 月,安井食品发布公告[○],进一步收购新宏业 71% 的股权,其中以 40 905 万元的价格收购肖华兵持有的新宏业 40.5% 的股权,以

○ 见安井食品《关于受让洪湖市新宏业食品有限公司部分股权暨对外投资的公告》(临 2018-003)。
○ 见安井食品《关于对外投资暨受让洪湖市新宏业食品有限公司部分股权的公告》(临 2021-065)。

30 805 万元的价格收购卢德俊持有的新宏业 30.5% 的股权。交易完成后，安井食品对新宏业的持股比例达到 90%。收购交易前后，新宏业股权架构如图 16-4 所示。

图 16-4　收购交易前后新宏业股权架构图

2. 控股并购点评

对于安井食品控股并购新宏业，有以下要点值得关注。

（1）安井食品

安井食品为何在完成对新宏业的初步参股后选择实施控股？

这一决策与安井食品的战略布局紧密相关。2018 年，安井食品正式进军预制菜领域，通过"战略先行 + 供应链整合 + 渠道复用"的组合策略，逐步在该领域站稳脚跟。安井食品并购新宏业后，取得了若干显著成效。

（a）**深化供应链控制权**。并购完成后，新宏业的小龙虾年加工能力从参股前的 3 万吨跃升至 6 万吨，为安井食品预制菜业务的规模化扩张筑牢了基础。通过此次并购，安井食品能够更为有效地应对原材料价格波动带来的成本冲击，增强了上游原材料供应的稳定性，将成本优势发挥到极致。

安井食品通过控股整合新宏业，可借助一系列举措强化供应链管控。在优化物流网络方面，采用"销地产"模式，扩大产能布局，灵活调整采购策略，并利用新宏业的议价能力，降低原材料采购体系的物流损耗率。同时，优化生产基地，就近供应，缩短原材料运输半径。

（b）**业务协同效应**。安井食品控股新宏业后，能更好地将预制菜产能与市场需求相匹配。新宏业的小龙虾制品与安井食品的酸菜鱼、麻辣虾尾等终端产品形成互补，进一步丰富了产品矩阵。2023 年前三季度，安井食品速冻菜肴制品营收达 31.09 亿元，同比增长 47%，其中小龙虾类产品贡献了超 40% 的增量，成为业务增长的关键驱动力。

在技术与管理赋能方面，安井食品为新宏业引入自动化生产线，关键工序覆盖率从 60% 提升至 85%，并导入数字化管理系统，显著提高了生产效率。具体表现为，新宏业人均产能提升 25%，产品合格率从 98.3% 提升至 99.6%，市场竞争力进一步增强。

（c）**战略升级需求**。2024 年，预制菜行业增速放缓。在此背景下，安井食品需通过控股实现全产业链掌控，巩固成本优势与品质壁垒。在控股后，新宏业的营收从 2018 年的 6.49 亿元增长至 2022 年的 15.98 亿元，四年增长 146%。这表明安井食品通过控股新宏业，在战略升级方面取得了显著成果，有效应对了行业增速放缓的挑战。

安井食品从参股转向控股新宏业，本质是供应链控制力从"合作绑定"升级为"自主掌控"的战略跃迁。这一决策既解决了原材料成本与品质的长期痛点，又为预制菜业务增长提供了确定性的产能保障。

（2）新宏业股东肖华兵

不同于 2018 年安井食品参股新宏业，2021 年安井食品对新宏业的股权收购，导致肖华兵失去了对新宏业的控制权。如果企业被并购，需要注意哪些事项呢？

（a）**并购估值**。安井食品先后两次收购新宏业的股权，间隔不过短短 3 年多的时间，新宏业的估值却大幅增加（见表 16-2）。

表 16-2　安井食品两次收购新宏业估值比较表

收购时间	交易金额	收购比例	估值方法	新宏业估值
2018 年 1 月	7 980 万元	19%	资产基础法	42 000 万元
2021 年 6 月	71 710 万元	71%	收益法	101 000 万元

第一次估值：资产基础法下的谨慎判断。

2018 年 1 月，安井食品初次入局，以 7 980 万元收购新宏业 19% 的股权，新宏业的估值为 4.2 亿元。新宏业于 2017 年 10 月才组建，其主要经营性资产、员工及业务均承继自老宏业。从财务数据看，2017 年 12 月 31 日，新宏业资产总额为 13 213.47 万元，负债总额为 5 212.13 万元，所有者权益总额为 8 001.34 万元。鉴于新宏业发展初期的不稳定状态，安井食品采用资产基础法对其进行估值，此方法以资产清查为基础，对各项资产和负债细致评估，保守但直观地反映了新宏业当时的资产规模、经营稳定性及潜在增长空间，为安井食品初次投资决策提供了相对稳健的价值参考。

第二次估值：收益法下的价值跃升。

2021 年 6 月，安井食品以 71 710 万元收购新宏业 71% 的股权。此次采用收益法进行评估，以 2020 年 12 月 31 日为评估基准日，新宏业合并口径股东权益账面值约为 31 303.94 万元，评估值却飙升至 101 000 万元，评估增值将近 70 000 万元，增值率高达 222.64%。

短短 3 年，估值大幅攀升，背后有多方面因素。

从市场层面来看，小龙虾市场持续火热，新宏业借助前期积累，在小龙虾产品领域不断深耕，市场份额稳步扩大，品牌知名度显著提升。

从企业自身发展来看，经过几年运营，新宏业在生产技术、管理水平、销售渠道等方面取得了长足进步。2018 ～ 2020 年，新宏业营业收入分别为 6.49 亿元、9.24 亿元、9.37 亿元，净利润分别为 7 969 万元、8 483 万元、6 934 万元。

这些积极变化让安井食品对新宏业未来的盈利能力充满信心，进而给出大幅提升的估值，这也体现出安井食品对新宏业发展潜力的高度认可，以及对双方业务协同整合后广阔前景的期待。

（b）**业绩对赌**。在安井食品收购新宏业股权的过程中，业绩对赌扮演着至关重要的角色。两次收购的对赌安排对比如表 16-3 所示。

表 16-3　两次收购的对赌安排对比

对比维度	2018 年收购	2021 年收购
承诺期限	2018 ～ 2020 年度	2021 ～ 2023 年度
业绩要求	2018 年净利润不低于 3 500 万元 2019 年净利润不低于 3 600 万元 2020 年净利润不低于 3 700 万元	2021 年规范净利润不低于 7 300 万元 2022 年规范净利润不低于 8 000 万元 2023 年规范净利润不低于 9 000 万元
补偿方式	若未达目标，股东肖华兵和卢德俊应对安井食品进行现金补偿，补偿金额为：（承诺净利润 - 实际净利润）×2× 安井食品持股比例；若某年度净利润低于承诺净利润的 60%，安井食品有权解除协议，并要求回购股权	若任一年度实际规范净利润低于业绩承诺金额的 80%，原股东肖华兵和卢德俊需向安井食品支付业绩补偿款，金额为：（该年度业绩承诺金额 - 实际规范净利润）×2，支付补偿款后视为达成该年度相应业绩承诺；业绩承诺期满时，累计实现的规范净利润总和未达 24 300 万元，同样需支付相应业绩补偿款，金额为：（24 300 万元 - 业绩承诺期间标的公司累计实现的规范净利润总和）×2

2018 年的首次业绩对赌，为安井食品的初次投资提供了保障，促使新宏业管理层全力提升业绩，推动企业在发展初期稳健前行。从实际效果来看，新宏业在 2018 ～ 2020 年营业收入逐年增加，整体业绩表现良好，一定程度上体现了业绩对赌的激励作用。

2021 年并购时，随着安井食品对新宏业控股比例大幅提升，其对新宏业未来业绩增长的期望也更高，业绩对赌条款也更为严格。这给肖华兵带来了巨大压力，促使其充分调动在行业内积累的经验与资源，积极助力新宏业管理团队提升业绩。一旦新宏业未能达成这些目标，肖华兵和卢德俊需向安井食品支付高额业绩补偿款，这无疑会对其个人财务状况产生重大影响。

然而，业绩对赌协议中也蕴含着积极的激励因素。若业绩超额完成，则新宏业将以其自有资金，通过薪资的形式，给予经安井食品事先确认的新宏业管理团队一定的现金超额奖励。肖华兵作为原股东及对企业发展有重要影响力的人物，虽然奖励并非直接给予其个人，但企业因业绩出色而提升的市场地位和品牌价值，对其个人财富增长以及在行业内的声誉积累都将产生积极影响。新宏业在市场中地位的提升，将直接推动公司价值攀升，肖华兵手中剩余的股权价值也将随之水涨船高，为其带来可观的经济收益。同时，在行业内，成功达成对赌目标将彰显肖华兵在企业运营管理方面的能力与贡献，进一步巩固其行业地位与声誉。

（c）**竞业限制**。2021年签署的并购协议中的竞业限制条款，对肖华兵及其关系密切的家庭成员的商业活动形成了显著约束。相关内容如下：

除乙方1（肖华兵）之子肖晓、肖尧及配偶朱友秀仍可从事鲜活小龙虾收购业务外，乙方1（肖华兵）及其关系密切的家庭成员、乙方2（卢德俊）及其关系密切的家庭成员存在为期8年的竞业限制。

肖华兵在新宏业发展过程中积累了丰富的资源与广泛的渠道，该条款限制了其在熟悉行业内进一步拓展商业版图的空间。然而，从战略协同的角度审视，该竞业限制条款对于安井食品整合新宏业具有重要意义。安井食品通过此条款，有效规避了新宏业被收购后面临原股东竞争威胁的风险，得以有条不紊地对新宏业进行业务整合与战略布局。长远来看，若新宏业在安井食品的资源注入与战略引领下实现持续发展壮大，肖华兵手中剩余的股权价值有望得到提升。

（d）**换股并购**。在安井食品对新宏业的收购进程里，换股并购这一举措别具深意。安井食品的公告披露：

根据协议，乙方 1（肖华兵）需以不低于人民币 3.5 亿元的股权转让款购买甲方（安井食品）股票，且该等股票将自购入之日起锁定。根据业绩承诺达成情况，该等股票将分三期逐步解锁。

从肖华兵角度看，这意味着其利益与安井食品更为紧密相连。当安井食品经营良好、股价上升时，肖华兵所持有的股票价值随之提升，财富实现增值；反之，若安井食品业绩不佳，股价下跌，肖华兵也将遭受损失。这种利益捆绑促使肖华兵为了自身财富的增加，积极助力新宏业达成业绩目标，推动新宏业与安井食品在业务、管理等方面的协同融合。

对于安井食品而言，通过换股并购，能够提升肖华兵对公司发展的参与度和责任感。肖华兵基于对自身利益的考量，会更加主动地分享行业资源和经验，为安井食品在小龙虾等业务领域的拓展出谋划策。这不仅有助于安井食品完善产业链布局，还能提升其在食品行业的综合竞争力，从而实现双方在资本与业务层面的深度绑定与共同发展。

新宏业作为被并购型企业的典型代表，其发展历程为同类企业带来了诸多启示。从老宏业的资产重组，到安井食品先后参股、控股，新宏业的股权架构与业务运营都发生了重大变化。这警示其他被并购型企业，在面对并购机遇时，务必审慎权衡估值、业绩对赌、竞业限制等关键因素，力求保障自身利益最大化。同时，企业应善于借助并购方的资源优势，积极拓展业务，提升企业价值，在并购浪潮中找准自身定位，将挑战转化为发展机遇，探索出一条稳健的发展路径，为行业内其他被并购型企业提供宝贵经验。

解码 21 个核心持股比例

要控制公司，拥有最高的持股比例肯定是最简单粗暴且最有效的办法。到底股东的持股比例达到多少才可以牢牢地控制公司呢？这首先需要我们了解不同持股比例所代表的含义。为了便于按图索骥，我们将公司分成 4 类：有限公司、非公众股份公司、新三板公司[⊖]和上市公司。

A.1　有限公司

有限公司兼具"人合"和"资合"两种属性。有限公司人合属性体现在：股东是基于股东间的信任而集合在一起，股东间的关系较为紧密；股

⊖　属于非上市公众公司。

东数量有上限，要在 50 个以下[⊖]；《公司法》赋予股东通过公司章程设计治理规则的空间很大；股东对外转让股权有一定的限制。一言以蔽之，有限公司的股东结构更具有闭合性的特点。表 A-1 列示了有限公司股东常见持股比例[⊜]所代表的含义。以下我们将对这些持股比例进行解析。

表 A-1　有限公司股东持股比例含义

持股比例	含义	详解
34%	股东捣蛋线	对股东会的 7 类事项决策拥有一票否决权
51%	绝对控股线	除 7 类事项外，拥有决策权
67%	完美控制线	对股东会所有决策，均有一票通过权
20%	重大影响线	法人股东需用"权益法"对该投资进行会计核算
10%	申请解散线	拥有向法院申请公司解散的权利
	临时股东会会议召集线	拥有提议召开临时股东会会议的权利

A.1.1　股东捣蛋线（34%）[⊜]

以下这个案例改编自 2005 年我做律师时代理过的一个诉讼案件（已隐去商业机密及个人隐私）。

【例 A-1】

有三个好兄弟，我们姑且称其为熊三、牛四和马五。他们曾在 2002 年一起注册了一家公司，注册资本 100 万元。在成立之初分配股权时，三人的计划是"三分天下"，每人持股 1/3。但工商注册持股比例需要以百分数表示，1/3 不方便登记，于是熊三提出自己出资 34 万元，持股比例为 34%；牛四和马五各出资 33 万元，持股比例各为 33%。当时牛四和马五并未多想，因为 33% 和 34% 只相差 1% 且均未达到 51% 的绝对控股。公司运营两年后，熊三与牛四、马五的经营理念不合，发生诸多冲突，牛四和马五

⊖　见《公司法》第四十二条。

⊜　本章中的持股比例均包括表决权比例。

⊜　见《公司法》第六十六条。

便合议谋划撤销熊三的董事长和法定代表人身份。但二人发现，如果更换董事长必须先修改公司章程，而按《公司法》的规定，修改公司章程应当经代表 2/3 以上表决权的股东通过，也就是说，如果熊三不同意修改公司章程，更换董事长的决议将永远无法通过。

所以，我们称 34% 的持股比例为股东捣蛋线。如果你作为股东无法达到 51% 的持股比例，至少应该争取 34% 的持股比例，因为这个比例使股东至少拥有 7 项 "捣蛋" 的权利：修改公司章程、增加注册资本、减少注册资本、公司合并、公司分立、公司解散、变更公司形式。

A.1.2　绝对控股线（51%）[⊖]

51% 的持股比例被称为绝对控股线。很多人会受到 "绝对" 二字的误导，以为股东持股 51% 就可以拥有绝对话语权，在公司里呼风唤雨。但事实上，"绝对控股" 仅是相对于 "相对控股" 的一个概念。根据《公司法》的规定，持股比例虽然低于 50%，但所享有的表决权足以对股东会决议产生重大影响的股东也被称为 "控股股东"[⊖]，这种股东通常被称为 "相对控股" 股东。股东切记，即使拥有 51% 的持股比例，但未达到 67%，有 7 个事项也是无法独立决策的，分别为修改公司章程、增加注册资本、减少注册资本、公司合并、公司分立、公司解散、变更公司形式。

A.1.3　完美控制线（67%）[⊜]

除非公司章程另有约定，否则股东拥有公司 67% 的持股比例，才会拥

⊖ 见《公司法》第二百六十五条。
⊖ 根据《公司法》第二百六十五条第（二）项的规定，控股股东，是指其出资额占有限责任公司资本总额超过百分之五十或者其持有的股份占股份有限公司股本总额超过百分之五十的股东；出资额或者持有股份的比例虽然低于百分之五十，但依其出资额或者持有的股份所享有的表决权已足以对股东会的决议产生重大影响的股东。
⊜ 见《公司法》第六十六条，67% 为《公司法》中 "三分之二" 四舍五入的结果。

有最完整的控制权，因此我们称 67% 为完美控制线。

A.1.4　重大影响线（20%）[一]

根据《企业会计准则》的规定，当股东持股比例超过 20% 但低于 50% 时，通常被认为对被投资公司有重大影响。投资方一旦对被投资公司有重大影响[二]，就将被要求以"权益法"对投资进行会计核算[三]。以"权益法"或"成本法"进行会计核算，对投资方会产生哪些影响呢？采用成本法和权益法核算的差异对比，如表 A-2 所示。

表 A-2　采用成本法和权益法核算的差异对比表

被投资公司财务状况		投资公司会计处理	
		成本法	权益法
被投资公司盈利	未宣告分派利润	投资公司不确认投资收益，不影响账面利润	投资公司确认投资收益，影响账面利润
	宣告分派利润	投资公司确认投资收益，影响账面利润	投资公司不确认投资收益，不影响账面利润
被投资公司亏损		投资公司不确认投资亏损，不影响账面利润	投资公司确认投资亏损，影响账面利润

A.1.5　申请解散线（10%）[四]

2010 年，我曾经在兰州处理过一个关于股权纠纷的咨询。

[一] 见《企业会计准则第 2 号——长期股权投资》第二条、第七条、第九条，应用指南第二条。

[二] 重大影响，是指投资方对被投资单位的财务和经营政策有参与决策的权力，但并不能够控制或者与其他方一起共同控制这些政策的制定。

[三] 根据企业会计准则，投资方能够对被投资单位施加重大影响的，被投资单位为其联营企业。投资方对联营企业和合营企业的长期股权投资，应当采用权益法核算。

[四] 见《公司法》第二百三十一条、《最高人民法院关于适用〈中华人民共和国公司法〉若干问题的规定（二）》第一条。

【例 A-2】

张老板、李老板、王老板 3 名股东合资成立了一家污水处理公司，三方的持股比例分别为 51%、41%、8%。该公司盈利状况一直良好且稳定。但在运营过程中，张老板和李老板产生了矛盾，由于财务部里会计是张老板委派的，出纳是李老板委派的，股东间的斗争直接导致财务部"硝烟弥漫"，进而财务系统失灵。大股东和二股东彼此相持不下。三股东王老板调停失败，只能眼睁睁地看着公司运营瘫痪，心急如焚。这种情况在合资经营的公司中屡见不鲜，法律界称之为"股东僵局"。为了打破股东僵局，《公司法》赋予了部分股东应对手段——单独或合计持有公司 10% 以上表决权的股东，可以去法院立案申请公司解散，以防止公司损失进一步扩大。但可惜的是，王老板的持股比例仅为 8%，持有的表决权也未达到 10%，不仅没有资格申请召开临时股东会会议，连申请法院解散公司的资格都没有。所以，作为实业投资人，尤其是参与公司运营的投资人，建议拥有表决权的比例尽量不要低于 10%。

A.1.6　临时股东会会议召集线（10%）[⊖]

代表 10% 以上表决权的股东、1/3 以上的董事或者监事会提议召开临时会议的，应当召开临时会议。

A.2　非公众股份公司

股份公司是纯粹的"资合公司"，在股份公司里，资本起着决定性作用，公司的资本越雄厚，其信用越好。股东个人的声望、信用与公司信用无关。"资合公司"以出资为条件，强调资本的结合。所以，如果股份公司

⊖　见《公司法》第六十二条。

的章程无特殊约定，股份公司的股份转让没有限制。有限公司改制为股份公司，代表着公司将由闭合型股权架构迈向开放型股权架构。表 A-3 列示了非公众股份公司股东常见持股比例所代表的含义。

表 A-3　非公众股份公司股东持股比例含义

持股比例	含义	详解
1%	股东代表诉讼线	当董事、高级管理人员侵害公司利益时，有权提起诉讼
	股东提案资格线	有权提交股东会议案
10%	申请公司解散线	拥有向法院申请公司解散的权利
	股东会会议召集线	拥有请求召集股东会会议的权利
	临时股东会会议召集线	拥有请求召集临时股东会会议的权利
67%	类别股股东完美控制线	在类别股股东会会议上，对 7 类事项拥有一票通过权

A.2.1　股东代表诉讼线（1%）[⊖]

2004 年 6 月，北京红石实业有限责任公司的三位小股东汪钢、谢光学和姚军，以潘石屹侵害公司财产为由将其告上法庭，索赔 1.05 亿元。三位原告在诉状中称潘石屹在他们不知情的情况下，将原北京红石实业有限责任公司拥有的 SOHO 现代城、建外 SOHO 的相关权益非法转让到了潘氏夫妇持有的 SOHO 中国名下，严重侵害了中小股东们的利益。[⊖]由于潘石屹是知名企业家，该案受到了法学家和企业界的关注。该案直接推动了《公司法》于 2005 年修改时引进股东代表诉讼制度，当公司利益受到侵害时，在公司拒绝或者怠于行使诉讼权的情况下，股东可以为了公司的利益而以自己的名义直接向人民法院提起诉讼。在实践中，大股东操纵董事、高级

⊖　见《公司法》第一百八十八条、第一百八十九条。
⊜　李领臣，赵勇.论股东代表诉讼的和解——以对公司和其他股东之效力为中心 [J].云南大学学报（法学版），2010（2）：8。

管理人员损害公司利益以及公司中小股东利益的情况时有发生，赋予股东提起代表诉讼的权利，具有重要的实际意义。但需要注意的是，提起股东代表诉讼有前置性条件，只有有限责任公司的股东以及股份有限公司连续 180 日以上单独或者合计持有公司 1% 以上股份的股东，才有资格提起股东代表诉讼。

A.2.2　股东提案资格线（1%）[⊖]

根据《公司法》的规定，在股份有限公司中，只有单独或者合计持有公司 1% 以上股份的股东，才可以在股东会会议召开 10 日前提出临时提案并书面提交董事会。

A.2.3　申请公司解散线（10%）[⊜]

公司经营管理发生严重困难，继续存续会使股东利益受到重大损失，通过其他途径不能解决的，持有公司 10% 以上表决权的股东，可以请求人民法院解散公司，具体解析见第 A.1.5 节内容。

A.2.4　股东会会议召集线（10%）[⊝]

在股份公司中，股东会是公司的权力机构，它是通过召开会议的形式来行使自己的权力的。股东会会议依其召开时间的不同，分为股东会年会和临时股东会会议。由于股份公司通常股东人数较多，不可能经常召开股东会会议，因此《公司法》规定股东会应当每年召开一次年会，决定公司一年中的重大事项。股东会年会何时召开、审议哪些事项，由公司章程规

⊖ 见《公司法》第一百一十五条。
⊜ 见《公司法》第二百三十一条。
⊝ 见《公司法》第一百一十四条。

定。公司章程还可以规定一年中多次召开股东会定期会议。

在股份公司中，董事会、监事会均不能履行或者不履行召集股东会会议职责的，连续 90 日以上单独或者合计持有公司 10% 以上股份的股东可以自行召集和主持股东会会议。

A.2.5　临时股东会会议召集线（10%）[⊖]

在两次股东会年会期间，公司可能出现一些特殊情况，需要由股东会审议决定某些重大事项，因而有必要召开临时股东会会议。临时股东会会议与股东会年会的区别在于：二者的召集程序不同，审议的事项也有区别。单独或者合计持有公司 10% 以上股份的股东请求时，公司应当在两个月内召开临时股东会会议。

A.2.6　类别股股东完美控制线（67%）[⊜]

公司发生修改公司章程、增加注册资本、减少注册资本、公司合并、公司分立、公司解散、变更公司形式等 7 类事项时，如果公司发行了类别股，除经股东会决议外，还应当经出席类别股股东会议的股东所持表决权的 2/3 以上通过。

A.3　新三板公司

新三板，即全国中小企业股份转让系统，是经国务院批准设立的全国性证券交易场所。股份公司在新三板挂牌后，股东可以通过做市转让方式和集合竞价转让方式将股票转让给合格投资者[⊜]。通过新三板挂牌，股东结

⊖　见《公司法》第一百一十三条。
⊜　见《公司法》第一百一十六条、第一百四十六条。
⊜　见《全国中小企业股份转让系统投资者适当性管理办法》第四、五、六条。

构更具开放性，股票的流动性也较挂牌前有所提高。表 A-4 列示了新三板公司股东常见持股比例所代表的含义。

表 A-4 新三板公司股东持股比例含义

持股比例	含义	详解
67%	重大重组通过线	重大资产重组必须经出席会议的股东所持表决权的 2/3 以上通过
30%	实际控制认定线	实际支配挂牌公司股份表决权超过 30% 被认定为拥有挂牌公司的控制权
10%	权益变动报告线	投资人拥有权益的股份达已发行股份的 10%，需编制并披露权益变动报告书
5%	重要股东判断线	权益受限要披露；拥有权益增减幅达 5% 要披露；自愿要约收购，约定比例不低于 5%；外资比例超过 5% 要报告

A.3.1 重大重组通过线（67%）[⊖]

为了保护新三板公司小股东的利益，《非上市公众公司重大资产重组管理办法》规定，股东会就重大资产重组事项做出的决议，必须经出席会议的股东所持表决权的三分之二以上通过。新三板公司重大资产重组是指公众公司及其控股或者控制的公司在日常经营活动之外购买、出售资产或者通过其他方式进行资产交易，导致公众公司的业务、资产发生重大变化的资产交易行为。新三板公司及其控股或者控制的公司购买、出售资产，达到下列标准之一的，构成重大资产重组：

（一）购买、出售的资产总额占公众公司最近一个会计年度经审计的合并财务会计报表期末资产总额的比例达到百分之五十以上；

（二）购买、出售的资产净额占公众公司最近一个会计年度经审计的合

⊖ 见《非上市公众公司重大资产重组管理办法》第二条、第十六条。

并财务会计报表期末净资产额的比例达到百分之五十以上，且购买、出售
的资产总额占公众公司最近一个会计年度经审计的合并财务会计报表期末
资产总额的比例达到百分之三十以上。

A.3.2　实际控制认定线（30%）[⊖]

根据《全国中小企业股份转让系统挂牌公司信息披露规则》的规定，
当实际支配新三板公司股份表决权超过 30%，将被认定为拥有新三板挂牌
公司的控制权。

A.3.3　权益变动报告线（10%）[⊜]

如果投资者及其一致行动人通过做市方式、竞价方式、协议方式拥有
权益的股份达到新三板公司已发行股份的 10%，应当在该事实发生之日起
2 日内编制并披露权益变动报告书，报送全国中小企业股份转让系统，同
时通知该新三板公司；自该事实发生之日起至披露后 2 日内，不得再行买
卖该新三板公司的股票。

A.3.4　重要股东判断线（5%）[⊝]

在对新三板公司进行监管的法规中，5% 的持股份额是一个很重要的
比例，持股比例达到 5% 以上的股东我们称之为"重要股东"。之所以"重
要"，有以下几个原因：

（a）股份受限要披露。新三板挂牌公司任一股东所持公司 5% 以上股份

⊖　见《全国中小企业股份转让系统挂牌公司信息披露规则》第六十八条。
⊜　见《非上市公众公司收购管理办法》第十三条、第十六条。
⊝　见《全国中小企业股份转让系统挂牌公司信息披露规则》第五十条、《非上市公众公司收购
　　管理办法》第十三条和第二十二条、《外商投资信息报告办法》第十一条。

被质押、冻结、司法拍卖、托管、设定信托或者被依法限制表决权的，应
当及时通知公司并予以披露。

（b）增加或减少 5% 要披露。投资者及其一致行动人拥有权益的股份达
到公众公司已发行股份的 10% 后，其拥有权益的股份占该公众公司已发行
股份的比例每增加或者减少 5%（即其拥有权益的股份每达到 5% 的整数倍
时），应当进行披露。自该事实发生之日起至披露后 2 日内，不得再行买卖
该公众公司的股票。

（c）自愿要约收购比例下限。收购人自愿以要约方式收购新三板挂
牌公司股份的，其预定收购的股份比例不得低于该公众公司已发行股份
的 5%。

（d）外资比超过 5% 要报告。外商投资的上市公司及在全国中小企业股
份转让系统挂牌的公司，可仅在外国投资者持股比例变化累计超过 5% 或
者引起外方控股、相对控股地位发生变化时，报告投资者及其所持股份变
更信息。

A.4　上市公司

上市公司是指其股票在证券交易所上市交易的股份有限公司。我国大
陆的证券交易所包括深圳证券交易所、上海证券交易所和北京证券交易所。
国际知名证券交易所有：纽约证券交易所（NYSE）、香港交易所（HKEX）、
纳斯达克（NASDAQ）、伦敦证券交易所（LSE）等。本节主要讨论 A 股上
市公司。从投资端角度来看，由于投资上市公司股票的门槛很低，所以投
资者众多。从融资端角度来看，企业 IPO 的门槛较高，上市公司相对比较
优质。所以，上市公司的股票流动性要远远好于新三板公司。表 A-5 列示
了上市公司股东常见持股比例所代表的含义。

表 A-5　上市公司股东持股比例含义

持股比例	含义	详解
67%	重大重组、担保通过线	重大重组、重大担保需经出席会议的股东所持表决权的 2/3 以上通过
	股权激励通过线	股权激励需经出席会议的股东所持表决权的 2/3 以上通过
	科创板 AB 股通过线	设置表决权差异安排的，需经出席会议的股东所持表决权的 2/3 以上通过
30%	实际控制认定线	投资者可以实际支配上市公司股份表决权超过 30%，为拥有控制权
	要约收购触碰线	收购人持有已发行股份的 30%，继续增持股份的，应采取要约方式进行
25%	首发公众股比线	首次公开发行的股份达到公司股份总数的 25% 以上
20%	权益变动报告线	拥有股份达到或超过 20%，需披露详式权益变动报告书
	科创板激励上限	科创板上市公司股权激励总量不能超过公司总股本的 20%
10%	股权激励总量控制线	股权激励所涉及的标的股票总数累计不超过公司股本总额的 10%
	股份回购上限	回购本公司股份的，公司合计持有的本公司股份数不得超过已发行股份的 10%
	股本超 4 亿元首发公众股比例线	首发上市时股本超 4 亿首发公众股比为 10% 以上
	特别表决权股东限制线	特别表决权股东拥有权益的股份应达到 10% 以上
	科创板临时股东大会提议线	科创板持股 10% 以上股东有权提议召开临时股东大会
	科创板非公众股界定线	社会公众股不包括持有上市公司 10% 以上股份的股东
5%	关联方认定线	持股 5% 以上的股东被认定为关联方
	内幕知情人认定线	持股 5% 以上的股东为证券交易内幕信息知情人
	股东减持披露线	持股 5% 以上股东通过集中竞价交易、大宗交易方式减持需预披露
	禁止减持线	股票收盘价低于发行价格的，上市公司无控股股东、实际控制人的，持股 5% 以上的第一大股东及其一致行动人不得通过证券交易所集中竞价交易或大宗交易方式减持股份

（续）

持股比例	含义	详解
5%	股份受限披露线	股东所持公司 5% 以上股份被质押、冻结、司法拍卖、托管、设定信托或者被依法限制表决权等，或者出现被强制过户风险，应披露
	发生较大变化披露线	持股 5% 以上的股东持有股份的情况发生较大变化应披露
	关联信息报告线	持股 5% 以上的股东应当报送关联人名单及关联关系说明
	接受委托或信托股东披露线	通过接受委托或者信托等方式持股 5% 以上的股东应披露
	非科创板激励控制线	持股 5% 以上的股东不能成为非科创板上市公司股权激励对象
	科创板激励对象持股线	持股 5% 以上的股东可以成为科创板上市公司股权激励对象
	科创板契约型股东披露线	科创板持股 5% 以上的契约型股东应披露支配股份表决权主体
	科创板股份质押披露线	科创板持股 5% 以上股东质押股份应披露
	举牌红线	持股 5% 时将触碰举牌红线并需要报告
	禁止短线交易线	持股 5% 以上的股东禁止短线交易
	外资报告线	外国投资者持股比例变化累计超过 5% 需报告
	外资战略投资比例线	外国投资者收购的股份比例不得低于上市公司已发行股份的 5%
	股权激励表决不单独披露线	上市公司股权激励表决时，5% 以上股东不单独披露
3%	科创板提出股东大会议案线	科创板持股 3% 以上股东有权提出股东大会议案
2%	大股东大宗交易减持限制线	大股东以大宗交易方式减持时，3 个月内减持不得超过公司股份总数的 2%
	科创板大股东减持限制线	亏损企业上市的，实现盈利前 3 年大股东不得减持首发前股份，第 4 年和第 5 年大股东每年减持首发前股份不得超过公司股份总数的 2%
1%	独立董事提议线	持股 1% 以上的股东可以提出独立董事候选人
	单个对象股权激励上限	任一激励对象累计获授股票不超过股份总数的 1%
	大股东集中竞价减持线	大股东 3 个月内集中竞价减持不超过公司股份总数的 1%

A.4.1　重大事项通过线（67%）

1. 重大重组、担保通过线[⊖]

上市公司在一年内购买、出售重大资产或者向他人提供担保的金额超过公司资产总额 30% 的，应当由股东会做出决议，并经出席会议的股东所持表决权的 2/3 以上通过。

2. 股权激励通过线[⊜]

股东大会应当对股权激励计划内容进行表决，并经出席会议的股东所持表决权的 2/3 以上通过。

3. 科创板 AB 股通过线[⊜]

公司首次公开发行并上市前设置表决权差异安排的，应当经出席股东大会的股东所持 2/3 以上的表决权通过。

A.4.2　实际控制认定线（30%）[⊗]

上市公司在发生重大事项时，应当由股东大会做出决议，并经出席会议的股东所持表决权的 2/3 以上通过。由于企业申请 A 股上市，需公开发行的股份达到公司股份总数的 25% 以上（见第 A.4.4 节），因此理论上，实际控制人要想在公司上市后拥有 67% 的表决权，在上市前需拥有接近 90%^⑤的表决权。但是由于上市公司的投资者多数为财务投资人，他们通

⊖　见《公司法》第一百三十五条、《上海证券交易所科创板股票上市规则》第 7.1.16 条。

⊜　见《上市公司股权激励管理办法》第四十一条。

⊜　见《上海证券交易所科创板股票上市规则》第 4.5.2 条。

⊗　见《上市公司收购管理办法》第八十四条。

⑤　67%/（1−25%）≈ 89.33%。

常不会出席股东大会行使表决权，而是通过买卖股票（即"用脚投票"）[⊖]，所以在实务中，大股东想控制上市公司并不需要拥有 67% 这么高的持股比例。当大股东可以实际支配上市公司股份表决权超过 30% 时，将被中国证监会认定为"拥有上市公司控制权"。

A.4.3　要约收购触碰线（30%）[⊜]

通过证券交易所的证券交易，收购人持有一个上市公司的股份达到该公司已发行股份的 30% 时，继续增持股份的，应当采取要约[⊜]方式进行，发出全面要约或者部分要约。以要约方式收购上市公司股份的，收购人应当编制要约收购报告书，聘请财务顾问，通知被收购公司，同时对要约收购报告书摘要做出提示性公告。

A.4.4　首发公众股比线（25%）[⊗]

企业申请 A 股主板上市，发行后股本总额不少于人民币 5 000 万元，而且公开发行的股份需要达到公司股份总数的 25% 以上（例外情况为公司股本总额超过人民币 4 亿元的，公开发行股份的比例为 10% 以上）。

企业申请 A 股科创板、创业板上市，发行后股本总额不少于人民币

⊖ "用脚投票"一词来源于股市，是"用手投票"的反义词。"用手投票"是指投资者以其投入资本的比重，参与公司的利润分配，享有所有者权益，并以其股权比重，通过公司股东会、董事会，参与公司的重要决策，其中包括选择经理层。反之，投资者还拥有另一种选择权，即卖掉其持有的公司股票，被称为"用脚投票"。

⊜ 见《上市公司收购管理办法》第二十四条、第二十八条。

⊜ 要约收购是指收购人向被收购的上市公司发出收购的公告，待被收购上市公司确认后，方可进行收购。这是各国证券市场最主要的收购形式，通过公开向全体股东发出要约，达到控制目标公司的目的。

⊗ 见《上海证券交易所股票上市规则》第 3.1.1 条、《深圳证券交易所股票上市规则》第 3.1.1 条、《上海证券交易所科创板股票上市规则》第 2.1.1 条、《深圳证券交易所创业板股票上市规则》第 2.1.1 条。

3 000 万元，而且公开发行的股份需要达到公司股份总数的 25% 以上（例外情况为公司股本总额超过人民币 4 亿元的，公开发行股份的比例为 10% 以上）。

A.4.5 权益变动报告线（20%）[⊖]

投资者及其一致行动人拥有权益的股份达到或者超过一个上市公司已发行股份的 20% 但未超过 30% 的，应当编制详式权益变动报告书并进行披露。

A.4.6 科创板激励上限（20%）[⊜]

科创板上市公司全部在有效期内的股权激励计划所涉及的标的股票总数，累计不得超过公司总股本的 20%。

科创板主要服务于符合国家战略、突破关键核心技术、市场认可度高的科技创新企业，重点支持新一代信息技术、高端装备、新材料、新能源、节能环保、生物医药等高新技术产业和战略性新兴产业。对这些产业，科创板给予了更包容的上市条件，而且对上市后股权激励的限制也给予了放宽。比如，科创板上市公司授予激励对象限制性股票的价格，允许低于市场参考价的 50%，而在《上市公司股权激励管理办法》中，上市公司在授予激励对象限制性股票时，授予价格原则上不得低于下列价格较高者：①股权激励计划草案公布前 1 个交易日的公司股票交易均价的 50%；②股权激励计划草案公布前 20 个交易日、60 个交易日或者 120 个交易日的公司股票交易均价之一的 50%。又如，科创板上市公司全部在有效期内的股权激励计划所涉及的标的股票总数，累计不得超过公司总股本的 20%，而

⊖ 见《上市公司收购管理办法》第十七条。
⊜ 见《科创板上市公司持续监管办法（试行）》第二十五条。

其他上市公司的比例不得超过 10%。

A.4.7　激励总量控制线及其他（10%）

1. 股权激励总量控制线[⊖]

除科创板上市公司外，上市公司全部在有效期内的股权激励计划所涉及的标的股票总数累计不得超过公司股本总额的 10%。

2. 股份回购上限[⊜]

当公司因 3 种情形（包括：①将股份用于员工持股计划或者股权激励；②将股份用于转换公司发行的可转换为股票的公司债券；③上市公司为维护公司价值及股东权益所必需）回购本公司股份的，公司合计持有的本公司股份数不得超过本公司已发行股份总数的 10%，并应当在 3 年内转让或者注销。

3. 股本超 4 亿元首发公众股比例线[⊜]

股份有限公司申请股票上市，如果公司股本总额超过人民币 4 亿元，公开发行股份的比例为 10% 以上。

4. 特别表决权股东限制线[⊜]

科创板上市公司如果实行 AB 股制度，特别表决权股东在上市公司中拥有权益的股份合计应当达到公司全部已发行有表决权股份 10% 以上。

㊀　见《上市公司股权激励管理办法》第十四条。
㊁　见《公司法》第一百六十二条。
㊂　见《中华人民共和国证券法》第四十七条、《上海证券交易所股票上市规则》第 3.1.1 条、《深圳证券交易所股票上市规则》第 3.1.1 条、《上海证券交易所科创板股票上市规则》第 2.1.1 条、《深圳证券交易所创业板股票上市规则》第 2.1.1 条。
㊃　见《上海证券交易所科创板股票上市规则》第 4.5.3 条。

5. 科创板临时股东大会提议线⊖

科创板上市公司应当保证普通表决权比例不低于 10%；单独或者合计持有公司 10% 以上已发行有表决权股份的股东有权提议召开临时股东大会。

6. 科创板非公众股界定线⊜

科创板较之主板、创业板有着更为严格的退市制度。当股权分布不具备上市条件，则公司需要退市。具体而言，如果社会公众股东持有的股份连续 20 个交易日低于公司总股本的 25%（公司股本总额超过人民币 4 亿元的，低于公司总股本的 10%），属于股权分布不具备上市条件。上述社会公众股东不包括持有上市公司 10% 以上股份的股东及其一致行动人，以及上市公司的董事、监事、高级管理人员及其关联人。

A.4.8 重要股东判断线（5%）

无论是拟上市公司还是上市公司，5% 的持股份额都是一个很重要的比例，持股比例达到 5% 以上的股东，我们称为"重要股东"。之所以"重要"，有以下几个原因。

1. 关联方认定线⊜

根据上市规则，持有上市公司 5% 以上股份的法人（或者其他组织）及其一致行动人是上市公司的关联法人（或者其他组织）；直接或者间接持有上市公司 5% 以上股份的自然人是上市公司的关联自然人。

⊖ 见《上海证券交易所科创板股票上市规则》第 4.5.7 条。
⊜ 见《上海证券交易所科创板股票上市规则》第 15.1 条。
⊜ 见《上海证券交易所股票上市规则》第 6.3.3 条、《上海证券交易所科创板股票上市规则》第 15.1 条、《深圳证券交易所股票上市规则》第 6.3.3 条、《深圳证券交易所创业板股票上市规则》第 7.2.3 条、第 7.2.5 条。

2. 内幕知情人认定线[⊖]

持有公司 5% 以上股份的股东是证券交易内幕信息的知情人。根据《刑法》规定，如果该内幕信息知情人在涉及证券的发行，证券、期货交易或者其他对证券、期货交易价格有重大影响的信息尚未公开前，买入或者卖出该证券，或者从事与该内幕信息有关的期货交易，或者泄露该信息，或者明示、暗示他人从事上述交易活动，将涉及刑事责任。

3. 股东减持披露线[⊜]

在《上市公司股东减持股份管理暂行办法》中，上市公司实际控制人和持股 5% 以上的股东并称为大股东。上市公司大股东计划通过证券交易所集中竞价交易或者大宗交易方式减持股份的，应当在首次卖出前 15 个交易日向证券交易所报告并披露减持计划。

4. 禁止减持线[⊜]

最近 20 个交易日中，任一日股票收盘价（向后复权）低于首次公开发行时的股票发行价格的，上市公司在首次公开发行时披露无控股股东、实际控制人的，首次公开发行时持股 5% 以上的第一大股东及其一致行动人不得通过证券交易所集中竞价交易或者大宗交易方式减持股份（已按规定披露减持计划，或中国证监会另有规定除外）。在不具有相关身份后，仍应当继续遵守该规定。

5. 股份受限披露线^⓪

法院裁决禁止控股股东转让其所持股份，任一股东所持公司 5% 以上

⊖ 见《中华人民共和国证券法》第五十一条、《中华人民共和国刑法》（简称《刑法》）第一百八十条。

⊜ 见《上市公司股东减持股份管理暂行办法》第二条、第九条。

⊜ 见《上市公司股东减持股份管理暂行办法》第十一条。

⓪ 见《上市公司信息披露管理办法》第四十条。

股份被质押、冻结、司法拍卖、托管、设定信托或者被依法限制表决权等，或者出现被强制过户风险，应当主动告知上市公司董事会，并配合上市公司履行信息披露义务。

6. 发生较大变化披露线[○]

持股 5% 以上的股东或者实际控制人持有股份或者控制公司的情况发生较大变化，应当主动告知上市公司董事会，并配合上市公司履行信息披露义务。

7. 关联信息报告线[○]

持股 5% 以上的股东及其一致行动人应当及时向上市公司董事会报送上市公司关联人名单及关联关系的说明。上市公司应当履行关联交易的审议程序，并严格执行关联交易回避表决制度。

8. 接受委托或信托股东披露线[○]

通过接受委托或者信托等方式持股 5% 以上的股东或者实际控制人，应当及时将委托人情况告知上市公司，配合上市公司履行信息披露义务。

9. 非科创板激励控制线[○]

除科创板外的上市公司（主板、创业板）进行股权激励时，单独或合计持有上市公司 5% 以上股份的股东或实际控制人及其配偶、父母、子女，不得成为激励对象。

10. 科创板激励对象持股线[○]

与主板、创业板不同，科创板上市公司单独或合计持有上市公司 5%

㊀ 见《上市公司信息披露管理办法》第四十条。
㊁ 见《上市公司信息披露管理办法》第四十二条。
㊂ 见《上市公司信息披露管理办法》第四十三条。
㊃ 见《上市公司股权激励管理办法》第八条。
㊄ 见《科创板上市公司持续监管办法（试行）》第二十二条、《上海证券交易所科创板股票上市规则》第 10.4 条。

以上股份的股东、实际控制人及其配偶、父母、子女以及上市公司外籍员工，在上市公司担任董事、高级管理人员、核心技术人员或者核心业务人员的，可以成为激励对象。

11. 科创板契约型股东披露线[⊖]

持有科创板上市公司 5% 以上股份的契约型股东[⊜]，应当在权益变动文件中披露支配股份表决权的主体，以及该主体与上市公司控股股东、实际控制人是否存在关联关系。契约型股东成为上市公司控股股东、第一大股东或者实际控制人的，除应当履行前述规定义务外，还应当在权益变动文件中穿透披露至最终投资者。

12. 科创板股份质押披露线[⊜]

科创板上市公司持股 5% 以上股东质押股份，应当在 2 个交易日内通知上市公司，并披露本次质押股份数量、累计质押股份数量以及占公司总股本比例。

13. 举牌红线[⊗]

为保护中小投资者利益，防止机构大户操纵股价，《上市公司收购管理办法》规定，投资者及其一致行动人拥有权益的股份达到上市公司已发行股份的 5% 时，应当在该事实发生之日起 3 日内编制权益变动报告书，向中国证监会、证券交易所提交书面报告，通知该上市公司，并予公告；此后，该股东拥有权益的股份占该上市公司已发行股份的比例每增加或者减少 5%，应当依照前述规定进行报告和公告，履行有关法律规定的义务。业

⊖ 见《上海证券交易所科创板股票上市规则》第 4.1.8 条。
⊜ 契约型股东包括：契约型基金、信托计划和资产管理计划。
⊜ 见《上海证券交易所科创板股票上市规则》第 9.2.5 条。
⊗ 见《上市公司收购管理办法》第十三条、第十四条。

内称之为"举牌"。

14. 禁止短线交易线[⊖]

　　股东将持有的股票在买入后 6 个月内卖出，或者在卖出后 6 个月内又买入，该种行为被称为"短线交易"。持有上市公司 5% 以上股份的股东、董事、监事、高级管理人员，禁止短线交易，因短线交易所取得的收益归上市公司所有。

15. 外资报告线[⊖]

　　上市公司及新三板公司，可仅在外国投资者持股比例变化累计超过 5% 或者引起外方控股、相对控股地位发生变化时，报告投资者及其所持股份变更信息。

16. 外资战略投资比例线[⊜]

　　战略投资通过协议转让方式实施的，外国投资者取得的股份比例不得低于该上市公司已发行股份的 5%；战略投资通过要约收购方式实施的，外国投资者预定收购的上市公司股份比例不得低于该上市公司已发行股份的 5%。

17. 股权激励表决不单独披露线[⊗]

　　上市公司股东大会对股权激励计划内容进行表决，并经出席会议的股东所持表决权的 2/3 以上通过。除上市公司董事、监事、高级管理人员、单独或合计持有上市公司 5% 以上股份的股东以外，其他股东的投票情况应当单独统计并予以披露。

⊖ 见《中华人民共和国证券法》第四十四条。
⊖ 见《外商投资信息报告办法》第十一条。
⊜ 见《外国投资者对上市公司战略投资管理办法》第十四条、第十五条。
⊗ 见《上市公司股权激励管理办法》第四十一条。

A.4.9 科创板提出股东大会议案线（3%）[⊖]

科创板上市公司单独或者合计持有公司 3% 以上已发行有表决权股份的股东有权提出股东大会议案。

A.4.10 大股东减持限制线（2%）

1. 大股东大宗交易减持限制线[⊜]

大股东通过大宗交易方式减持股份，或者其他股东通过大宗交易方式减持其持有的公司首次公开发行前发行的股份的，3 个月内减持股份的总数不得超过公司股份总数的 2%。

2. 科创板大股东减持限制线[⊜]

科创板上市公司上市时未盈利的，在公司实现盈利前，控股股东、实际控制人自公司股票上市之日起 3 个完整会计年度内，不得减持首发前股份；自公司股票上市之日起第 4 个会计年度和第 5 个会计年度内，每年减持的首发前股份不得超过公司股份总数的 2%。

A.4.11 独立董事提议线及其他（1%）

1. 独立董事提议线[⊛]

单独或者合计持有上市公司已发行股份 1% 以上的股东可以提出独立董事候选人，并经股东大会选举决定。

⊖ 见《上海证券交易所科创板股票上市规则》第 4.5.7 条。
⊜ 见《上市公司股东减持股份管理暂行办法》第十四条、《上海证券交易所上市公司自律监管指引第 15 号——股东及董事、监事、高级管理人员减持股份》第十三条、《深圳证券交易所上市公司自律监管指引第 18 号——股东及董事、监事、高级管理人员减持股份》第十三条。
⊜ 见《上海证券交易所科创板股票上市规则》第 2.4.3 条。
⊛ 见《上市公司独立董事管理办法》第九条。

2. 单个对象股权激励上限[○]

根据《上市公司股权激励管理办法》的规定，非经股东大会特别决议批准，任何一名激励对象通过全部在有效期内的股权激励计划获授的本公司股票，累计不得超过公司股本总额的 1%。

3. 大股东集中竞价减持线[○]

大股东通过证券交易所集中竞价交易减持股份，或者其他股东通过证券交易所集中竞价交易减持其持有的公司首次公开发行前发行的股份的，3 个月内减持股份的总数不得超过公司股份总数的 1%。

ACKNOWLEDGEMENT
致谢

　　敲完本书最后一个字，恰逢我 46 岁生日，距我提笔写《一本书看透股权架构》第 1 版正好十年。十年间，我从股权咨询师转型为利威品牌创始人，组建团队、打磨产品、复盘模式……亲历创业，让我对股权架构更添敬畏，也更坚定推广这一品类、助力更多创业者的决心。

　　感恩利威股权黄埔会员们，他们皆是全国各地优秀的财税法专业人才。曾几何时，推广"股权架构"新品类、引领行业生态、帮助中国民营企业家，是我深埋心底的梦想。如今因他们同行，这个梦想已化作我们一群人并肩向前的坚定征程。

　　感谢合伙人张苡（麦子姐），我每次出版新书的春节假期，她都无休，帮我校对书稿、润色文字、查缺补漏，让内容更严谨完善；感谢小伙伴们：顾永荣（顾顾）、周佳荣（笑笑）、李晨晨（晨晨）、尚嘉（嘉嘉）、牟鹏（牟牟）、张艳萍（张张）、林晓丽（林子）、李雨慧（雨慧）、付亚楠（南瓜）、程明敏（敏敏）、宋宇婧（宋宋）等，他们让我感受到，除了亲情的"家"，还有事业的"家"。因他们分担公司诸多事务，我才有余力投入新书写作。

感谢挚友乔冰，这位优秀的企业家不仅悉心指导本书定位，更是我创业路上的导师。感谢利威股权黄埔会员程家玮、冀杰、屠惠英、林媛、葛晟谦、张瑶、何珮、张行坤、姚芳帮忙校对书稿，援手之情，铭记于心。

感谢服务过的企业家，是他们的信赖，让我有机会与之共同拥抱股权大时代。他们的经历与梦想，驱使我完成此书，助更多人追逐梦想。

感谢参加过股权架构培训的学员，他们的热情参与和积极反馈，让我不断涌现灵感、完善课程、充实书稿。

感谢父母，古稀之年未得我照料，反倒仍为我的饮食起居操心；感谢爱人，体谅忙碌的我，默默支持包容；感谢女儿，她独立优秀、乖巧懂事，是我工作的动力。

最后，感谢每位读者读完本书，你们的阅读是我持续写作的最大动力。

从始至终，我一直想把书写得既有趣又专业，让外行看得懂、用得上，让内行起共鸣、有收获。但要把专业术语讲得通俗易懂，既费时间，也考验技巧。繁忙的工作和有限的能力常让我难以兼顾，加之本书横跨法律、金融、税务、管理等多学科，虽努力写了删、删了写，但直至出版仍未全然满意。索性把它变成一本永远写不完的书 —— 欢迎搜索添加公众号"利威股权"留言，你们的提问、指正，会让我不断更新内容、补充案例，让每位读者买到的不仅是书，更是终身服务的知识体系。

李利威

2025 年 3 月于上海

会 计 极 速 入 职 晋 级

书号	定价	书名	作者	特点
66560	49	一看就懂的会计入门书	钟小灵	非常简单的会计入门书；丰富的实际应用举例，贴心提示注意事项，大量图解，通俗易懂，一看就会
44258	49	世界上最简单的会计书	[美]穆利斯 等	被读者誉为最真材实料的易懂又有用的会计入门书
77022	69	新手都想看的会计入门书	[日]吉成英纪	独创口诀形式，可以唱读；运用资产负债法有趣讲解，带你在工作和生活中活学活用
71111	59	会计地图：一图掌控企业资金动态	[日]近藤哲朗 等	风靡日本的会计入门书，全面讲解企业的钱是怎么来的，是怎么花掉的，要想实现企业利润最大化，该如何利用会计常识开源和节流
59148	69	管理会计实践	郭永清	总结调查了近1000家企业问卷，教你构建全面管理会计图景，在实务中融会贯通地去应用和实践
69322	59	中小企业税务与会计实务（第2版）	张海涛	厘清常见经济事项的会计和税务处理，对日常工作中容易遇到重点和难点财税事项，结合案例详细阐释
42845	30	财务是个真实的谎言（珍藏版）	钟文庆	被读者誉为最生动易懂的财务书；作者是沃尔沃原财务总监
76947	69	敏捷审计转型与超越	[瑞典]托比·德罗彻	绝佳的敏捷审计转型指南，提供可学习、可借鉴、可落地的系统解决方案
75747	89	全面预算管理：战略落地与计划推进的高效工具	李欣	拉通财务与经营人员的预算共识；数字化提升全面预算执行效能
75945	99	企业内部控制从懂到用（第2版）	冯萌 等	完备的理论框架与丰富的现实案例，展示企业实操经验教训，提出切实解决方案
75748	99	轻松合并财务报表：原理、过程与Excel实战（第2版）	宋明月	87张大型实战图表，教你用EXCEL做好合并报表工作；书中表格和合并报表编制方法可直接用于工作实务
70990	89	合并财务报表落地实操	蔺龙文	深入讲解合并原理、逻辑和实操要点；14个全景式实操案例
77179	169	财务报告与分析：一种国际化视角（第2版）	丁远 等	从财务信息使用者角度解读财务与会计，强调创业者和创新的重要作用
64686	69	500强企业成本核算实务	范晓东	详细的成本核算逻辑和方法，全景展示先进500强企业的成本核算做法
74688	89	优秀FP&A：财务计划与分析从入门到精通	詹世谦	源自黑石等500强企业的实战经验；7个实用财务模型
75482	89	财务数字化：全球领先企业和CFO的经验	[英]米歇尔.哈普特	从工程师、企业家、经济学家三个视角，讨论财务如何推动企业转型的关键杠杆
74137	69	财会面试实用指南：规划、策略与真题	宋明月 等	来自资深面试官的真实经验，大量面试真题
55845	68	内部审计工作法	谭丽丽 等	8家知名企业内部审计部长联手分享，从思维到方法，一手经验，全面展现
72569	59	超简单的选股策略：通过投资于身边的公司获利	爱德华·瑞安	简单易学的投资策略，带你找到对你来说有可能赚钱的股票，避免错过那些事后会后悔没买进的好股票
73601	59	逻辑学的奇妙世界：提升批判性思维和表达能力	[日]野矢茂树	资深哲学教授写作的有趣入门书；适合所有想在工作、学习和生活中变得更有逻辑的人
60448	45	左手外贸右手英语	朱子斌	22年外贸老手，实录外贸成交秘诀，提示你陷阱和套路，告诉你方法和策略，大量范本和实例
70696	69	第一次做生意	丹牛	中小创业者的实战心经；赚到钱、活下去、管好人、走对路，实现从0到亿元营收跨越
70625	69	聪明人的个人成长	[美]史蒂夫·帕弗利纳	全球上亿用户一致践行的成长七原则，护航人生中每一个重要转变

财务知识轻松学

书号	定价	书名	作者	特点
71576	79	IPO 财务透视：注册制下的方法、重点和案例	叶金福	大华会计师事务所合伙人作品，基于辅导 IPO 公司的实务经验，针对 IPO 中最常问询的财务主题，给出明确可操作的财务解决思路
58925	49	从报表看舞弊：财务报表分析与风险识别	叶金福	从财务舞弊和盈余管理的角度，融合工作实务中的体会、总结和思考，提供全新的报表分析思维和方法，黄世忠、夏草、梁春、苗润生、徐珊推荐阅读
62368	79	一本书看透股权架构	李利威	126 张股权结构图，9 种可套用架构模型，挖出 38 个节税的点，避开 95 个法律的坑，蚂蚁金服、小米、华谊兄弟等 30 个真实案例
70557	89	一本书看透股权节税	李利威	零基础 50 个案例搞定股权税收
62606	79	财务诡计（原书第 4 版）	[美] 施利特 等	畅销 25 年，告诉你如何通过财务报告发现会计造假和欺诈
70738	79	财务智慧：如何理解数字的真正含义（原书第 2 版）	[美] 伯曼 等	畅销 15 年，经典名著；4 个维度，带你学会用财务术语交流，对财务数据提问，将财务信息用于工作
67215	89	财务报表分析与股票估值（第 2 版）	郭永清	源自上海国家会计学院内部讲义，估值方法经过资本市场验证
73993	79	从现金看财报	郭永清	源自上海国家会计学院内部讲义，带你以现金的视角，重新看财务报告
67559	79	500 强企业财务分析实务（第 2 版）	李燕翔	作者将其在外企工作期间积攒下的财务分析方法倾囊而授，被业界称为最实用的管理会计书
67063	89	财务报表阅读与信贷分析实务（第 2 版）	崔宏	重点介绍商业银行授信风险管理工作中如何使用和分析财务信息
58308	69	一本书看透信贷：信贷业务全流程深度剖析	何华平	作者长期从事信贷管理与风险模型开发，大量一手从业经验，结合法规、理论和实操融会贯通讲解
75289	89	信贷业务全流程实战：报表分析、风险评估与模型搭建	周艺博	融合了多家国际银行的信贷经验；完整、系统地介绍公司信贷思维框架和方法
75670	89	金融操作风险管理真经：来自全球知名银行的实践经验	[英] 埃琳娜·皮科娃	花旗等顶尖银行操作风险实践经验
60011	99	一本书看透 IPO：注册制 IPO 全流程深度剖析	沈春晖	资深投资银行家沈春晖作品；全景式介绍注册制 IPO 全貌；大量方法、步骤和案例
65858	79	投行十讲	沈春晖	20 年的投行老兵，带你透彻了解"投行是什么"和"怎么干投行"；权威讲解注册制、新证券法对投行的影响
73881	89	成功 IPO：全面注册制企业上市实战	屠博	迅速了解注册制 IPO 的全景图，掌握 IPO 推进的过程管理工具和战略模型
77436	89	关键 IPO：成功上市的六大核心事项	张媛媛	来自事务所合伙人的 IPO 经验，六大实战策略，上市全程贴心护航
70094	129	李若山谈独立董事：对外懂事，对内独立	李若山	作者获评 2010 年度上市公司优秀独立董事；9 个案例深度复盘独董工作要领；既有怎样发挥独董价值的系统思考，还有独董如何自我保护的实践经验
74247	79	利润的 12 个定律（珍藏版）	史永翔	15 个行业冠军企业，亲身分享利润创造过程；带你重新理解客户、产品和销售方式
69051	79	华为财经密码	杨爱国 等	揭示华为财经管理的核心思想和商业逻辑
73113	89	估值的逻辑：思考与实战	陈玮	源于 3000 多篇投资复盘笔记，55 个真实案例描述价值判断标准，展示投资机构的估值思维和操作细节
62193	49	财务分析：挖掘数字背后的商业价值	吴坚	著名外企财务总监的工作日志和思考笔记；财务分析视角侧重于为管理决策提供支持；提供财务管理和分析决策工具
74895	79	数字驱动：如何做好财务分析和经营分析	刘冬	带你掌握构建企业财务与经营分析体系的方法
58302	49	财务报表解读：教你快速学会分析一家公司	续芹	26 家国内外上市公司财报分析案例，17 家相关竞争对手、同行业分析，遍及教育、房地产等 20 个行业；通俗易懂，有趣有用
77283	89	零基础学财务报表分析	袁敏	源自 MBA 班课程讲义；从通用目的、投资者、债权人、管理层等不同视角，分析和解读财务报表；内含适用于不同场景的分析工具